理想的讀本

國文5

目錄

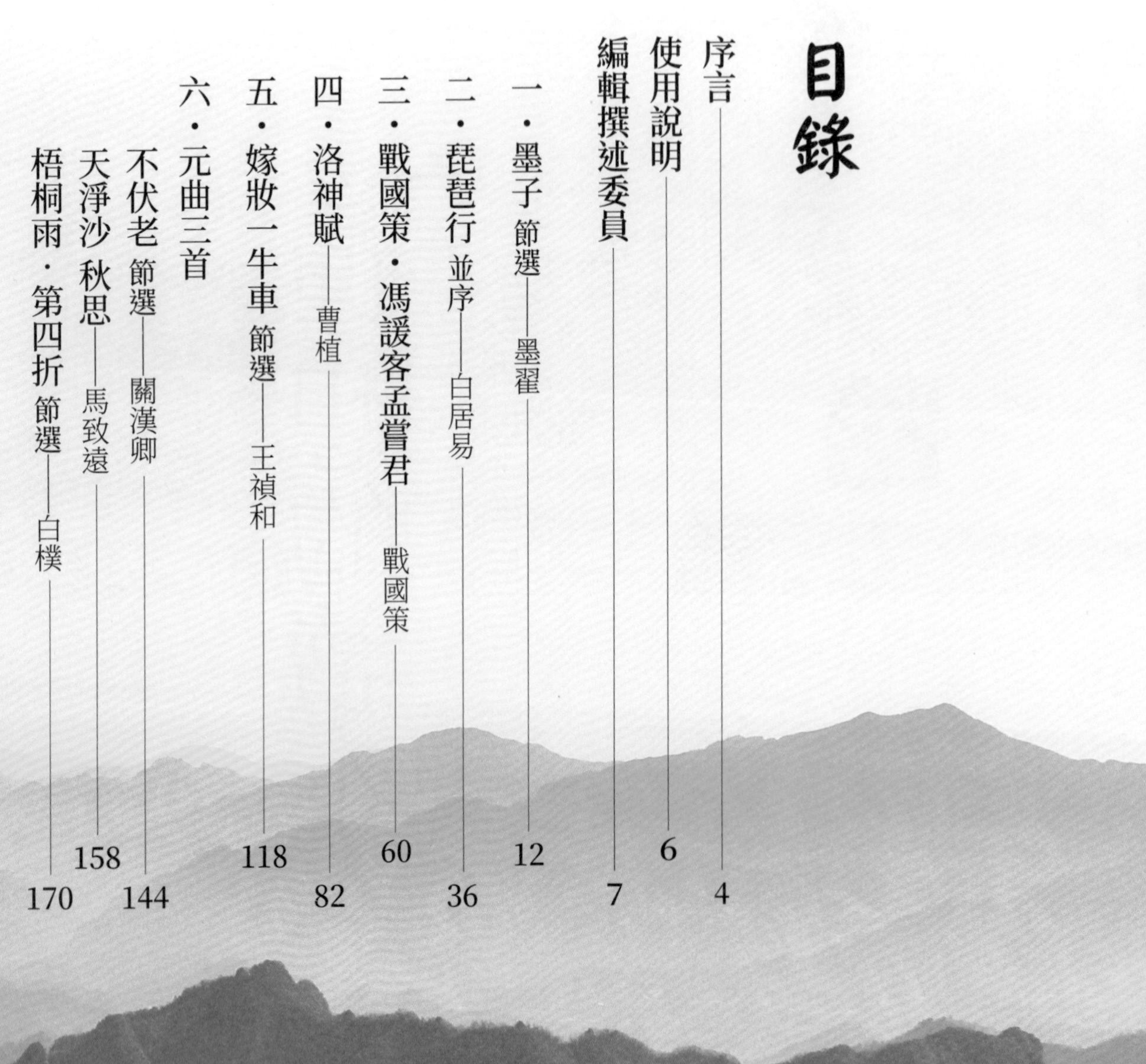

序言

《理想的讀本》是我們依循對語文教育的期待與理想，從先秦至清末積累數千年的經典文學、五四以降蔚為盛境的現當代文學以及最能代表西方文明精萃之翻譯作品中，精選、編輯而成的國文讀本。由懷抱經典傳承使命的「一爐香」文化事業策畫、製作，長年推動「恢弘漢字」、「創新漢藝」的財團法人漢光教育基金會贊助並共同推出；多位充滿文學教育熱情與使命感的大學國文系教授、學者、專家共同執筆書寫。

《理想的讀本》系列的選文判準，以歷年來高中六個學期的國文教學內容為基礎，加以擴大、延伸、改良，希望更能符合強化語文教育的目的與當代年輕學子的需求。我們計劃編輯製作八冊國文讀本，原則上選讀十五篇課文，其中包括固定比例的文言文作品與古典詩詞，近當代創作或翻譯的白話文作品或現代詩歌。

本書主要的導讀元素包括選文的原因、作者與出處、選文與注釋；課文賞析「可以這樣讀」則是文學知識與思想精髓所在，教授們以深湛的文學素養，現身說法，將經典作品條分縷晰、深入淺出，詮釋文字之用、文學之美、文化之豐；「再做點補充」則以語文萬花筒型態開展，經營相關的資訊與討論。教材安排由簡入繁、由淺入深、希望成為學生、老師、家長、及不同年齡層跨代閱讀國學經典與當代文學的「理想讀本」。

在科技突飛猛進、世局快速變遷、價值板塊飄移的時代，我們既希望我們的下一代與時俱進、經得起考驗，也希望他們能堅持信念、屹立不搖、紮根於多元豐美的人文土壤，悠遊於開闊自在的現實生活。國文教育是提供給他們成長的人文環境中最核心、最根本的一環，我們至為關心，故不揣淺陋，邁出拋磚引玉的一步，希望志同道合的各方人士不吝指正、共襄盛舉，一步一步把這條深化與活化語文教育、傳承與開創中華文化的道路延伸下去。

財團法人漢光教育基金會　董事長

宋具芳

使用說明

1．本國文讀本計劃編製八冊，每冊以十五篇選文為原則，內含適切比例的古典、現代與翻譯作品。第五冊共選讀文言文及古典詩、曲等九篇，白話文及現代詩等四篇、中華文化基本教材一篇

2．每一篇的內容包括：「為何選這篇」、「作者與出處」、「選文與注釋」、「可以這樣讀」、「再做點補充」等五個元素。其中，「為何選這篇」表達這篇文章的定位與意義，或我們選讀這篇作品的目的。「可以這樣讀」以選文導覽為主，也會伺機增添一些申論，讓讀者了解其中深意。用這樣的標題，則是為柔化我們的解讀主張，鼓勵大家主動思考。「再做點補充」則包括了一般的相關資訊、文學常識與建議的「延伸閱讀」。

3．編排上我們配置悅目的圖片，為了美觀，為了調劑閱讀的節奏感，更多時候是提供訊息豐富的圖片或影像，以幫助對選文內容的投入、對選文背景的理解。

編輯撰述委員（依姓氏筆畫排序）

江江明

南華大學文學系助理教授。研究領域為現當代文學，近年致力文學與 VR 虛擬實境結合運用之研究，著有博士論文《論當代台港故事新編體華文小說 1949-2006》。曾發表現當代文學研究〈五〇年代台灣女性小說史觀點之詮釋策略〉、〈古典新詮，海上群芳：論海上花電影改編之女性角色重構〉等多篇學術論文，曾獲教育部文藝創作獎、桃園縣文藝創作獎等。

何淑貞

暨南國際大學華語文教學碩士班兼任教授，曾任高雄師範大學國文系所教授兼系主任。研究領域：中國思想史、文化史、文學史、古典文學、漢語語法、華語文教學。專書有：《柳宗元及其詩研究》、《嘯傲東軒》、《展現生命芬芳的神話傳說——列子的智慧》、《新編抱朴子．內篇校注》、《新編抱朴子．外篇校注》、《華人社會與文化》、《華語教學語法》、《華語文教學導論》，單篇論文及創作刊登在各討論會論文集及報章雜誌。

李玲珠

高雄醫學大學通識教育中心副教授。研究領域為魏晉玄學、通識教育，著有《魏晉新文化運動—自然思潮》、《懂了，紅樓夢》等書。長期關注經典教育，發表〈經典教育通識化的理念與實務〉、〈經典通識化舉隅：表達能力的人文回歸與底蘊探究〉等論文。曾獲高雄醫學大學傑出教師、傑出教學評量、通識特色教師、優良教材成果等獎項。

李惠綿

臺灣大學中國文學系教授。曾獲中山學術獎、臺灣大學教學傑出獎與優良獎。著有《王驥德曲論研究》、《元明清戲曲搬演論研究——以曲牌體戲曲為範疇》、《戲曲批評概念史考論》〔增訂本〕、《戲曲表演之理論與鑑賞》、《戲曲新視野》、《中原音韻箋釋——韻譜之部》、《中原音韻箋釋——正語作詞起例之部》、《中原音韻北曲創作論與度曲論之研究》、《明清崑腔音韻度曲考論》等學術專著。散文《用手走路的人》（榮獲中興文藝獎散文獎）、《愛如一炬之火》（榮獲中山文藝獎）。創作歌仔戲劇本《宋宮秘史》，又曾與臺北「蘭庭崑劇團」合作，擔任《長生殿》、《尋找遊園驚夢》、《玉簪記》小全本劇本整編。

林淑貞

中興大學中文系教授。曾任中國唐代學會理事長、中興大學中文系主任、日本山口大學客座教授。研究以文學、美學為進路，著有《詩話的別響與新調：晚清林昌彝詩論抉微》、《詩話論風格》、《中國詠物詩「託物言志」析論》、《寓莊於諧——明清笑話型寓言論詮》、《表意·示意·釋義：中國寓言詩析論》、《尚實與務虛：六朝志怪書寫範式與意蘊》、《笑看人間：中國式的幽默》、《對蹠與融攝：唐人生命情調與審美風尚》、《圖像敘事與多元文本》、《詩話美典的傳釋》等，散文著有《等你，在燈火闌珊處》、《寂寞如歌》等書。

祁立峰

臺灣師範大學國文系教授。曾獲臺北文學獎、教育部文藝創作獎、國藝會創作及出版補助。著有《偏安臺北》、《臺北逃亡地圖》，《讀古文撞到鄉民》、《來亂》、《國文超驚典》、《巨蛋》、《書情點播》等作品，曾任「UDN 讀書人」、人間副刊「三少四壯集」、「Readmoo 閱讀最前線」、國語日報「古文不思議」專欄作家。

張麗珠

彰化師大國文系教授，曾任明道大學人文學院院長、武漢大學哲學院客座教授。著有「清代思想三書」：《清代義理學新貌》、《清代新義理學——傳統與現代的交會》、《清代的義理學轉型》，以及中國哲學通史：繁、簡、英文版的《中國哲學史三十講》（*Thirty Chapters on the History of Chinese Philosophy*），和斷代史的《清代學術思想史》，另有《袖珍詞學》、《袖珍詞選》、《全祖望之史學》、《詞學菁華》、《最愛是詞》等文史專著。發表單篇論文約六十篇，其中二十餘篇為科技部核心期刊 Thci Core 收錄。

陳惠齡

清華大學台文所教授，美國聖塔芭芭拉加州大學東亞語言文化研究學系訪問學者。曾任新竹教育大學中文系主任。研究領域為臺灣文學、現當代小說、地方學、華文文學。著有《演繹鄉土：鄉土文學的類型與美學》、《鄉土性・本土化・在地感：臺灣新鄉土小說書寫風貌》、《臺灣當代小說的烏托邦書寫》、《現代文學鑑賞與教學》等，主編三屆《竹塹學國際學術研討會論文集》，並發表數十餘篇論文。

曾昭旭

淡江大學中文系榮譽教授。曾任高雄師範學院國文研究所所長、中央大學中文系主任。專長領域為中國義理學、生命哲學、愛情學。著有《論語的人格世界》、《經典・孔子・論語》、《讓孔子教我們愛》、《老子的生命智慧》、《在無何有之鄉遇見莊子》、《中國義理學之思維與實踐》、《儒學三書》、《我的美感體驗》、《從電影看人生》、《不要相信愛情》、《永遠的浪漫愛》、《把丟掉的心找回來》、《因為愛所以我存在》、《讓沉睡的愛情甦醒》等四十餘部。

黃雅莉

清華大學華文所教授。曾任新竹教大中語系主任。研究領域以古典詩學、詞學、現代散文為主。著有《深心與至境——宋詞主題中的生命意蘊與精神風貌》、《漂泊與尋找：王鼎鈞自傳書寫的詩心與文境》、《明清詞學體性論——以詞派之間的遞嬗為論》、《宋詞雅化的發展與嬗變——以柳、周、姜、吳為探究中心》、《宋代詞學批評專題探究》、《江西詩風的創新與再造——陳後山對杜詩的繼承與拓展》、《千古文人寂寞心——古典散文選析》、《詩心的尋索》、《詞情的饗》、《現代散文鑑賞——採擷紛繁的人生心影》，以及散文集《浮生心情》、《且向花間留晚照》。

黃儀冠

彰化師範大學國文系副教授、《東亞觀念史》執行編輯。研究專長為女性文學、現代文學、文學理論、電影文學。著有《臺灣女性書寫與電影敘事之互文研究》、《從文字書寫到影像傳播：台灣「文學電影」之跨媒介改編》、《晚明至盛清女性題畫詩研究：以閱讀社群及其自我呈現為主》等專書。

楊宗翰

臺北教育大學語文與創作學系副教授。曾任淡江大學中文系副教授。著有專書《破格：臺灣現代詩評論集》、《逆音：現代詩人作品析論》、《異語：現代詩與文學史論》、《台灣新詩評論：歷史與轉型》、《台灣現代詩史：批判的閱讀》、《台灣文學的當代視野》，主編《大編時代：文學、出版與編輯論》等六部，合編《台灣一九七〇世代詩人詩選集》等八部。

解昆樺

中興大學中文系副教授兼人社中心組長。學院詩人、文藝影音創作者。著有《繆斯與酒神的饗宴：戰後台灣現代詩劇文本的複合與延異》獲科技部人社中心研究出版獎助，以及詩集《寵你的靈魂》，長篇小說《螯角頭》。詩、小說、散文曾獲教育部文藝創作獎、林榮三文學獎、全球華文星雲獎、台北文學獎等。經營數位影音頻道 YT 解昆樺、Podcast 聽見你的好。

羅智成

詩人、作家、文化評論者。曾任中時報系副刊主任、副總編輯，美商康泰納仕雜誌公司編輯總監、樺舍文化事業總經理、TO'GO 旅遊雜誌發行人以及廣播電台、電視製作公司、出版社創辦人等。擔任過相關公職，也先後在文化、東吳、元智、東華、師大等大學兼任教職三十餘年。出版有詩集《光之書》、《擲地無聲書》、《夢中書房》、《黑色鑲金》、《透明鳥》、《諸子之書》、《地球之島》、《迷宮書店》、《問津》，散文《M湖書簡》、《亞熱帶習作》，評論《文明初啟》、《知識也是一種美感經驗》等二十餘種。

1 墨子節選

早在春秋時代，先聖先賢對於人與人、人與天、人與社會的關係已提出非常周延、成熟的見解。孔子從人性昇華，提出仁的理念、禮的實踐；墨子則從理想出發，提倡非攻、提倡兼愛。這些都是超越他們時代的智慧與胸懷。從現代人的眼光來看，墨子有些主張甚至更為前進，更與現代合拍，特別是他對於底層人民的關心，對於生命價值普遍性的理解，以及對既有價值體系衝決網羅的決心。

壹・作者與出處

墨子（西元前四六八年？～前三七六年），春秋末期著名的思想家、政治家、科學家與軍事家；有宋國（今河南商丘）和魯國（今山東滕州境內）人兩種說法，其姓名也說法不一。一般說他姓墨名翟，如《呂氏春秋》、《淮南子》、《史記》，但也有說是墨夷氏的；或者說他姓翟名烏，蓋古代有「翟」姓而無「墨」姓，認為他是「以墨為道，今以姓為名。」即「墨」是學派名稱，後人乃以其翟姓作名，因此他有

時也被稱為「翟子」。近代學者錢穆則從「墨刑（黥面）」角度，說刑徒多被罰作奴隸苦工而稱為「墨」；墨家因其生活菲薄，「以自苦為極」、「摩頂放（至）踵，利天下為之」，經常「手足胼胝，面目黧黑」，所以可能因為墨子極為刻苦自勵，故人們用「墨」作為對他的形容詞。

在先秦並稱「顯學」的儒、墨兩家，分別是兩千多年前貴族和平民兩大陣營的代表；墨子雖然曾為宋大夫，卻出身微賤，因此站在勞苦百姓一方，為大眾代言。兩家截然不同的思想旨趣，具有淵壤的「文／質」——強調文飾與質樸的差異性。儒家維護周室宗法的「禮儀三百，威儀三千」，從上層的貴族角度看，有助於和眾庶區別、彰顯身分；從平民立場來說，則繁瑣的禮法正是他們想要打破的，平民難以翻身的沉重枷鎖。墨家以勞動創造財富，代表底層生產者的典型思想；又「尚賢」、「非命」地反對貴族爵位世襲、爭取平民參政權，力抗統治階級。他們「以質救文」，批判儒家思想的「非禮」、「非樂」等主張，正是緣自下層百姓對禮俗的不滿。

墨家學說為什麼從平民立場出發？當西周周公「制禮作樂」的禮教衰微後，周平王於公元前七七〇年從鎬京（今陝西西安）遷都洛邑（今河南洛陽），邁入了「春秋」（前七七〇～前四七六）、「戰國」（前四七五～前二二一）的東周時期。此際，王朝管轄權大減，形同一個小國，王權威望大不如前，諸侯間相互攻伐、兼併不已；諸子各家對此「周文疲弊」的時代氛圍，紛紛提出解方，百花爭鳴地締造了我國早熟的思想文明，各家以不同的核心關懷和理論建設，打造出高度智慧結晶的思想殿堂。而墨子因目睹強國挾威權肆虐，對弱小國家和百姓予取予求，「比列其舟車之卒伍，以攻伐無罪之國」，強權入侵他國溝境，略無忌憚地「刈其禾稼，斬其樹木，殘其城郭。」百姓稍有反抗者便被殺害，未加反抗者，則被「係（繫）操而歸」，男子做馬夫、奴隸，女子舂米或掌酒。墨子不忍地質問：如果執政者「攻其鄰國，殺其民人，取其牛馬、粟米、貨財」的行為，換成百姓也同樣「攻其鄰家，殺其人民，取其狗豕、食糧、衣裘」，其可乎？為什麼不同的階層，竟有如此不同的行為標準？

墨子懷著人類平等的理想，學說主要以「兼愛」、「非攻」、「尚賢」、「非儒」、「非樂」、「非命」、「節葬」、「節用」等思想而為平民代言人。此外，墨家具有嚴密的組織，墨徒必須嚴格遵守規約，服從「鉅子」領導，所以也成為我國「俠客」精神的濫觴，緜及後世如三合會、天地會等，都帶有墨家色彩。但是對立於諸侯國務力編織的霸主夢，墨家終究不敵統治者的野心而逐漸衰微；又由於墨子重視邏輯思辨和經驗驗證，曾經提出「三表法」*，是我國最早依據「間接經驗、直接經驗、普遍經驗」等法則檢驗知識正確性的理論，於是戰國時期的後期墨家，另闢蹊徑地轉趨「墨辯」。「墨辯」堪稱我國最早的邏輯學系統理論，主要建構論辯法則的基礎理論，不同於名家多命題辯論如公孫龍之「白馬非馬」、惠施之「天與地卑，山與澤平」等論；也與古希臘「詭辯學派」（Sophistry，約在公元前五世紀至四世紀）以「相對主義」否定絕對真理與正義，彼此有別。

《墨子》一書包含了墨家核心思想的「十論」、邏輯理論的「墨辯」，以及〈備城門〉以下的守備器械與戰略。二〇一六年中國發射全球第一顆量子科學實驗衛星，便為了紀念墨子而命名為「墨子號」。本選文係錄自〈所染〉、〈尚賢〉、〈兼愛〉、〈非攻〉等篇，可以略見《墨子》一書的思想要義及其理想性。

＊墨子用結合「事」、「實」、「利」三項檢驗標準的「三表法」，作為考察知識正確性、判斷知識真偽的準則。其言曰「於何本之？上本之於古者聖王之事；於何原之？下原察百姓耳目之實；於何用之？廢（發）以為刑政，觀其中（ㄓㄨㄥˋ）國家百姓人民之利。」也就是先間接借鑑於歷史知識或前賢言論，以示言有所本；再依據群眾的直接經驗進行檢證；最後還要觀察社會效應、能否為百姓帶來實質利益？能夠符合這三項檢驗標準的，才是正確的知識言論。

貳・選文與注釋

〈所染〉

子墨子言[1]見染絲者而歎曰：「染於蒼[2]則蒼，染於黃則黃。所入者變，其色亦變。五入必[3]，而已則[4]為五色矣。故染不可不慎也。」非獨染絲然也，國亦有染[5]。舜染於許由、伯陽[6]，禹染於皋陶、伯益[7]，湯染於伊尹、仲虺[8]，武王染於太公、周公[9]。此四王者所染當，故王天下，立為天子，功名蔽[10]天地。舉天下之仁義顯人，必稱此四王者。……齊桓染於管仲、鮑叔[11]，晉文染於舅犯、高偃[12]，楚莊染於孫叔、沈尹[13]，吳闔閭染於伍員、文義[14]，越句踐染於范蠡、大夫種[15]。此五君者所染當，故霸諸侯，功名傳於後世。

1 言：孫詒讓注《墨子》，以為是衍文，應刪。

2 蒼：青色。

3 五入必：經過五次染色。五入：同五次。必：同畢。

4 已則：已經。

5 染：這裏是說人的薰染。

6 許由、伯陽：堯、舜時的隱士賢人。據晉皇甫謐《高士傳》記載，帝堯欲召許由為九州長，許由不欲聽聞而洗耳穎水濱。伯陽為舜時賢人，相傳是舜的七友之一。

7 皋陶、伯益：皋陶和堯、舜、禹齊名，是「上古四聖」之一。曾被禹選為繼承人，但在禹之前過世而未繼位。皋陶在舜、禹時期擔任士師，負責刑罰、監獄、法治等，故被奉為中國司法的鼻祖。陶：音一ㄠˊ。伯益一名伯翳，傳說是黃帝的五世孫，助禹治水有功，並發明鑿井技術，《呂氏春秋》有「伯益作井」之說。夏代著名的神話小說《山海經》成書應非一時，但最初的撰作者可能是伯益。舜讓位給禹後，他被任以總理朝政，禹在臨終時並將天下授予益，後來益讓位給禹之子啟（或謂益被啟殺害）。

8 伊尹、仲虺：二人皆為滅夏和商朝開國的功臣、賢相。傳說仲虺出生時雷鳴虺虺、閃電如蛇、大雨傾盆，一解旱苦，以排行第二，故名仲虺，《尚書》有〈仲虺之誥〉。伊尹為成湯娶有莘國王女兒時陪嫁的媵臣，以庖廚之理說治國之道，獲湯賞識而舉為相。

9 太公、周公：太公即姜太公姜尚，其先祖掌四岳，助禹平水土有功，虞、夏時封於呂，子孫從封姓，故亦稱呂尚。周文王得之於渭水濱，曰：「吾太公望子久矣！」故號為「太公望」。太公輔佐文王、武王伐紂滅商，開創周朝，封於齊，為齊國先祖。

周公姓姬名旦，是西周典制的創設者，他輔佐成王，討伐管叔、蔡叔、霍叔之亂，又「制禮作樂」，奠定了「成康之治」的基礎，以及開啟我國兩千多年人文禮教的精神。

10 蔽：同極。

11 管仲、鮑叔：管仲輔佐齊桓公「尊王攘夷」，成為春秋時期第一個霸主。孔子曾經讚美管仲：「微管仲，吾其被髮左衽矣」、「桓公九合諸侯，不以兵車，管仲之力也。如其仁。如其仁！」肯定他使華夏民族免於蠻夷統治，在維護文化上大有功焉。

鮑叔牙先是輔佐尚未即位的齊桓公小白，和當初管仲輔佐的公子糾爭位；桓公即位以後，鮑叔牙卻推薦管仲擔任宰相，而有後來桓公的稱霸。故司馬遷《史記》稱：「天下不多（美）管仲之賢而多鮑叔能知人也。」

12 舅犯、高偃：舅犯是晉文公之舅狐偃，狐氏、字子犯。當晉國發生內亂時，狐偃伴隨晉文公流亡在外十九年，並助其歸晉成就霸業。高偃：即郭偃，高與郭為一聲之轉。《國語》載：「文公問於郭偃」，即此人。

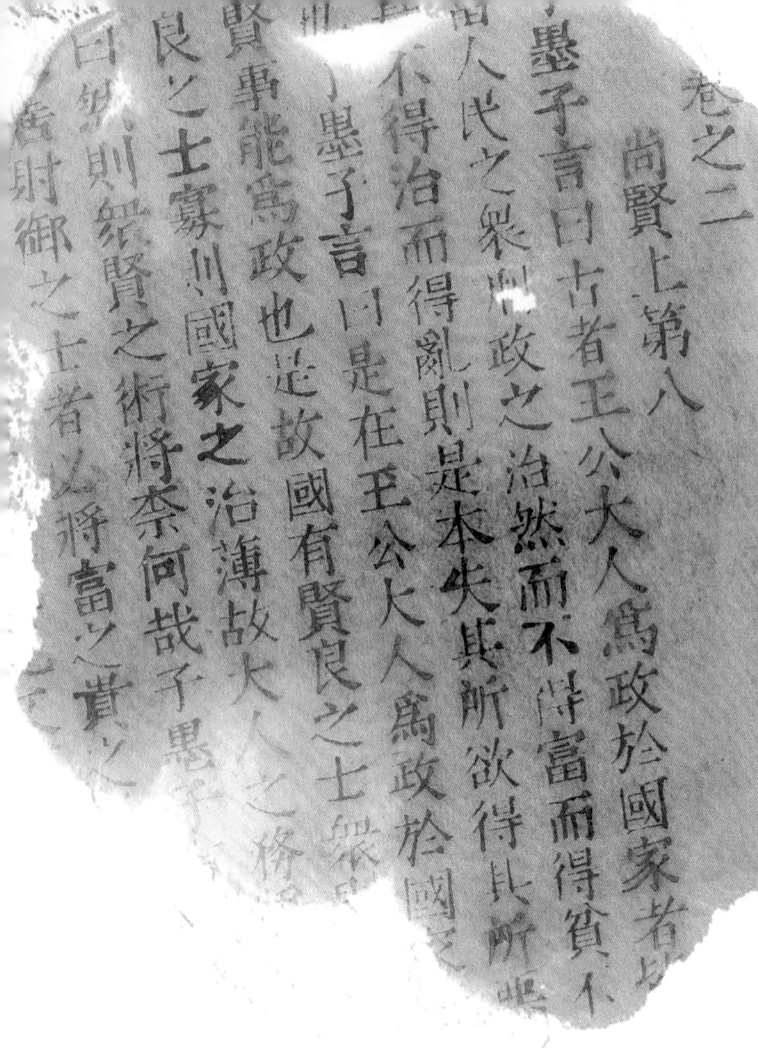

13 孫叔、沈尹：指楚相孫叔敖和沈尹蒸。孫叔敖即蔿（ㄨㄟˇ）敖，羋（ㄇㄧˇ）姓，蔿氏，名敖，字孫叔，古人以字放在名前，故得稱，他是春秋時的楚國名相。沈尹：《左傳》的「沈尹」是千古之謎，究為封邑官名、或人名？說法莫衷一是。一般多據《呂氏春秋》，指楚相沈尹蒸（或作莖、筮、巫等），他曾向楚莊王推薦孫叔敖為相，並在晉楚爭霸的邲（今河南滎陽北，黃河岸邊）之戰，率軍大敗晉國，楚國取代晉國成為霸主，被封於虞丘，又稱虞丘子。尹：令尹，官名，楚國宰輔（相當於宰相）的特有稱謂。

14 伍員、文義：伍員即伍子胥，獲吳王闔閭重用，吳國在他和孫武的聯手下幾乎滅楚，為他的父親伍奢和兄長伍尚被楚平王殺害成功復仇。文義：《呂氏春秋》作「文之儀」，是闔閭師。

15 范蠡、大夫種：指越國賢臣范蠡和文種。他們二人事奉越王勾踐，辛苦慘淡地運籌謀劃二十多年，終於滅吳，一雪當年勾踐被吳王夫差打敗而入吳服事的會稽敗戰之恥。勾踐在吳，曾為夫差嘗糞問疾；歸越後，臥薪嘗膽二十年始得成功復仇。但是滅吳以後，范蠡浮海遠去，文種則被勾踐以「屬鏤」名劍賜死。

〈尚賢〉

故古者聖王之為政，列德而尚賢。雖在農與工肆之人[16]，有能則舉之，高予之爵[17]，重予之祿，任之以事，斷予之令[18]，曰：「爵位不高，則民弗敬；蓄祿不厚，則民不信；政令不斷，則民不畏。」舉三者授之賢者，非為賢賜也，欲其事之成。故當是時，以德就列，以官服事，以勞殿賞[19]，量功而分祿。故官無常貴而民無終賤。有能則舉之，無能則下之。舉公義，辟[20]私怨，此若言之謂也。……是故子墨子言曰：「得意賢士不可不舉，不得意賢士不可不舉，尚欲祖述堯、舜、禹、湯之道，將不可以不尚賢。夫尚賢者，政之本也。」

16 農與工肆之人：從事農業、工業的眾人。

17 高予之爵：即「予之高爵」的倒裝，給他崇高的官爵。下句「重予之祿」同此句式。

18 斷予之令：即「予之斷令」的倒裝，給他能夠決斷、下令的權力。斷：決斷。

19 以勞殿賞：以勞定賞。殿：後。

20 辟：同闢。

〈兼愛〉

當[21]察亂何自起？起不相愛。臣子之不孝君父，所謂亂也。子自愛，不愛父，故虧父而自利；弟自愛，不愛兄，故虧兄而自利；臣自愛，不愛君，故虧君而自利，此所謂亂也。雖父之不慈子，兄之不慈弟，君之不慈臣，此亦天下之所謂亂也。父自愛也，不愛子，故虧子而自利；兄自愛也，不愛弟，故虧弟而自利；君自愛也，不愛臣，故虧臣而自利。是何也？皆起不相愛。

雖至天下之為盜賊者亦然：盜愛其室，不愛其異室，故竊異室以利其室。賊愛其身，不愛人，故賊人以利其身。此何也？皆起不相愛。雖至大夫之相亂家，諸侯之相攻國者亦然：大夫各愛其家，不愛異家，故亂異家以利其家。諸侯各愛其國，不愛異國，故攻異

21 當：這裏同「嘗」，曾經。

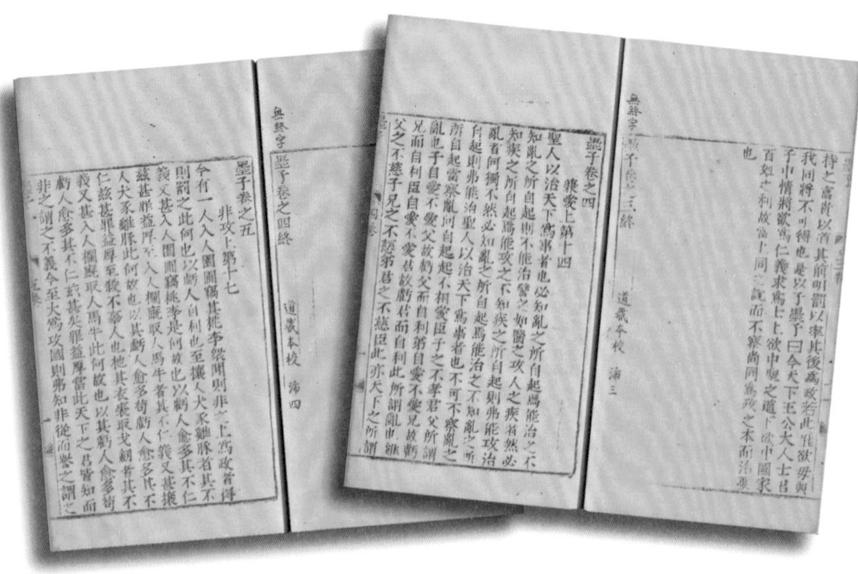

《墨子》，明世宗嘉靖三十一年，銅活字印製。

國以利其國，天下之亂物，具此而已矣。察此何自起？皆起不相愛。

若使天下兼相愛，愛人若愛其身，猶有不孝者乎？視父兄與君若其身，惡[22]施不孝？猶有不慈者乎？視弟子與臣若其身，惡施不慈？故不孝不慈亡有。猶有盜賊乎？故視人之室若其室，誰竊？視人身若其身，誰賊？故盜賊亡有。猶有大夫之相亂家、諸侯之相攻國者乎？視人家若其家，誰亂？視人國若其國，誰攻？故大夫之相亂家、諸侯之相攻國者亡有。若使天下兼相愛，國與國不相攻，家與家不相亂，盜賊無有，君臣父子皆能孝慈，若此，則天下治。

22 惡：何。

〈非攻〉

今有一人，入人園圃，竊其桃李，眾聞則非[23]之，上為政者得則罰之，此何也？以虧人自利也。至攘人犬豕雞豚[24]，其不義又甚入人園圃竊桃李。是何故也？以虧人愈多，其不仁茲甚，罪益厚。……殺一人，謂之不義，必有一死罪矣。若以此說往，殺十人，十重不義，必有十死罪矣；殺百人，百重不義，必有百死罪矣。當此，天下之君子皆知而非之，謂之不義。今至大為不義攻國，則弗知非，從而譽之，謂之義，情不知其不義也，故書其言以遺後世。若知其不義也，夫奚說[25]書其不義以遺後世哉？……今小為非，則知而非之；大為非攻國，則不知非，從而譽之，謂之義。此可謂知義與不義之辯乎？是以知天下之君子也，辯義與不義之亂也。

23 非：批評、批判。

24 攘人犬豕雞豚：偷取他人的雞、狗、豬等。攘：竊取。豕、豚：都是說豬。

25 奚說：勿庸置言，即何必多說？

參・可以這樣讀

顯學為何不見了？——墨家的「兼愛」真是「無父」嗎？

先秦儒、墨並稱顯學，在百家爭鳴中，曾有「非儒即墨」的盛況；但是後來墨家衰微了，而國人幾乎皆知孟子曾對墨家提出嚴厲的指控，孟子在說楊朱「為我」是「無君」以外，也說墨子「兼愛」是「無父」，至以「禽獸」詆之。這是墨子在歷史上遭受的最嚴厲指控，甚至影響到墨學流傳，並使墨子形象遭到後人誤解。然而「兼愛」真是「無父」嗎？在這樁千古公案中，以「愛利萬民」作為墨家宗旨的墨子有何委屈？孟子為何如此爆氣？——事實上，針鋒相對的儒、墨兩家，在他們所分別代表的「貴族——平民」立場下，實有著各自不同的理論背景與學說理想。

儒、墨兩家同樣都是愛人的，但思維方式與學說內容截然不同。儒家主論道德學，想用道德仁義等禮教，取代當時諸侯主要務力於兵強善戰的施政重心；孔子周遊列國，就是為了向各國國君建言「道之以德，齊之以禮」，使人人達到「有恥且格」的道德自律。而由於儒家掌握了文化話語權，在貴族專政下成為勝出的一方，爾後更在漢武帝罷黜百家的獨尊下，穩居兩千多年思想主流的地位。反觀關懷庶民的墨家，想要庇護當時「飢者不得食，寒者不得衣，勞者不得息」的底層弱勢，墨子主張「兼愛」是為了改變當時階級不平等的狀況，卻逐漸被邊緣化而至失去文化舞台；不過雖然最終失去了思想界執牛耳的地位，後期墨家也轉進邏輯學領域，但是墨家曾經輝煌過的光芒以及爭取庶民平等參政權、追求富利經濟等主張，卻從來沒有退出過百姓心目中的舞台，不可否認的，這才是廣大眾庶真實的心聲。

孔子和墨子同樣都是歷史上著名的理想主義者，對於人道主義都有很深的耕耘。那麼，儒、墨兩家最關鍵的思想分野在哪裏?在他們核心關懷不同，所建構的理論也有「仁愛／兼愛」的殊別上。

持論「仁愛」思想、認為愛有差等即親疏遠近之別的儒家，係以道德學為學說重心，強調「自天子以至於庶人，壹是皆以修身為本」，力闡「為仁由己」的德性自覺，孔子說「我欲仁，斯仁至矣!」堪稱代表性思想。儒家要求的道德實踐，是個人在「主觀」上能夠做得到的事情，是一種責求個人之「不為也」而不去苛求其所「不能也」的概念。以此，在儒家以「仁」作為全德總稱下，在倫理學、道德學居重要地位的孝道和「推己及人」的恕道，是從人倫血緣出發的「仁愛」思想;而由於父母生我育我、襁抱提攜之恩，個人必然要有「由近及遠」的親疏差等，故儒家強調「老吾老以及人之老，幼吾幼以及人之幼」、「親親而仁民，仁民而愛物。」先親愛其所親近，然後才及於「仁民」與「愛物」。

抱持「兼愛」主張的墨家，則其思想關懷主要緣自當時政治、階級地位的不平等和戰爭所帶給百姓的痛苦，其理論建構不是倫理學範疇的孝道討論;係以整個國家、社會與人民全體作為學說的邏輯範疇，是涉及政治、法制、社會，乃至國與國之間的思想建設。是故在墨家「愛利萬民」、「兼而愛之，從而利

北京國子監孔子像。

之」的思想主張中，其最重要的訴求點是：在政治、法律、社會與邦國間，人們要被平等對待，亦猶乎今日說的人人平權。我們不妨試想：「當兩噸半的青銅編鐘與才藝／為封建主的晚膳，繁瑣地發動」時，生活菲薄、見棄當塗、又對立於主流思想的墨徒們，只能「在危城內習劍／在爭鳴的百家外編織草屨。」（羅智成：《諸子之書》）如此情景是否讓人生出不平之鳴？墨子的「兼愛」思想，主要是為了消弭舊社會尊卑貴賤的階級、和從「分別心」出發的「人我之別」，以及由此導致的戰爭等行為。所以墨子疾呼：人與人之間的「不相愛」就是造成大國攻小國、大家亂小家、強劫弱、眾暴寡的原因，並主張「以兼易別」地發揚「兼愛」思想。

至於墨家如此超越個人私領域、涉入公領域的「兼愛」思想，個人要如何實踐呢？這就是歷來墨家所遭致的質疑和批判，也包括孟子的「無父」指責。於此先要釐清：墨子「兼愛」學說的理想性落在當時社會的思想，顯然是超越時代高度與個人主觀範疇的；但不能被斷章取義、或狹義地從倫理學視角說，雖然他也提到了父子兄弟間的親愛，然他仍是在討論「兼相愛」的對待關係，而不是說要視父親如眾人。固然儒家「大同世界」的終極理想，也是訴求「鰥寡孤獨廢疾者皆有所養」的，惟那樣的理想必須「有待」於經濟面或社會福利制度等客觀條件的配合，所以子貢問「如有博施於民而能濟眾，何如？可謂仁乎？」孔子還是從個人主觀能力務實地回答：即連堯、舜都做不到，諭知不要好高騖遠；個人只要「能近取譬」地從近身做起，就算是行仁之方了。因此在

墨子雕像 商丘博物館

理解墨子的「兼愛」主張時，必須回到其立論點，即墨子乃針對「不相愛」的亂世——「察亂何自起？起不相愛」的社會觀察，不是在論孝道，也不是論個人之「博施、濟眾、衣養」萬眾；是要以「兼愛」之心對治人們「不相愛」的自私心理和思想侷限，像是諸侯愛其國不愛異國、大夫愛其家不愛異家、盜愛其室不愛異室、賊愛其身不愛人、臣自愛不愛君、子自愛不愛父……，以及由此導致的「攻異國以利其國」、「亂異家以利其家」、「竊異室以利其室」、「虧君而自利」等虧人以利己行為。所以墨家是以「興天下之利，除天下之害」為核心宗旨，要針對天下萬民、國家社會與邦國間的「不相愛」藩籬，以「兼相愛、交相利」來針砭之。故知墨子「兼愛」思想的背後，有著強烈的「非攻」因素與仁者胸次。

是故理論上看似對立的儒（道、法、名……）、墨各家理論，其差異性不是高下之判；而是各家的關懷重心不同、優先處理的理論範疇有異。墨家是要消弭階級不平等下的百姓苦難，所以說：「天下兼相愛，愛人若愛其身。」其悲憫情懷也頗同於宗教家的博愛思想，《馬太福音》也說「要愛人如己」、「要愛你們的仇敵。」而墨子除了建構理論外，他本身也是一位如同宗教家身體力行的苦行者，懷抱著高度理想與熱誠。他痛心於淆亂是非、積非成是的「不義」攻國，曾經為了阻止楚國肆虐，連續十天日夜兼程、「足重繭而不息」地奔走於途，力詘楚惠王與公輸班之聯手攻宋，救宋危難；而在下著大雨、經過宋國的回程途中，他想在宋城門躲雨卻被守門人驅趕，他的心中仍是甘之如飴的。

倘能明瞭各學派間各有不同的核心關懷與邏輯範疇，或許墨子就不會遭到儒家偌多的指責；但是我們也不應「以今非古」地以現代意識或學門分科來要求古人，反之，讓我們深以為傲的，是兩三千年前的古聖哲人們，已經建立起如此崇高理想性的思想理論了，這實在令吾輩心嚮往之！

貴族專政下的「尚賢」呼告和儉樸主張

今人常云：「選賢與能」，並認為這是民主時代人人具有平等參政權的鮮明招牌；其實早在兩千多年前的春秋時代，墨子眼見貴族專政、百姓哀哀無告，就已經向貴族階層提出爭取平民參政權的「尚賢」主張了。我們也常說教育能夠翻轉命運，這是由於讀書能夠增廣見聞、深化知識、培養專業技能，使個人具備競爭力；但是想要參與競爭，必須有一個很重要的大前提，就是要有平等參與競爭的機會，而墨子就是那位敢於向貴族政權喊話，要求專政的貴族釋出平等競爭權利的聖者與智者。

如果把墨子兩千多年前的思想主張放在二十一世紀的今日，也絲毫沒有違和感。雖然孔子在《禮記．禮運》中曾說，在那個他未能親見、「丘未之逮」的「大道之行也，天下為公」時代裏，是個「選賢與能」的大同之世；惟落實在「今大道既隱，天下為家」的「家天下」時期裏，則為了推行周公「制禮作樂」的禮教理想，儒家只好「因時制宜」、「以時而動」地維護周室宗法制度。然而墨子對此，卻通過學說理論來為百姓爭取平等參政權。他強調對於「農與工肆之人」，要「有能則舉之」；對於世襲貴族，要「無能則下之」，無能者便予以黜退。即使先不說墨家「非儒」、「非禮」、「非樂」的反儒主張違背了主流思想與民族性情；僅憑墨家大膽爭取百姓參政權的「官無常貴而民無終賤」主張，如此跨越兩千多年時空的前瞻性思想，也足教貴族階層寢食難安了，這是否也即是墨家思想在貴族專政時代迅速衰微的原因呢？不過這樣的「尚賢」主張，不正是今日民主時代所奉為圭臬的金科玉律嗎？

強調尚賢，為什麼墨子批判禮樂之教並且反儒呢？這必須從當時的社會狀況來說。由於墨子出身微賤，「以自苦為極」、又深具宗教家情懷，他能體會除了戰爭苦難外，下層百姓同時還深陷在「不得食、不得衣、不得息」的艱辛生活中，墨家學說主張追求富利經濟、強調勞動精神，正是由此定調。所以墨家一切思想都從「實用」的「黜奢崇儉」角度出發，嚴於區別需要與想要、必需品與奢侈品，既要勞動以開源、也要簡約以節流。因此主張「節用」、「節葬」、「去其無用之費」，凡是超過了需要層面的物質享受，概皆予以反對。對於禮，他們認為是「諸加費不加於民利者」，多花錢而對百姓沒有實質利益；樂，是「廢君子（為官者）聽治」、「廢賤人（庶民）之從事」者；飲食，也不要美食芻豢、蒸炙魚鱉，只要增氣充虛、強體適腹就夠了；居室，不要美觀華麗，「不以為觀樂也」，只要能夠遮雪霜雨露、別男女之禮，足矣！衣著，切勿錦繡文采，因為那些，「畢歸之於無用也。」墨家是站在百姓稼穡艱難、生產不易的立場，對於一切鋪張浪費的奢侈行為，都加以反對。

不過我們從墨家一開始和儒家並稱顯學、卻很快地轉趨衰微，不難想像墨家在當時雖然受到廣大群眾歡迎，但無權無勢又無資源可憑恃，諸侯們要的只是其守備器械而不是思想主張，再加上墨徒赴湯蹈火的任俠精神、下層庶民難有載籍的「立言」之作，以及對立於貴族階層所遭受的壓力，墨家的處境其實很艱難，也難於抗衡儒家。而且總結墨子的一生，「其生也勤，其死也薄」，崇高的情操固然令人仰之彌高！但是「反天下之心」，違反一般人追求快樂、貪圖享受的自然性情，連時人都不禁質疑，長時間壓抑而不放鬆，就像馬匹只駕而不稅（脫下馬鞍）、弓箭只張而不弛，又豈是血肉之軀所能做到？包括莊子也說：「其行難為也！」「墨子雖獨能任，奈天下何！」是故後期墨家轉向邏輯思辨、建設系統論理學，似乎也是不難理解的結果。但是我們在明瞭了墨家的理想性後，感於文化高度係建立在前人無數的犧牲與努力上，更對先賢們胼手胝足、艱難累積出來的每一小步，深致無限的敬意。

「墨悲絲染」——墨子很早就重視環境薰染的重要性了

國人皆知戰國時孟母三遷、為孟子選擇良好的學習環境，荀子〈勸學〉也強調「蓬生麻中，不扶而直，白沙在涅，與之俱黑」，要求立身謹慎；其實春秋時代的墨子，早已在〈所染〉篇中以染絲為例，說明環境薰染的重要了。

幼童發蒙書《千字文》*有言「《墨》悲絲染，《詩》贊羔羊。」說明德性純潔、不受污染的可貴。墨子在偶見絲絹染色時，當染以青就變成青色、染以黃就變

※著名的發蒙書《千字文》，是南朝梁周興嗣所編纂。由於梁武帝雅好書法，從王羲之書法中選出千字以為學習範式；但是千字雜亂無章，遂命令周氏纂為合義之文，即今文義雅馴、涵蓋天文地理與人文歷史的《千字文》。文如「《墨》悲絲染，《詩》贊羔羊」，藉《墨子・所染》的「謹於所染」，和《詩經・羔羊》的德如羔羊般潔白為教。

成黃色，而心有所感。他以染絲為鑑，絲絹只要一經染色，都會改變原有的色澤；人生何嘗不是如此？「國亦有染」、「士亦有染」，不獨絲染而已。歷史上許多「善為君」者，不也都是受到近臣良好的薰陶嗎？舜受許由、伯陽影響，禹有皋陶、伯益引導，商湯有伊尹，周武王有姜太公和周公，齊桓公有管仲和鮑叔牙，晉文公有舅犯，楚莊王有孫叔敖，吳王闔閭有伍子胥，越王句踐有范蠡、文種……，載在史籍，春秋前斑斑的賢哲故事，都說明了環境薰染對人的影響。

《墨子》例舉的許多文史典故，是國人共有的文化記憶和歷史圖騰。墨子先從遠古傳說的「許由洗耳」說起：皇甫謐的《高士傳》記載巢父牽牛到河邊飲水，看見箕山隱士許由正在臨水洗耳。問以何故？許由說：堯要我擔任九州長，我「惡聞其聲」，所以洗耳。巢父則說：倘若你是在高岸深谷，誰能見子？你洗耳於此，是浮游求名，豈不也髒了我的牛口？於是把牛另牽至上游飲水。後來堯讓位給孝子舜，舜也傳承「公天下」精神、「傳賢不傳子」地讓位給禹，成就了我國歷史上的禪讓政治。

接著墨子又說到商代開國賢相伊尹（西元前一六四九年～西元前一五五〇年）：甲骨文有大乙（商湯）、伊尹並祀的記載；《孟子．萬章》說，伊尹「以堯舜之道要湯」、「說之以伐夏救民」，教商湯效法堯舜德治以救民伐夏。伊尹原是「有莘國」（國名）貴族的廚師，因商湯娶有莘國王女兒，他作為陪嫁的媵（ㄧㄥˋ）臣，而以「調和五味」的廚理向商湯進陳治國之道，所以也被譽為我國廚壇始祖，有「廚聖」之稱。《老子》說「治大國若烹小鮮」（治國要如煎魚般，不要輕易攪動，

宋代許由洗耳故事古銅鏡（湖南省博物院藏）

以使安居樂業），即源於此。

至於以「禮」治國的周公，他是周朝典制的創設者，不但奠定了「成康之治」的基礎，也是我國兩千多年來人文禮教精神的濫觴。孔子的「述而不作」，正是紹述周公所創制的禮樂教化。

再到東周爭霸，春秋霸主中盛名的齊桓公、晉文公、楚莊王等，也都有賢相在旁。齊桓公的霸主地位，立足在孔子稱道「九合諸侯，不以兵車」、「微管仲，吾其被髮左衽」的管、鮑輔佐上。鮑叔牙以「能知人」推薦管仲，有「管、鮑之交」和「鮑子遺風」美譽。管仲則先是輔佐和桓公爭位的公子糾，而且曾經射傷桓公；但在公子糾失敗以後，他不願「自經（殉節自縊）於溝瀆，而莫之知」地輔佐齊桓公。齊桓公亦襟量廣闊，不計前嫌，故終能成就「尊王攘夷」之大業。

晉文公重耳則有伴隨流亡、助其成就霸業的舅舅狐偃相輔助。在驪姬媚惑晉獻公、晉國發生內亂，重耳流亡在外十九年的生涯中，狐偃始終相隨、出策謀劃。後來重耳得秦穆公之助歸晉；至河，重耳令棄籩豆（食器，竹製為籩，木製為豆）和茵席（蓆褥）、面目黧黑及手足胼胝者殿後。狐偃聞之大哭，他說丟棄舊物、勞苦有功者居後，是棄舊臣也。於是重耳誓曰：禍福利害、共謀國事，皆與同心而全始終。後來他也成為繼齊桓之後、另一位「尊王攘夷」的霸主。

至於楚莊王，《說苑》曾記載著名的「絕纓之宴」：一次在莊王夜宴群臣時，燈燭滅，賓客有因醉而拉其美人衣袖者；美人怒摘其帽纓（帽帶），請莊王點燈捉拿。莊王卻認為「賜人酒，使醉失禮，奈何欲顯婦人之節而辱士乎？」反下

戰國弦紋豆銅器（國立故宮博物院藏）

令眾人盡摘去帽帶以示歡樂。後來晉、楚交戰，有一人常在前搏命卻敵，此人即當年醉拉美人衣袖而被寬宥者。此外，《左傳．宣公十二年》記載，楚在打敗晉國的邲之戰後，莊王對於建請修京觀以示武功，也以「武」字結合了「止」和「戈」，認為「止戈」才是武王克商作《周頌》而強調收拾干戈弓矢之意，所以反對宣揚武事，主張安定百姓。楚莊王身旁則也有司馬遷《史記》贊為「循吏」之首的孫叔敖。

墨子列舉諸多聖君賢相的故事，以說明若是賢人在旁，「所染」是正面的，則即使身為帝王，也都能受到正確的引導，而況於士？所以又說「士亦有染」。推而廣之，對於任何人來說，同樣也都是「染不可不慎」的。

肆．再做點補充：墨子書中，一些我們熟悉的典故

本選文〈所染〉中，墨子累舉賢人輔佐聖君的事例，以見環境濡染的重要，其中有一些是屬於傳說時代的傳說，有一些則是我們耳熟能詳的文史流傳。

傳說皋陶能「神判」：

傳說中，皋陶是顓頊的第七個兒子，約生活在西元前二二八〇～二一七〇年。他和堯、舜、禹齊名，是虞舜和夏初的賢臣，「上古四聖」之一。他被舜任命為掌管刑法的官吏，公正嚴明，有「皋陶造獄，劃地

傳說中皋陶有一隻具有靈性、能夠決獄的神獸獬豸。
圖為北京故宮博物院太和殿脊獸之獬豸。

為宰」之說；史載又說他「明於五刑，以弼五教」，不但使得天下無虐刑、無冤獄，並且對犯罪者曉之以理，以父義、母慈、兄友、弟恭、子孝等「五教」教之。所以他被奉為中國司法的鼻祖，並有「獄神」之稱。

傳說中皋陶有一隻具有靈性、能夠決獄的神獸獬豸（ㄒㄧㄝˋ ㄓˋ），獬豸長得像羊（或說像鹿），但頭頂正中僅有一獨角，與生俱來具有辨別是非、公正不阿的本能。每當皋陶斷獄有疑時，只要將牠放出來，如果其人有罪，獬豸便會用頭角頂觸之，無罪則否。如此神異的遠古傳說，也頗與約六千年前蘇美爾文明的「神判」，由神權祭司（蘇美爾城邦在王權開始時屬於神權政府統治，統治者為祭司）占卜審理判案類似。

姜太公釣魚離水三寸：

姜太公，輔佐文、武二王伐紂滅商，開創周朝，堪稱西周異姓的第一功臣。因其先祖掌管四岳，助禹平息水患有功，虞夏時受封於呂，後世子孫從封姓，所以史籍也多稱為呂尚。

不過在說姜太公輔佐文、武二王前，要先說傳說的文王「飛熊入夢」事。據《封神演義》載，姜子牙道號飛熊，白髮蒼蒼的他垂釣於渭水邊；而周文王從被囚禁的羑里返回西岐後，曾經夢見一隻白色頭額的猛虎，牠的雙腋長著翅膀，解夢者說商高宗曾經夢見飛熊，後來遂得到在民間從事築牆工作的賢相傅說（創說「知易行難」者）；又說虎生雙翼就是飛熊的象徵，所以文王的「飛熊入夢」

姜太公釣魚離水三寸

也同樣是得到棟樑才的吉兆，因此文王乃有「渭濱訪賢」之事。文王在渭水邊訪得釣魚離水三寸的姜太公，於是九十三歲的姜太公成為文王的上賓，武王則拜為國師，尊以「師尚父」。

至於姜太公釣魚離水三寸、「願者上鉤」，以及文王聘賢，親扶太公上轎並為他拉車八〇八步，而周祚亦止於八〇八年的「文王托車」故事，並皆為我國歷史上著名的典故。民間寺廟也常有「四聘賢」的彩繪雕刻——歷山耕田堯聘舜、成湯聘伊尹、文王渭水聘賢太公望、劉備三顧茅廬諸葛亮，皆國人熟悉的古代帝王聘任賢能事。唐開元間，因太公為兵家之統，有尊為武廟的「太公尚父廟」，不過在元明後，則岳飛、關羽漸次取代了太公的地位。

孫叔敖打死兩頭蛇

《墨子》文中提到的「楚莊染於孫叔」，在台灣的小學語文課本中有一則關於他的、非常有名的「教善」故事——孫叔敖打死兩頭蛇。據劉向《新序》記載，春秋時楚國名相孫叔敖年輕時曾經看見兩頭蛇，因為流傳看見兩頭蛇的人會死亡的說法，他擔心別人又會看見，於是把蛇殺死並加以埋葬。返家，母親見他憂傷不食，問明原委後寬慰他：有陰德的人將會得到善報，毋須憂慮。後來孫叔敖出任楚相，幫助楚國贏得了晉、楚爭霸的邲之戰，他是司馬遷《史記》所稱美的「循吏」之首。後人則把他埋蛇的山丘稱為「蛇入山」。

春秋時楚國名相孫叔敖年輕時曾經看見兩頭蛇。

千金散盡還復來——經營之神陶朱公

《墨子》又提到了范蠡和文種輔佐越王勾踐事，他二人辛苦慘淡、勤奮不懈地為勾踐運籌謀劃二十多年，終於滅了吳國，一雪當年會稽敗戰之恥。期間，勾踐歷經苦辛，包括以越君身分入吳服事吳王夫差，為夫差嚐糞問疾；也包括感動夫差被放還後，臥薪嘗膽、「十年生聚十年教訓」，以激勵、鍛鍊自己的復仇決心。但是范蠡深知越王可與同患難、不可共享樂，「飛鳥盡，良弓藏；狡兔死，走狗烹。」所以在幫助勾踐成功復仇以後，他選擇毫不眷戀地放下名位，乘船浮海而去。自後即隱姓埋名從事於商業經營，傳說他在數年間累聚了千金，卻散盡千金又重頭開始，如此往復數次。後來他成為民間供奉的商業之神，人稱「陶朱公」。

（張麗珠）◆

陶朱公
山東定陶城區「中華商聖」園區

2 琵琶行 並序

白居易的〈琵琶行〉與〈長恨歌〉是中國敘事詩登峰造極的兩大傑作。〈琵琶行〉描述的是落拓不得志的詩人，與年華老去的琵琶女萍水相逢，聆樂抒情，最後透過這首偉大的詩作酣暢完成了詩歌與音樂的相互傾吐與共鳴。全詩充滿豐沛的情感與文采；無論書寫人物表情、音樂聽覺，乃至天涯淪落人的惺惺相惜，都叫人低迴不已。

壹．作者與出處

白居易（西元七七二～八四六），字樂天，晚號香山居士、醉吟先生。他出生於一個「世敦儒業」的家庭。祖父和父親皆以明經科出身，做過縣令、州別駕，頗有政績。母親賢慧仁慈，略通詩文。受家庭環境的薰陶，白居易年少時就為了實現遠大抱負而發憤苦讀。十一歲時隨父親流轉四方，廣泛接觸到民間疾苦，奠定了他寫社會詩的基礎。加以天資聰穎，年少時便在詩歌創作上嶄露頭角。十六歲時帶著自己的作品去拜訪名士顧況，顧況看到詩稿上署名「白居易」，

便幽他一默地說：「米價方貴，居亦不易啊！」這是當時的達官貴人小覷了剛到長安的年輕人。等翻看詩稿，讀到〈賦得古原草送別〉詩時，不禁連聲讚歎：「道得箇語，居即易矣」，他的詩名就此傳開了。他在貞元十五年進士及第，在雁塔題名寫下「慈恩塔下題名處，十七人中最少年」的詩句，流露出志得意滿的喜悅，自此進入「跡升清貴」的仕途人生。

他在元和九年授太子左贊善大夫，得到唐憲宗的重用，與元稹共同發起「新樂府」運動，繼承了《詩經》以來的現實主義傳統，發展了杜甫的社會寫實詩的創作路線，積極倡導新樂府運動，提出了對詩歌創作影響深遠的「文章合為時而著，歌詩合為事而作」的理念。同時，在「惟歌生民病，願得天子知」、「但傷民病痛，不識時忌諱」的動機驅使下，寫了大量抨擊時政的諷喻詩，如〈秦中吟〉、〈新樂府〉等作。為了拓大詩歌的影響力，他主張「以俗為美」，這裏的「俗」不僅指語言形式的通俗明白，而更是指在審美觀念上世俗化的傾向，故其詩「老嫗能解」。長慶四年，他的好友元稹將其詩作編成《白氏長慶集》。他自覺地保存詩作近三千首，是唐代詩歌存世最多的作家。曾將自己的詩分為諷諭、閒適、感傷和雜律四類，而他本人特別重視諷諭和閒適詩，這分別反映了詩人「兼濟」和「獨善」兩種可以互補的思想。

元和十年，宰相武元衡被刺重傷，震驚了大唐朝野。白居易上疏請捕刺客，不慎觸犯了權貴的利益，並借其「越職言事」巧做文章，捏造罪名，貶為江州刺史，又誣陷其不孝，再貶江州司馬。江州在當時是蠻瘴之地，且司馬實際是一種閒散的職務，這對詩人是很大的打擊。從京官到「天涯淪落人」，猝不及防的貶謫經歷，對他不啻當頭一棒。他的人生態度由兼濟天下一變而為獨善其身，此番遭際促使他開始懂得藏鋒，也改變了面對官場的方式，他不再對官場直言批判，而是轉向關注社會底層，創作出大量反映社會現實的詩作。

元和十三年，他離開江州，赴忠州任職。後又出任杭州刺史。三年裏，他積極治理西湖，疏浚六井，解決當地的飲水問題，以清正廉明贏得百姓的愛戴。長慶之後，白居易政治進取熱情下降，但又須依賴官場生存，故多選外官或分司閒職，詩作多表達自足閒適的心態，原本反映現實的文學理論一變而為「理世之音安以樂，閑居之詩泰以適」。晚年在洛陽龍門山之東的香山上築石樓而居，這是他人生的重要轉向，開始篤信佛事，與香山寺僧往來，專心致志地念佛、誦經，自號「香山居士」，在世俗生活中以平常心追求大自在，其歌詩審美再現了他洛下閒適人生的不同境界——饑餐睏眠、知足無求的日常境，在家出家、任運隨緣的自在境，他的形象一變而為官場隱士。

寶曆元年，白居易被任命為蘇州刺史，雖任上僅僅一年，但政績同樣可圈可點。為了便利蘇州水陸交通，開鑿了一條西起虎丘、東到閶門外長七里的「七里山塘」古運河，至今已超過一千兩百年的歷史，仍造福著當地百姓，其充滿水鄉的懷舊風情和詩意的建築街市，成為著名的觀光景點，讓許多遊客流連忘返。

晚年的白居易又受重用，大和四年，任河南尹，他盡忠職守、勤政為民。會昌元年，始罷太子少傅，次年以刑部尚書致仕，為自己的仕途畫上了完美的句號。此時，他傾向追求一種自我完善、自在閒適的生活。常和劉禹錫詩歌唱和，友情使他的晚年人生並不孤單。會昌六年，一代「詩魔」、七十五歲的白居易長逝，安眠於洛陽琵琶峰的「白園」。

白居易創作詩歌，強調通俗性和寫實性，且全力實踐，對當時與後世都產生了廣泛的影響，在我國詩歌史上地位重要，有《白氏長慶集》傳世。

貳・選文與注釋

元和十年，予左遷九江郡司馬[1]。明年秋，送客湓浦口[2]，聞舟中夜彈琵琶者，聽其音，錚錚然[3]有京都聲[4]。問其人，本長安倡女[5]，嘗學琵琶於穆、曹二善才[6]，年長色衰，委身為賈人婦。遂命酒，使快彈[7]數曲。曲罷憫默[8]。自敘少小時歡樂事，今漂淪[9]憔悴，轉徙於江湖間。予出官[10]二年，恬然自安，感斯人言，是夕始覺有遷謫意。因為長句[11]，歌以贈之。凡六百一十六言，命曰〈琵琶行〉[12]。

1 左遷九江郡司馬：貶到九江郡任司馬。左遷：貶官。古人尊右卑左，故稱降職為左遷。司馬：唐代為刺史的佐官，無實際職掌，多用來處置貶官。

2 湓浦口：在江西省九江市西，是湓水流入長江的地方。湓：音ㄆㄣˊ。

3 錚錚然：形容聲音鏗鏘清脆。錚：音ㄓㄥ。

4 京都聲：唐代京域流行的樂曲聲調。京都：京師、國都。

5 倡女：歌女。

6 善才：唐元和中，曹保有子善才，精通琵琶，唐代因以「善才」稱呼琵琶師，意為能手。

7 快彈：暢快地彈奏。

8 憫默：琵琶女因感傷而沉默。

9 漂淪：漂泊淪落。

10 出官：由京都貶為外官。

11 因為長句：因此而創作〈琵琶行〉這首七言歌行體。為：創作。

12 琵琶行：此詩又作〈琵琶行〉。行、引，是古樂府詩的一種，與「歌」體相近。

潯陽江頭夜送客，楓葉荻花秋瑟瑟[13]。主人下馬客在船，舉酒欲飲無管絃。醉不成歡慘將別，別時茫茫江浸月。忽聞水上琵琶聲，主人忘歸客不發。尋聲闇問彈者誰？琵琶聲停欲語遲。移船相近邀相見，添酒回燈[14]重開宴。千呼萬喚始出來，猶抱琵琶半遮面[15]。

13 瑟瑟：蕭瑟，寒冷的樣子。

14 回燈：重新張燈。

15 千呼萬喚始出來，猶抱琵琶半遮面：千呼萬喚她才緩緩地走出來，懷裡還抱著琵琶半遮著臉，形容琵琶女態度矜持拘謹。

明仇英〈琵琶行圖〉（國立故宮博物院藏）

轉軸撥絃[16]三兩聲，未成曲調先有情。絃絃掩抑聲聲思[17]，似訴平生不得志。低眉信手續續彈，說盡心中無限事。輕攏慢撚抹復挑[18]，初為霓裳[19]後六么[20]。大絃嘈嘈如急雨，小絃切切如私語[21]。嘈嘈切切錯雜彈[22]，大珠小珠落玉盤[23]。間關鶯語花底滑[24]，幽咽泉流水下灘[25]。水泉冷澀絃凝絕，凝絕不通聲暫歇。別有幽愁闇恨生，此時無聲勝有聲。銀瓶乍破水漿迸，鐵騎突出刀鎗鳴。曲終收撥[26]當心畫，四絃一聲如裂帛。東船西舫悄無言，惟見江心秋月白。

16 轉軸撥絃：轉動樂器上張絃的木柱，以審音定調。

17 絃絃掩抑聲聲思：每根弦所彈出悽楚悲切聲音皆隱含著情思。思：音ㄙˋ，情思。

18 輕攏慢撚抹復挑：輕輕地攏，慢慢地撚，一會兒抹，一會兒挑。攏撚抹挑：指彈奏琵琶的各種手指姿態。攏：音ㄌㄨㄥˇ，左手手指按弦向裡（琵琶的中部）推。撚：音ㄋㄧㄢˇ，揉弦的動作。抹：順手下撥的動作。挑：音ㄊㄧㄠˇ，手指反手回撥。

19 霓裳：唐代著名的法曲。唐開元間，河西節度使楊敬述向玄宗進獻了〈婆羅門曲〉，天寶間改編為〈霓裳羽衣曲〉。這首舞曲被賦予神話情節，〈楊太真外傳〉注明該曲是玄宗登三鄉驛時，望傳說中的仙山女几山所作；又描述玄宗冊立太真宮女道士楊氏為貴妃，進見之日彈奏此曲。霓裳：音ㄋㄧˊ ㄔㄤˊ。

20 六么：唐代教坊樂曲名。

21 切切如私語：形容琵琶聲急促輕幽細碎。

22 嘈嘈切切錯雜彈：「如急雨」、「如私語」兩種旋律交替出現。

23 大珠小珠落玉盤：形容樂器彈奏出的聲音清脆悅耳。

24 間關鶯語花底滑：樂音輕快流利如黃鶯穿梭花間的鳴叫聲。間關：鳥鳴聲。滑：流利。

沉吟放撥插絃中[27]，整頓衣裳起斂容。自言本是京城女，家在蝦蟆陵下住。十三學得琵琶成，名屬教坊第一部[28]。曲罷曾教善才伏[29]，妝成每被秋孃[30]妒。五陵年少[31]爭纏頭[32]，一曲紅綃不知數[33]。鈿頭雲篦擊節碎[34]，血色羅裙翻酒污。今年歡笑復明年，秋月春風等閒度[35]。弟走從軍阿姨死[36]，暮去朝來[37]顏色故[38]。門前冷落車馬稀，老大嫁作商人婦。商人重利輕別離，前月浮梁[39]買茶去。去來江口守空船，遶船月明江水寒。夜深忽夢少年事，夢啼妝淚紅闌干。

我聞琵琶已歎息，又聞此語重唧唧[40]。同是天涯淪落人，相逢何必曾相識。我從去年辭帝京，

25 幽咽泉流水下灘：樂音悲抑哽塞有如泉流灘下窒礙難通。

26 曲終收撥當心畫：一曲彈奏結束，用撥子在琵琶的中部橫劃四弦，這種彈奏指法的行話叫做「掃撥」。撥：彈奏絃樂器時用的工具，即撥子。

27 沉吟放撥插絃中：低沉吟詠地把彈奏用的撥片插到弦中。沉吟：在此是一種神態，低頭不語、遲疑不決的樣子，反映了琵琶女欲說還休的內心矛盾。

28 名屬教坊第一部：名字登記在教坊的第一部裡。教坊：唐代管理宮廷音樂的官署。

29 曲罷曾教善才伏：每曲彈罷都令琵琶師們歎服。伏：同「服」。

30 秋孃：唐代歌妓女伶的通稱。

31 五陵年少：貴冑子弟。漢代帝王的五個陵墓：高祖長陵、惠帝安陵、景帝陽陵、武帝茂陵、昭帝平陵，都在長安城北。富貴人家多遷住其地。

32 纏頭：是給予伎人的賞資。古時歌伎用彩錦纏頭，賓客也往往在其歌舞後賜錦，或以財物代替。後把送給歌伎之財物稱為「纏頭」。

33 一曲紅綃不知數：奏完一支曲子，得到的精美織錦不計其數。紅綃：紅色薄綢，在這裡指賞金。綃：音ㄒㄧㄠ，用生絲製成的各種絲織品。

謫居臥病潯陽城[41]。潯陽地僻無音樂，終歲不聞絲竹聲[42]。住近湓江地低濕，黃蘆苦竹遶宅生。其間旦暮聞何物？杜鵑啼血猿哀鳴。春江花朝秋月夜，往往取酒還獨傾。豈無山歌與村笛？嘔啞嘲哳[43]難為聽。今夜聞君琵琶語，如聽仙樂耳暫明[44]。莫辭更坐彈一曲，為君翻作[45]〈琵琶行〉。感我此言良久立，卻坐促絃絃轉急。淒淒不似向前聲，滿座重聞皆掩泣。座中泣下誰最多？江州司馬青衫濕。

34 鈿頭雲篦擊節碎：用珍貴的首飾應和節拍，把首飾敲碎也在所不惜。是說琵琶女年輕時在教坊中，歡樂又極盡奢靡的生活。鈿頭：鑲嵌著金花寶石的珍貴首飾。鈿：音ㄉㄧㄢˋ。雲篦：有雲紋的細密梳子。篦：音ㄅㄧˋ，細密的梳子。擊節：打拍子。

35 秋月春風等閒度：在歡樂之中，把青春輕易隨便地消磨掉了。秋月春風：良辰佳景，在這裡比喻美好的青春年華。等閒：輕易。

36 阿姨：在本詩中指教坊中的養母，現在指自己母親的姐妹一輩的女性。

37 暮去朝來：比喻時間流轉飛快。

38 故：蒼老。

39 浮梁：即鄱陽縣，在今江西省鄱陽縣東北。

40 唧唧：歎息聲。

41 潯陽城：九江城。

42 絲竹：泛指一切樂器。絲，指琴、瑟等弦樂器。竹，指管、簫等管樂器。

43 嘔啞嘲哳：形容聲音雜亂吵雜。嘔啞：小兒學語聲。嘲哳：音ㄔㄠˊ ㄓㄚ，吵雜不和諧的聲音。

44 耳暫明：耳朵頓時清明。暫：頓時。

45 翻作：轉化為。

參・可以這樣讀

作為一首長篇敘事詩，〈琵琶行〉的情節在詩前小序可見其梗概。而故事中的人物主角，即詩人與琵琶女，原本素昧平生，兩人偶然相遇，是音樂起了橋樑作用。本詩有兩條線索的發展，第一是生平與事件的敘述，第二是音樂的演繹描寫。生平與事件是全詩演繹的基礎，因為有共同的身世飄零之感，才能產生共鳴，在音樂上溝通彼此。〈琵琶行〉對琵琶演奏的描寫，是用文字描寫音樂的傑作，不僅依賴於文字的功夫，還需要作者對音樂的領悟，所謂能「聞弦音而知雅意」。這弦音中的「雅意」，當是演奏者對音樂的理解和在演奏中傳達出的真情。

詩、序合體共生

在唐代詩歌創作現象中，存在一種值得我們重視的「詩、序合體」。在詩前附上序文，作為和詩相輔相生的副文本。詩序創作源於魏晉、衍於齊梁、盛於中唐。中唐時期，在以白居易、元稹為中心的詩人群中，詩序的使用率更達到高峰。這一突出的文學現象表現了新樂府「事核而實」的特徵。詩序交代創作動機、解釋詩題、記述相關背景，甚至讓我們緣序品詩，體會文本的幽微意境。詩序可以說是作者對詩作的「自我詮釋」，它甚至可以傳達出一些僅僅依靠詩歌本身或許難以為讀者所瞭解的訊息。和詩作相比，序文可以更直接、更隨意地透露自己內心的不平，使詩的內容得到深化。

本文的詩序交代了本詩乃詩人偶逢琵琶女後的感遇。白居易從京城而來，對音樂有所偏嗜，更有欣賞音樂的能力，問起了對方來歷，知道她曾向穆、曹兩位善彈琵琶的樂師學習，並請她彈奏琵琶。「曲罷，憫默」，用字精簡，卻傳達了複雜的心情。曲中不僅是琵琶聲，更流露出歌女的生命滄桑。序中道「予出官二年，恬然自安」，然而，我們卻在詩本文中看到完全相反的訊息，是懷著濃濃憾恨的。這說明了「恬然自安」只是故作恬適。直到「感斯人言，是夕始覺有遷謫意」，興懷觸動，透過琵琶女的自述身世，白居易彷彿看到了自己人生的寫照。如果沒有像白居易這樣的音樂鑑賞高手，聽出了樂聲中的「無限事」，琵琶女再高超的演出也只能是自娛自樂的小夜曲。

「遷謫恨」與「淪落悲」

琵琶女是帶著自己的身世遭遇、人生滄桑去演奏的，白居易是處於被貶謫異鄉、孤寂失意的境遇下去聆聽音樂的。

〈琵琶行〉對於細節描寫成功運用，塑造了極其鮮明的人物形象，使人物特徵更加突出。「千呼萬喚始出來，猶抱琵琶半遮面」，寫出了琵琶女的矜持與內斂，對自己才藝的自尊與自重，流露了一種生命姿態的縱深感。大家風範是一種沉得住氣的內斂，一種含蓄靦腆的莊重——對自己能力品德的尊重愛惜。經歷滄桑、看盡冷暖的藝人應不會在初識的陌生人面前就打算傾瀉自己的過往。只是彈者和聽者的感受如此相似，兩人又都有著卓絕的音樂造詣，所以白居易

透過旋律，在琵琶女的樂曲中聽出她演繹了身世的「漂淪憔悴」。詩中直接寫琵琶女的自敘身世，省略了白居易的問。因為白居易怎麼問的其實已藏在小序「錚錚然有京都聲」中，藏在聽曲的「不得志」、「無限事」、「幽愁闇恨」中。在深沉纏綿的音樂世界裏，白居易感受到琵琶女波瀾壯闊的感情律動和命運幽怨，並聯想到了自身宦海浮沉的政治苦悶。在楓葉荻花秋瑟瑟的潯陽江頭，人生遭際的暗合，讓他們在心靈世界產生共鳴。

他們的人生是有許多相通之處。兩人年輕時都風光無限好。白居易的早期生活一路順遂，用他自己的話說就是「十年之間，三登科第，名入眾耳，跡升清貴」。而琵琶女的早期生活同樣是春風無限，佔盡榮寵——「名屬教坊第一部」、「善才服」、「秋孃妒」、「爭纏頭」、「紅綃不知數」，可見其大紅大紫之樂壇盛名也非常人所能及。其次，兩人命運轉折的背景和結果相近。白居易因諷諭時政，為權貴們所忌，貶謫江州。而琵琶女的身份地位，也注定了「老大嫁作商人婦」、「轉徙江湖間」的命運歸宿，就這樣素昧平生萍水相逢，在知音識曲的感動中盡情傾瀉了對命運的感傷，讓樂曲負載起兩種曲折的人生，模糊了「江州司馬」與「琵琶女」的身份和階級的界限，成就了秋月下琴弦上永恆的美麗與感動。

詩人在聆聽清音外，也觸動了他那因政治失意而引發的傷感心弦。他聞曲傷懷，再也不能「恬然自安」，同病相憐讓詩人也進行一番反思：「我從去年辭帝京，謫居臥病潯陽城」、「今夜聞君琵琶語，如聽仙樂耳暫明」。白居易由

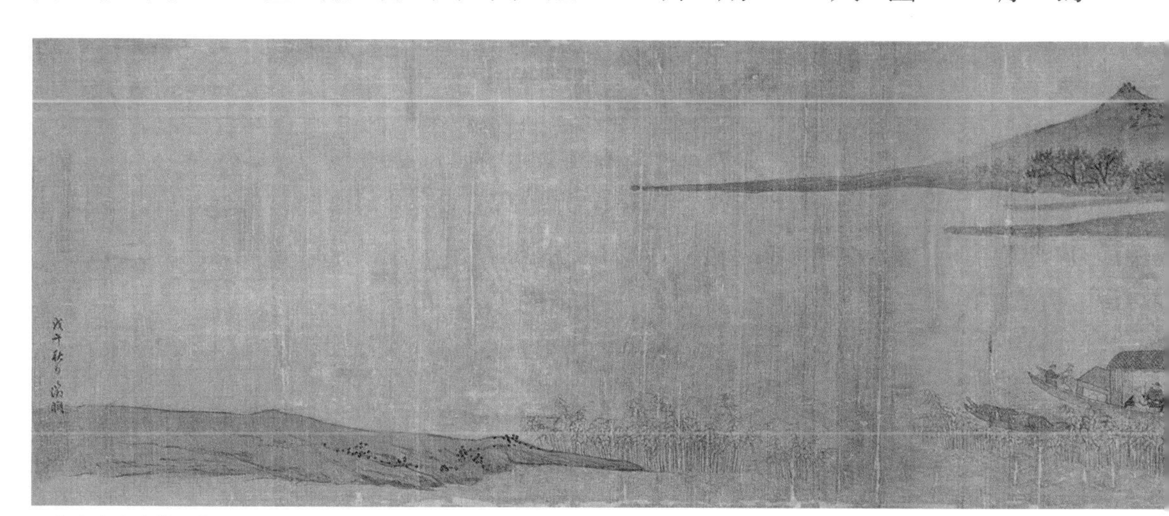

明代書畫家文徵明的長卷〈琵琶行圖〉 國立故宮博物院藏

音樂的欣賞進而發出命運的感歎，成就了「同是天涯淪落人，相逢何必曾相識」的千古名句，並蘊藏詩人對黎民蒼生的人文關懷、貶謫潯陽時的精神落寞、和琵琶女人生境遇的暗合。因為這三個因素，讓白居易擺脫了士大夫的框架，超越雅俗的界限，由菁英文化走向了市民文化。

盛極而衰的時代隱喻

琵琶女是一位閱歷滄桑的歌女，她自訴她在十三歲時就學了琵琶，曾在教坊受過專門訓練，「曲罷曾教善才服，妝成每被秋孃妒。」才貌雙全，卻在宮廷教坊的浮華生活浪擲青春。「鈿頭雲篦擊節碎，血色羅裙翻酒污」，這兩句寫出了樂伎的生命悲哀，不用紅色而用「血色」，是一種灼傷的疼痛，因為她的青春就是在這種疼痛中消磨淨盡。這是琵琶女的生命傷痕和必然的命運，青春極盛後就漸漸過氣了，如今感知著年老色衰的生命滄桑，昇騰為一種生命的深沉與凝重。琵琶女訴說著過去的生活、當今的境遇，在娓娓道來中令人有淒然之感。詩人與歌女雖然地位不同，身份各殊，但都背負各自生命中沉重的往事。總體來說，這是大唐的繁華背後的一種虛無感，美好的幻夢終必成空，一切榮寵也只是一場夢。

我們看到了一個過氣的歌女的沒落與悲哀，生命在大繁華中曾經如此狂歡過，如今風華不再，在淪落天涯的時候，居然還能夠見到有人對她賞識。她顯然是感動了。這種感動已經不再是年輕時面對紈綺子弟對她寵幸的感動，而是

〈琵琶行〉是民初畫家傅抱石最為鍾情的題材之一。

一種久違了的被聽懂的感動。所以，她傾訴少年時光的燈紅酒綠紙醉金迷，傾訴這些年來的流離顛沛淪落天涯。眼前這位才子，或許是自己平生遇見的最後一位知音了。於是，她全心全意的用音樂來傾訴，因為這裏有同病相憐的知音，她不必再壓抑自己的憾意，不必再遮掩自己的真情，於是，「卻坐促弦弦轉急」、「淒淒不似向前聲」，她的琴聲急轉直下淒然欲涕。

琵琶女彈奏並傾訴身世之苦以後，白居易歎息不已，「我聞琵琶已歎息，又聞此語重唧唧」。他想不到，琵琶女的琴聲背後，居然有如此悲涼的往事，有著與自己如此相似的經歷。於是放下身份：「滿座重聞皆掩泣」，一群飽經滄桑的男士，竟然被一位陌生女子的琵琶聲彈哭了，「座中泣下誰最多？江州司馬青衫濕」，哭得最不能自已的自然是詩人了，他盡情釋放自己的情緒，讓感動化作一行行熱淚，伴隨著琵琶女的樂聲，灑落在月光下波光粼粼的江船上。

本詩在中國詩歌史上的藝術魅力經久不衰，其奧秘在於詩人看到了琵琶女經歷命運的洗禮，雖然落魄卻增加了生命的藝術重量。訴說了人生極端的生存境況下的種種變化，傾訴了生命的滄桑感，在今昔對比中見證存在的悲涼，同時也由小人物的遭遇而透露出時代由盛而衰。白居易所處的時代，有宰相被殺、忠臣見黜，這是朝政腐敗、國勢衰落的象徵。詩人首先承受的是自我個體的遷謫之痛，而更深層面，是個體命運在一個朝代的衰微中的無可奈何。如果說白居易的淪落是由一個位高權重的「京官」變成了臥病潯陽的「遷客」；那麼琵琶女的淪落就是由一位色藝雙絕、春風得意的「京伎」變成了年老色衰、落寞

〈唐人宮樂圖〉（局部），彈奏琵琶的場景，圖為唐代佚名創作，現藏於國立故宮博物院。

失意的「商婦」，這是唐王朝由盛而衰的歷史面向。結合中唐時代背景來觀照文本相關內容，琵琶女的落寞失意，表面原因是「商人重利輕別離」，但深層原因卻在「弟走從軍阿姨死」所交代的社會背景：元和五年用兵藩鎮，國庫窘迫，權令斷樂。聯繫杜甫〈江南逢李龜年〉一詩，亦以李龜年這一位宮廷歌唱家的顛沛流離反映了時代的由盛而衰，世運的由治而亂。那麼琵琶女的漂淪憔悴的根源，自然也在朝代的衰微敗落和統治者及世人的重色輕藝上，這些都和那個由盛而衰的時代有直接關係。白居易似乎也透過這首詩呈現人生在狂歡浮華中的一種虛無性，一種對時代沒落的感知和領悟。

白居易開創的藝術新境

關於這首敘事長詩所述作者夜遇琵琶女的故事，宋洪邁說：「樂天之意，直欲攄（表白）寫天涯淪落之恨也。」清趙翼也說：「香山借以為題，發抒其才思耳。」詩人以琵琶女的身世遭遇，映襯自己無罪獲貶的悲憤，控訴社會的不公、政治的黑暗。一個時代致使菁英淪落天涯，更是沒落的徵兆，於是借琵琶為題，寫下千古絕唱〈琵琶行〉。

唐代彩繪持琵琶女俑，
陝西歷史博物館藏。

◎高超的敘事技巧

長篇歌行體的詩歌創作，講究情節佈置波瀾開闔，層次清晰，結構縝密。〈琵琶行〉描寫曲折的情節，開闔得當，從容鋪敘而不失法度。篇首寫秋夜江頭送客，在清冷蕭瑟的秋色中，已傳出主客落寞之感，「舉酒欲飲無管弦」的掃興，加上黯然神傷的別離之緒，再進一層以「別時茫茫江浸月」烘染環境氣氛，詩人已為全詩定下悲涼的基調。「無管弦」與下文「終歲不聞絲竹聲」相呼應，「忽聞水上琵琶聲」有如空谷足音，使主人「忘歸」客「不發」，情節陡起轉折，於是「尋聲」、「闇問」、「移船」、「邀相見」，琵琶女的出場以及即席彈奏的情節發展是順理成章的事。

詩人戲劇性的敘寫琵琶女的出場，用一連串動作描寫她的猶疑不決，不是端架子，而是滿腹淪落之恨，不欲見人、不便說明。詩人以生花妙筆，成功的錄下彈奏精彩的全部過程（容下節詳析）。在千變萬化的旋律中，展現琵琶女起伏迴盪的心情，用「似訴平生不得志」和「說盡心中無限事」概括了琵琶女借樂曲所抒發的思想感情。以點睛之筆「東船西舫悄無言，唯見江心秋月白。」寫聽眾受感染的沉重。接著「沉吟」、「放撥」、「插弦中」、「整衣」、「起」、「斂容」等動作表情的描寫，可見她的教養、風度不同於一般。接著詩人以琵琶女自述的方式，鮮明對比的手法，抒情的筆調，從容地寫她回首往事，聯繫現狀，推動故事情節的發展，昔盛今衰的身世變遷，是歌伎命運的必然。與樂曲「說盡心中無限事」互相補充，生動準確的完成一位才貌不凡、歷盡人世滄桑典型

敦煌壁畫，橫抱式琵琶。

的歌伎形象。用省淨傳神之筆，塑造出栩栩如生的人物形象，本是白居易在敘事詩創作上獨到的造詣，三言兩語便能刻畫出人物的神貌特徵，無可替代。

通過琵琶樂曲，溝通了彈者與聽者的心靈，使兩位出身、教養、身份地位都不同的人物，互訴滿腔對人生、社會無奈不平之氣，發出「同是天涯淪落人，相逢何必曾相識」的共鳴，那是全詩的主旨。一個重彈，「卻坐促弦弦轉急」，以「淒淒不似向前聲」一筆帶過，與之前的演奏詳寫遙相映襯；重聽的「皆掩泣」，與前次「悄無聲」相對照，表明由於融進了「同是天涯淪落人」知遇之情，感慨更強烈，重彈的樂曲，較前次更悽苦、更動人，致使滿座皆泣，「座中」的「江州司馬」，作者自己感慨最深，共鳴更為強烈，情不自禁而「淚濕青衫」。長詩就在這傷感的氣氛中戛然結束，回應篇首秋夜送客蕭瑟落寞的詩人，至終痛苦心情仍然無解。

本詩敘事完整，在生動曲折的情節敘述中，波瀾起伏，鋪敘從容，情節的推移、轉換，一氣旋折，處理得十分自然。故事發展的層次和連接，照應緊密，結構謹嚴，詳略得當。如：寫琵琶女自訴身世，詳昔而略今，寫自己的遭遇，略貶前而詳敘謫居的境遇，讓二人前後類似處互補；「邀相見」之後，略去請彈奏琵琶的細節，曲終後用「沉吟」的神態寫她欲說還休的猶疑，省去有關身世的詢問等。鋪敘故事的從容，得力於作者的藝術概括才能，如前述用兩句話概括琵琶女借樂曲訴說心事；特別是敘述身世的一段文字，在鮮明對比中，不枝不蔓，言約意賅，充分展現了概括的力量。

◎突出的音樂描寫

白居易在〈琵琶行〉中用文學語言記錄了一曲完整的琵琶樂章，說明了他精湛的音樂素養，和深厚的駕馭語言文字功力。

「轉軸撥弦三兩聲」寫調絃試音，「未成曲調先有情」，詩人已感受到琵琶女的情思在樂音中流露，非僅技巧而已，然後很有層次的寫出了多種音響的變化。音響旋律的變化，又緊扣著琵琶女情感的起伏和身世的變遷，「似訴平生不得意」、「說盡心中無限事」兩句，提示這支琵琶曲就是琵琶女以音樂語言傳述自己的感情身世。詩人前無所承，成功地以音樂塑造人物形象。

莫高窟 112 窟的〈伎樂圖〉之「反彈琵琶」。

指法在琵琶音樂上非常重要，是表現樂曲最重要的靈魂所在。聽者第一印象是指法。詩人先敘寫彈奏指法，直接用具體的技法行話入詩：「輕攏慢撚抹復挑」，是說琵琶女左手攏、撚，右手抹、挑（舉一反三，包括夾彈及掃撥），指法嫻熟精巧地彈奏「初為〈霓裳〉後〈六幺〉」的全部過程。其後借助漢語的音韻，準確摹寫樂音，再用精妙的比喻賦予抽象樂音具體可感的形象，傳達琵琶女和詩人迴盪的情緒，使讀者如聞其聲，如臨其境，進而產生共鳴。

寫不同琴絃間的音色、音量，他說：「大絃嘈嘈如急雨，小絃切切如私語。嘈嘈切切錯雜彈，大珠小珠落玉盤。」用了兩個疊音詞「嘈嘈」、「切切」，摹聲，又用人們熟悉的形象「急雨」、「私語」比喻其音響。當如急雨般震撼人心、如耳語般窩心溫暖的兩種旋律交替響起，有如「大珠小珠落玉盤」般圓潤清脆，使人目不暇給、耳不暇接。流暢悅耳的音樂展現出一片歡樂的意境，正是琵琶女「今年歡笑復明年，秋月春風等閑度」走紅生活的寫照。旋律由「鶯語花底」似的輕快流利，一變而為「泉流灘下」哽咽悲抑的另一種心境，音響幽咽、滯澀、微弱、低沉，直至「凝絕」，是「聲暫歇」的過程，以凝絕不通的冷澀泉水，寫音樂之情，傳達琵琶女年華老大，嫁作商婦，寂寞淒清的生活及幽怨的情緒。「此時無聲勝有聲」，將樂音停止與心緒無奈巧妙結合，帶出音樂留白的美感。留白手法對樂曲的圓滿、心境的呈現以及意象的營造都異常重要，音樂最高的境界是「無聲」，感情的最高境界是「無言」。詩人將樂曲的描寫由低吟到悠揚，再帶到冷澀，最終是靜寂無聲。其中累積的幽愁闇恨，在令人窒息的沉寂之後，

清代畫家任伯年 1877 年所繪〈琵琶行〉。

突然而起的是驚天動地高亢的音響，如銀瓶突破，水漿飛迸，鐵騎衝馳，刀槍齊鳴，把凝絕的暗流推向高潮。懾人心魂的樂音，在最激越時，收撥一畫，以「四絃一聲如裂帛」結束，這個特殊的猛烈強音，在音樂上的意義在於「如裂帛」的張力、氣勢，戛然而止的乾淨俐落，令人屏息。

本詩以淺白清婉的文字，傳達蘊含深遠的思想、雋永的情趣。描寫音樂的成就，不僅是把千變萬化、抽象的樂音寫得有聲有色，讓人如聞其聲，如臨其境。更重要的是在千變萬化的曲調旋律中，展現琵琶女起伏迴盪的心潮。詩人獨到的音樂描寫，其後歐陽脩〈秋聲賦〉寫秋聲，蘇軾〈赤壁賦〉寫簫聲，劉鶚〈老殘遊記〉寫王小玉說書等，都受其沾溉，同獲稱譽。

◎「詩到元和體變新」

元和體是由白居易和元稹開創的新詩風，盛行於唐憲宗元和年間，對中唐詩壇很有影響力。所謂的新，是說詩歌語言優美通俗，平易淺近，琅琅上口，便於傳誦，在敘事中抒情狀物，形成當時新型詩歌的風格特色。

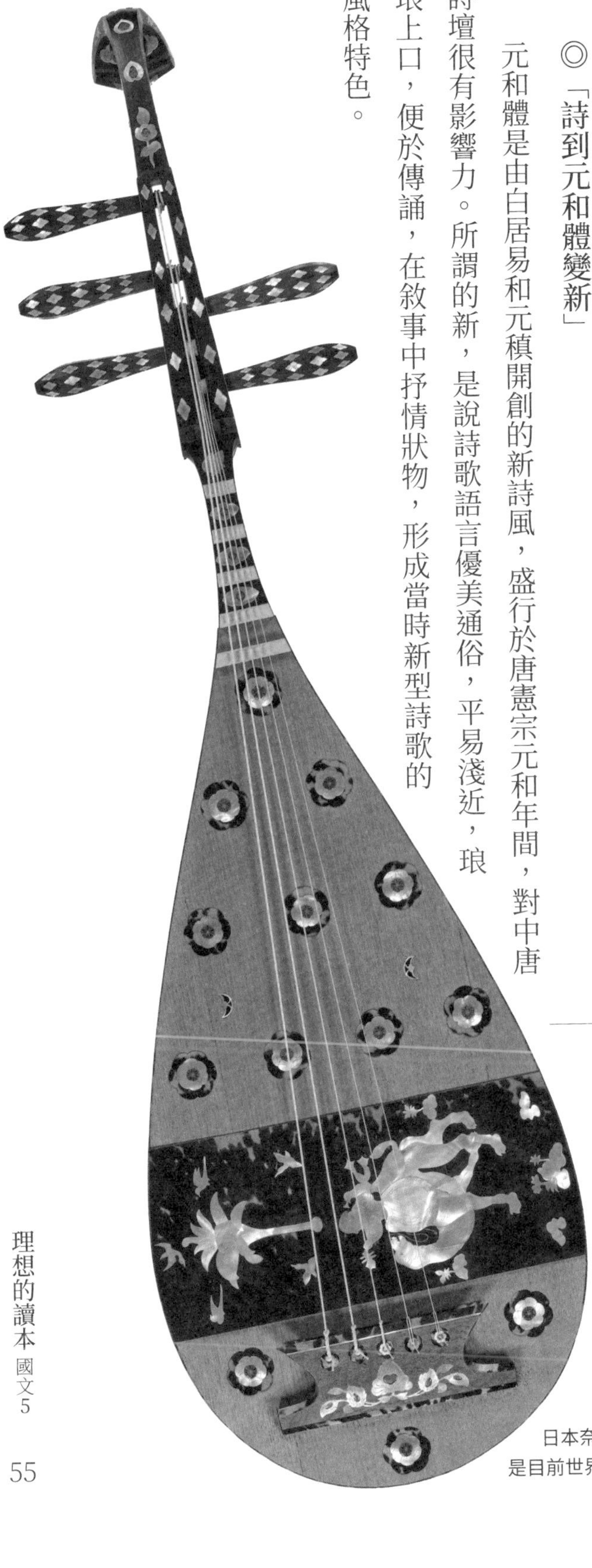

日本奈良東大寺的正倉院中的五弦琵琶。是目前世界上罕有的五弦琵琶珍品。

通俗性和抒情性是白居易在長篇敘事詩中創新的成果，是他對自己詩歌理論的實踐。〈琵琶行〉一詩，如話的語言，不失詩的韻味，感情濃郁，以情敘事，借景託情。詩中故事情節每一發展，都以情語出之；每一景物描寫，都以情來渲染。完整的故事敘述、貫穿全詩的景物描寫，和濃郁的抒情完美結合，生動傳神，感人至深。

詩人以抒情的筆調敘事狀物，貫穿全詩，例如：敘寫「舉杯欲飲無管絃」見掃興之情，寫琵琶女的出場，「尋聲闇問」、「移船相近」、「添酒回燈」、「千呼萬喚」一連串的動作描寫，表達作者急欲見到琵琶女的心情；描寫音樂那一段，將琵琶女的感情起伏和音樂的節奏、詩的韻味，和諧的結合起來，敘寫琵琶女平生的遭遇，寫得如怨如慕，如泣如訴；「莫辭更坐彈一曲，為君翻作〈琵琶行〉」，表達詩人在僻域中遇到知音的依依之情。

全詩的景物描寫，無論江水、明月、楓葉、荻花、黃蘆、苦竹，杜鵑啼、猿猴鳴，都浸染了詩人失意的感情色彩，色調淒清。當我們吟誦「醉不成歡慘將別，別時茫茫江浸月」、「去來江口守空船，遶船月明江水寒」、「住近湓江地低濕，黃蘆苦竹遶宅生，其間旦暮聞何物？杜鵑啼血猿哀鳴」時，在作者寫景敘事中，伴隨著濃郁婉轉的抒情韻致，「情致曲盡，入人肝脾」。和諧悅耳的語言如「柳陰春鶯，深得造化之妙」，通俗性與抒情性和諧結合，便於理解和傳誦，當時就廣泛流傳，唐宣宗〈弔白居易〉說：「童子解吟〈長恨〉曲，胡兒能唱〈琵琶〉篇。」直到今天，白居易這兩篇力作，仍然膾炙人口，歷久不衰。

由於超強的藝術感染魅力，還被後人改寫為小說、戲曲、彈詞等文學，傳播更為廣遠。

白居易的敘事詩成就非凡，除了〈琵琶行〉、〈長恨歌〉兩首傑作外，還有他的諷喻詩〈新豐折臂翁〉、〈上揚白髮人〉、〈縛戎人〉等，都是通過敘事的手法表現出來的。

肆．再做點補充

唐代的新樂府運動是由白居易、元稹共同提倡的文學改革運動，與韓（愈）、柳（宗元）古文運動相呼應。新樂府是唐人自立新題的樂府詩，在內容上直接承繼漢樂府的現實主義精神，寫實是針貶現實，指斥時弊，不以入樂與否為衡量標準；行文直切明暢，平易通俗；宗旨是「文章合為時而著，詩歌合為事而作。」強調詩歌的社會功能和諷喻作用。

玄宗在位後期，相繼委政於李林甫、楊國忠之手，對外窮兵黷武，獎勵邊功；對內政治腐敗，社會動亂。有識之士目睹社會問題日益嚴重，亟欲改革文學以影響社會風氣，改革社會，傳達民意以挽救式微的國勢，文壇上便興起了古文運動和新樂府運動。

盛、中唐交替時期，文學風氣已呈現轉變的趨勢，建立新詩風是詩人群的自覺運動。元結主張詩歌「極帝王理亂之道，繫古人規諷之流。」起「救時勸俗」之效，反對拘限聲病、喜尚形似的詩歌，以及會諧絲竹、寄情酒色的華靡文學，要求有內容、有寄託的新文學產生。他的詩頗能反映現實，在天寶年間，寫了

〈韓熙載夜宴圖〉（局部），女伎斜抱曲頸琵琶。國立故宮博物院藏。

旨在「上感於上，下化於下」的〈系樂府〉十二首，是個有心作新樂府寫實的詩人，如：〈貧婦詞〉、〈去鄉悲〉、〈賤士吟〉等都是寫出生民的痛苦，批判社會的黑暗，他是新樂府運動的前導。與他同時的顧況，也積極應和，從理論上為新樂府運動打邊鼓，充分肯定杜甫「即事名篇，無所依傍」的新題樂府。

杜甫創作了自創新題的大量樂府詩，如〈兵車行〉、〈三吏〉、〈三別〉等，都是以實際體驗民間疾苦為題材，用詩歌來反映人民真實生活，為新樂府運動樹立了創作的榜樣。被稱為「詩史」*的杜甫，並未成為新樂府運動的主導，原因是運動需要群眾，杜甫雖然有元結、顧況等同道，但他們作品不多，力道尚不足，尚未形成運動。直到白居易振臂一呼，新樂府運動便如火如荼的展開了。

白居易在少年時代，早已體驗貧窮的實況和農村的艱苦，步上仕途，面對腐敗的政治現象，更激起他改革的決心。認為文學的重要使命是補察時政，宣導人情，必須「根情、苗言、華聲、實義。」他形象的說明詩歌的內容與形式的關係，是說內容是詩歌的根本，形式要為內容服務，文質並重，才能發揮它的社會功能。他嚴厲批判六朝文風，標舉杜甫的價值，指出文學的明確方向。主張「篇篇無空文，句句必盡規」、「非求宮律高，不務文字奇。唯歌生民病，願得天子知」。「文章合為時而著，詩歌合為事而作」並非口號而已，他自己寫了因事立題的新樂府詩五十首，這些詩主題都非常明確，都是站在民眾的立場，替民眾發聲，反映民生疾苦，對當時社會上許多政治弊端和不合理的現象，

洛陽市白居易墓園雕像。

大膽揭露，如〈新豐折臂翁〉、〈上揚白髮人〉、〈觀刈麥〉等，寫得有血有淚，是社會寫實詩上乘之作。他把這類詩歌編入諷諭詩類，其中還有觸及當時的婦女問題的詩篇。對當時社會中婦女悲慘的命運，感覺銳敏，表現出深厚的同情和真誠的關懷，態度明確，發出強烈不平之鳴。

白居易秉持《詩經》、漢樂府的歌詞、以及李白、杜甫作品的精神，有力的推動新樂府運動。還有他的好友元稹，大力支持，有和李紳的新題樂府十二首，以通俗顯淺的語言真實寫出底層人民受壓迫的悲哀，感人至深。可惜李紳之作已失傳，他有兩首膾炙人口的〈憫農〉詩，也可見是新樂府運動的同調。直至晚唐，皮日休還寫了〈正樂府〉十篇，反映農民起事前夕社會黑暗的實況。

新樂府的創作，既要針砭現實，指斥時政，自然觸犯權勢，當時就毀譽互見。不過，白居易的文學革新理論和實踐，仍然影響了中、晚唐的詩壇。

（黃雅莉）◆

＊詩史：杜甫以盛唐人的眼光、氣魄，用詩人特有的方式視角，在〈三吏〉、〈三別〉中，充分反映有唐三朝（玄宗、肅宗、代宗）的時代風貌，處處流溢著充沛的感情，他的形象、性格活躍在字裏行間，這是前無所承的創新。

3 戰國策・馮諼客孟嘗君

《戰國策》記載的史事從春秋時代到楚漢相爭之前，
大致涵蓋二百四十五年，十二個國家，非一人一時之作。
經劉向編修校訂後定名《戰國策》。
但後來散逸頗多，現存版本僅剩三十三篇。
即便如此，我們還是可以從中目擊在波譎雲詭的時代，
那些意氣風發、縱橫捭闔的謀臣與策士各種精彩的故事。
這些人物性格鮮明、口才便給、洞悉人事、精於謀略，
他們的言行往往成為後世教材或典故，
因此《戰國策》注定是一本非常好看的書。

壹・作者與出處

《戰國策》非一時一地一人的作品，所載自春秋以後到楚、漢興起之前，共約二百四十五年、十二個國家的史事，是國別史名著。

本書傳至漢代時，各篇作者已不可考，內容篇章亦有脫漏錯謬之誤，書名甚為分歧，有《國策》、《國事》、《短長》、《事語》、《長書》、《修書》等名稱。西漢末年，劉向依照「國別體」（分國編列記載史事的方式，《國語》是第一部採用國別體編撰的史書）分類編修，

並重新校定史事，定名《戰國策》，共計三十三卷、約十二萬字；依次分別為東周策、西周策、秦策、齊策、楚策、趙策、魏策、韓策、燕策、宋衛策、中山策。東漢高誘為之作注。然而，本書傳至宋代時散佚頗多，經曾鞏多方訪求校正，重新編訂，成為今本《戰國策》三十三篇。

《戰國策》所載內容源自於天下分裂、兵戎四起的動亂年代，列國或為了自身生存與利益，或為了壯大富強，各種利害衝突形成戰國時期的詭譎多變，卻也提供許多優秀策士、謀臣遊走各國的論辯舞台；這些折衝各國實際利益的主張與歷史活動，都被《戰國策》長於敘事、精於刻畫人物、善於諷諫譬喻、文氣縱橫的書寫特質保留下來，是研究戰國時期的史料，也是先秦歷史散文的典範，司馬遷撰寫《史記》的史料多有直採《戰國策》，對後世史傳散文影響深遠。

劉向，生於西漢昭帝元鳳四年（西元前七七年），卒於哀帝建平元年（西元前六年），字子政，原名更生，西漢沛縣人，是漢高祖弟弟楚元王劉交的玄孫。劉向長於經學、目錄學、文學，成帝時曾奉命校訂登錄宮中群書，撰寫提要，成書《別錄》，是中國最早的圖書目錄，原書已失傳；其子劉歆在《別錄》的基礎上，著有《七略》，東漢班固則據《七略》撰成《漢書．藝文志》。劉向另有《新序》、《說苑》、《列女傳》等書傳世。

本文選自《戰國策．齊策四》，原無標題，「馮諼客孟嘗君」乃後人所加，記載孟嘗君食客馮諼為其出謀獻策的故事。齊人馮諼自稱無才能、也無嗜好，卻三次彈鋏、厚顏地不斷提出要求，孟嘗君也慷慨地滿足所欲；《戰國策》不斷屢出奇鋒，讓人一窺戰國養士之風以及孟嘗君容人的雅量。又生動地描繪馮諼屢出奇策，為孟嘗君「市義」、收買人心，重登相位，立宗廟於孟嘗君封地「薛」，著名的成語「狡兔三窟」即源自此文。全文先抑後揚，情節波瀾起伏，充滿戲劇張力，戰國策士縱橫捭闔的氣勢，當權者求賢養士的虛己以待，《戰國策》的書寫魅力盡在本文中淋漓展現；即在二十一世紀的今日，馮諼在本文中表現的機智應答與作為，依舊可以作為人際應對、職場競爭的參考。

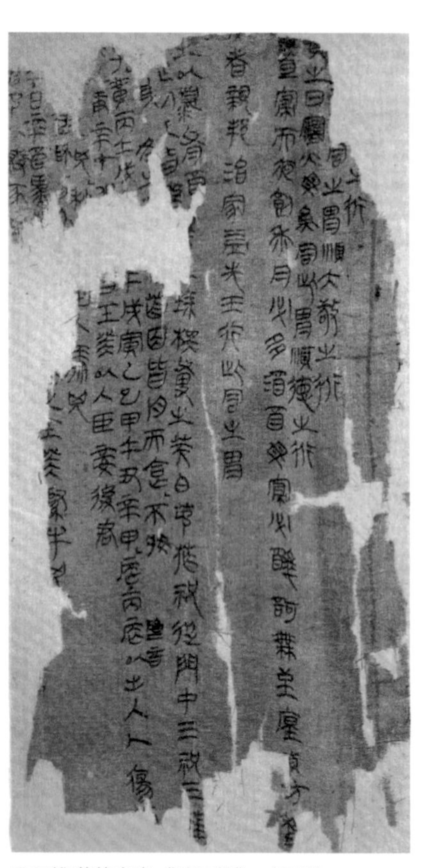

馬王堆漢墓帛書《戰國策》（局部），1973 年在湖南長沙馬王堆三號漢墓出土。湖南省博物館藏。

貳．選文與注釋

齊人有馮諼[1]者，貧乏不能自存[2]，使人屬[3]孟嘗君[4]，願寄食[5]門下。孟嘗君曰：「客何好[6]？」曰：「客無好[7]也。」曰：「客何能？」曰：「客無能也。」孟嘗君笑而受之曰：「諾[8]。」左右以君賤之也，食以草具[9]。

居有頃[10]，倚柱彈其劍，歌曰：「長鋏[11]歸來[12]乎！食無魚。」左右以告。孟嘗君曰：「食之，比[13]門下之客。」居有頃，復彈其鋏，歌曰：「長鋏歸來乎！出無車。」左右皆笑之，以告。孟嘗君曰：「為之駕[14]，比門下之車客。」於是乘其車，揭[15]其劍，過[16]其友曰：「孟嘗君客我。」後有頃，復彈其劍鋏，歌曰：「長鋏

1 馮諼：戰國時齊人，孟嘗君門下食客。諼：音ㄒㄩㄢ，《史記》作「驩」，音ㄏㄨㄢ。

2 自存：養活自己。

3 屬：通「囑」，請託。音ㄓㄨˇ。

4 孟嘗君：田文，齊國宗室，戰國四公子之一，號孟嘗君，以廣招食客三千聞名。後封於薛，權傾一時，人稱薛公，亦稱薛文。

5 寄食：倚賴他人生活。

6 好：喜愛，此作動詞。音ㄏㄠˋ。

7 好：喜愛的事物、嗜好，此作名詞。

8 諾：表示同意，亦即讓馮諼成為其門下食客。

9 食以草具：給他粗劣的飲食。食：音ㄙˋ，動詞，拿食物給人吃。草具：粗糙的飲食。

10 居有頃：過不久。居：經過。頃：音ㄑㄧㄥˇ。

11 鋏：劍柄，借代為劍，音ㄐㄧㄚˊ。

12 歸來：回去。來：語助詞，無義。

13 比：比照。

14 駕：準備馬車。

15 揭：高舉。

16 過：拜訪。

歸來乎！無以為家[17]。」左右皆惡之，以為貪而不知足。孟嘗君問：「馮公有親乎？」對曰：「有老母。」孟嘗君使人給其食用，無使乏。於是馮諼不復歌。

後孟嘗君出記[18]，問門下諸客：「誰習[19]計會[20]，能為文[21]收責[22]於薛[23]者乎？」馮諼署[24]曰：「能。」孟嘗君怪之，曰：「此誰也？」左右曰：「乃歌夫長鋏歸來者也。」孟嘗君笑曰：「客果有能也，吾負[25]之，未嘗見也。」請而見之，謝[26]曰：「文倦於事，憒[27]於憂，而性懧愚[28]，沉於國家之事，開罪於先生。先生不羞[29]，乃有意欲為收責於薛乎？」馮諼曰：「願之。」於是約車治裝[30]，載券契[31]而行，辭曰：「責畢收，以何市[32]而反？」孟嘗君曰：「視吾家所寡有者。」

17 為家：養家。

18 記：佈告。

19 習：熟悉、通曉。

20 計會：管理計算財物出納的事。會：音ㄎㄨㄞˋ。

21 文：孟嘗君自稱。古人出生後就命「名」，二十歲成年行冠禮後加「字」；自稱用「名」，稱呼他人為表禮貌則用「字」。

22 責：同「債」，他人的欠款，音ㄓㄞˋ。

23 薛：孟嘗君的封地。

24 署：簽署、署名，音ㄕㄨˋ。

25 負：虧待、辜負。

26 謝：道歉、認錯。

27 憒：心智昏亂不明，音ㄎㄨㄟˋ。

28 懧愚：懦弱愚昧。懧：音ㄋㄨㄛˋ，同「懦」。

29 羞：感到恥辱。

30 約車治裝：準備馬車與行裝。約、治：皆為「準備」之意。

31 券契：即契約、合同。古代訂立契約時，將相關文字刻於竹片或木板上，然後剖為兩半，債權人與債務人各持一半；收債或還債時，將兩半相合對照，確認無誤後，便燒毀券契，表示債務清償。券：音ㄑㄩㄢˋ。

驅而之薛，使吏召諸民當償者，悉來合券[33]。券遍合，起矯命[34]以責賜諸民，因燒其券，民稱萬歲。長驅到齊，晨而求見。孟嘗君怪其疾[35]也，衣冠而見之，曰：「責畢收乎？來何疾也！」曰：「收畢矣。」「以何市而反？」馮諼曰：「君云『視吾家所寡有者』。臣竊計[36]，君宮中積珍寶，狗馬實外廏[37]，美人充下陳[38]。君家所寡有者以義耳！竊以為君市義。」孟嘗君曰：「市義奈何？」曰：「今君有區區[39]之薛，不拊愛[40]子其民[41]，因而賈利[42]之。臣竊矯君命，以責賜諸民，因燒其券，民稱萬歲。乃臣所以為君市義也。」孟嘗君不說[43]，曰：「諾，先生休[44]矣！」

32 市：買，此作動詞。

33 合券：合驗債券。

34 矯命：假傳孟嘗君的命令。矯：音ㄐㄧㄠˇ，詐稱、假託。

35 疾：快速。

36 竊計：私下盤算。竊：私自、私下。計：盤算、謀劃。

37 廏：馬廏，養馬的地方，音ㄐㄧㄡˋ。

38 下陳：古代殿堂下陳放禮品、婢妾站列的地方。

39 區區：微小、微不足道。

40 拊愛：愛護、保護。拊：音ㄈㄨˇ，通「撫」，撫慰、撫恤。

41 子其民：視民如子。子：音ㄗˇ，照顧、撫愛，此作動詞。

42 賈利：得利、取利。賈：音ㄍㄨˇ。

43 不說：不高興。說：音ㄩㄝˋ，通「悅」，愉快、高興。

44 休：停歇、終止，意指不要再說了。

後期年[45]，齊王[46]謂孟嘗君曰：「寡人不敢以先王之臣為臣。[47]」孟嘗君就國[48]於薛，未至百里，民扶老攜幼，迎君道中。孟嘗君顧[49]謂馮諼：「先生所為文市義者，乃今日見之。」馮諼曰：「狡兔有三窟，僅得免其死耳。今君有一窟，未得高枕而臥也。請為君復鑿二窟。」

孟嘗君予車五十乘，金五百斤，西遊於梁，謂惠王曰：「齊放[50]其大臣孟嘗君於諸侯，諸侯先迎之者，富而兵強。」於是，梁王虛[51]上位，以故[52]相為上將軍，遣使者，黃金千斤，車百乘，往聘孟嘗君。馮諼先驅，誡孟嘗君曰：「千金，重幣[53]也；百乘，顯使也。齊其[54]聞之矣。」梁使三反[55]，孟嘗君固辭[56]不往也。齊王聞之，君臣恐懼，遣太傅齎[57]黃金千斤，文車[58]二駟[59]，

45 期年：一周年。期：音ㄐㄧ，一年。
46 齊王：指齊湣（ㄇㄧㄣˇ）王。
47 不敢以先王之臣為臣：先王指齊威王。孟嘗君在齊威王時曾任丞相，繼位的湣王以此為罷黜孟嘗君的藉口。
48 就國：此指返回封地「薛」。就：趨近、靠近。
49 顧：回頭。
50 放：逐、棄。
51 虛：動詞，空出、空缺。
52 故：原來的、以前的。
53 重幣：重金，厚禮。
54 其：大概，表示揣測。
55 三反：往返三次。
56 固辭：堅決推辭。

服[60]劍一，封書[61]謝孟嘗君曰：「寡人不祥[62]，被[63]於宗廟之祟[64]，沉於諂諛之臣，開罪於君，寡人不足為[65]也。願君顧[66]先王之宗廟，姑[67]反國統萬人[68]乎？」

馮諼誡孟嘗君曰：「願請先王之祭器，立宗廟於薛。」廟成，還報孟嘗君曰：「三窟已就[69]，君姑高枕為樂矣。」孟嘗君為相數十年，無纖介[70]之禍者，馮諼之計也。

57 齎：贈送，音ㄐㄧ。

58 文：有文彩的、裝飾性的。

59 駟：量詞，古代由四匹馬所拉的車，相當於「輛」。

60 服：佩戴。

61 封書：密封的信函。

62 不祥：不善。

63 被：蒙受、遭遇。

64 宗廟之祟：祖先降災。宗廟：奉祀祖先的宮室，此處借指祖先。祟：音ㄙㄨㄟˋ，災禍。

65 不足為：不值得幫助。為：音ㄨㄟˋ，幫助。

66 顧：顧念、關注。

67 姑：姑且。

68 統萬人：指回到相位。

69 就：完成、成功。

70 纖介：比喻非常微小。纖：音ㄒㄧㄢ，細小、輕微。介：通「芥」，細小的。

參・可以這樣讀

人才需求與養士之風

春秋戰國時期，周王室衰微、徒具形式共主的虛名，各諸侯國不斷想方設法壯大自己，各國間的攻伐日趨熾烈，兵災戰禍連年雖然瓦解了周王室曾經建立的穩定結構與社會秩序，也讓許多享有特權的貴族階級失去屏蔽與保障，有些平民可以憑藉著經商致富或才幹參與政治、進入政權核心（如秦國丞相呂不韋），在整體巨大的顛覆中，各諸侯國君也競相推動變法革新，希望為自己的屬國搶得富強的先機。上有所好的整體氛圍也改變了知識份子追慕榮華富貴，及尋覓存在價值、實現理想抱負的途徑：許多知識份子被迫離開故國，投向能重用自己、發揮所學與才幹的異鄉他國，「士無定主」，因此，大量遊走在各國的招聘或禮敬中。他們不僅有助於富國強兵，「諸侯放恣，處士橫議」（《孟子・滕文公》）自然又形成輿論，可以彰顯當權者的形象或人脈，進而穩固政治權柄；因此，當權者與人才的互動益形緊密，也逐漸形成「養士」之風。

人才受到尊重，各種學說理論得到交流激盪的舞台，如齊宣王時期著名的「稷下學宮」，網羅了儒家、道家、法家、名家、兵家、農家、陰陽家等，在此皆可自由講學、著書論辯，形成了中國哲學史上「百家爭鳴」、最璀璨的年代。因養士而聲名著稱的貴族如「戰國四公子」：齊國孟嘗君田文、趙國平原君趙勝、魏國信陵君魏無忌、楚國春申君黃歇，門下食客皆多達上千人。地處西部

山東省滕州市官橋鎮孟嘗君陵園。

鄙遠的秦國更是靠著他國人才呂不韋（衛國人）、范雎（魏國人）、李斯（楚國人）等的獻策，終得一統天下，都客觀呈現了「士」在當代的實質重要性。

當權者為了廣納人才、無有遺漏，因此也會出現「濫竽充數」的現象，並無實學卻想靠著欺蒙取利亦大有人在，這個現象也考驗著提供物質生活以養士的諸侯貴族。對知識份子而言，「養士」提供了謀道謀食、自我實現的機會。食客與養士主人間更深層的連結，形成「士為知己者死」的至情相酬。著名的刺客荊軻、聶政、豫讓都為了報答知遇之恩而犧牲生命。從養士整體的時代脈絡閱讀〈馮諼客孟嘗君〉，可以激發更豐富的閱讀體會。

三試孟嘗君

文章起始，馮諼就以貧困到無法生存的姿態躍進人才濟濟、養士著名的孟嘗君門下。然而，真正的人才絕非僅為果腹求活，真正的明主也絕非僅為接濟貧士，但當孟嘗君連著二問：「客何好」、「客何能」時，馮諼「無好」、「無能」的答覆卻平凡得令人失望，面對一張失敗的履歷表，孟嘗君還能「笑而受之」，《戰國策》簡單數句即勾勒出孟嘗君容人的器量，養士美名果不虛傳。但孟嘗君門下從不缺平凡食客，馮諼的平凡應答當然只能得到「草具」粗食的待遇，湮沒於三千食客中，也註定在歷史洪流中默默無聞。

但馮諼看似不甘願平凡，更不滿粗食的待遇，所以他隔段時間便「彈鋏」，喊著要吃魚、要乘車、要養家，透過馮諼一而再、再而三地要求加薪，讀者也明

聶政刺殺韓傀（俠累），漢畫像石，山東嘉祥武氏祠

白了孟嘗君門下食客的待遇是依照才能表現而分等級的：上客飲食有肉、配有座車；中客飲食有魚、沒有座車；下客飲食僅有菜蔬、粗茶淡飯。不具才能、缺乏表現的馮諼竟如此厚顏無恥地不斷提出要求，《戰國策》以其他人「笑之」、「惡之」的反應，生動地凸顯出馮諼的貪求無饜。更有趣的是，馮諼還不斷唱著「長鋏歸來乎」，但有誰在意一個平凡貪婪之徒的去處呢？馮諼不過就是其他食客訕笑的對象，也趁機排遣暫無用武之地的寂寥心緒吧。馮諼熱熱鬧鬧的唱著、要求著，回應他的依舊只有孟嘗君，而且是不斷答應他提出的所有要求；孟嘗君不僅讓馮諼滿願，謙恭的態度也未曾改變，依舊稱呼看似無賴的馮諼為「馮公」。

《戰國策》以出人意料的應對，再度讓讀者見識到孟嘗君禮賢下士的雅量；相對的，馮諼的形象卻是無能、貪婪、索求無度，但在一連串要求、母親也得到安頓後，馮諼竟「不復歌」、索求戛然而止，《戰國策》堆疊的眾聲喧嘩突然靜默了。這個靜默是轉折，也開啟讀者的疑竇：如果貪婪是馮諼的習性，理應繼續索求無度；如果馮諼真的滿足了，能夠不在意形象，在索求中「知止」，則恐非泛泛之輩了。

以馮諼為孟嘗君巧營三窟的結果回觀，他提出空白的履歷表與三級跳的加薪過程，更讓人讚歎馮諼確實是真正的人才！千里馬需要伯樂的慧眼，人才也需要明主的拔擢與護持，否則特出的人才易遭人嫉妒、排擠、構陷與迫害，最後可能只是「辱於奴隸人之手，駢死於槽櫪之間」（韓愈〈雜說・馬說〉）。人才用世，不屑世俗名利、不為舞台，只求兼善天下、眾人受惠之大利，所以必須善惜羽毛，才華不輕易顯露，更不能輕易露相；因此，諸葛亮躬耕南陽，得劉備三顧茅廬，表面的無禮也是對明主的考驗，否則即便是竭盡心力，也可能是無益大局的虛耗，徒留遺憾。

馮諼顯露平凡之相實是佈局，每一步行棋落子都是測試；孟嘗君在毫不知情下通過了第一關。

財富有形，道義無價

人才需要抓準時機才能展現實力，馮諼的機會終於來臨：他主動表達願為孟嘗君到封地收債。收債實是吃力不討好的工作，債務人未必有還款的能力，催繳過程易生衝突；債款若無法全數收回，又直接影響門主的經濟資源，何況孟嘗君需要養活三千門客，若未收齊、就可能讓門主不快。因此，眾多食客應是避之唯恐不及，只有馮諼簽名應諾，才會引起孟嘗君的詫異；在得知是厚顏索求的食客後，馮諼終於得以親見孟嘗君，孟嘗君也以輕忽人才而致歉，彷彿即將上演明主訪得賢才的戲碼。所以準備遠行執行任務的馮諼問「以何市而反」？孟嘗君對自己的富貴充滿自信，因此也回答得大氣：「視吾家所寡有者」。馮諼的提問是伏筆，孟嘗君仍是無所覺察地落進馮諼的設計。

對薛地欠債的百姓而言，領主催繳債款了，仍然艱困、無法償債者恐怕是戰戰慄慄、滿是惶恐，所以當馮諼假託孟嘗君之意、焚燒債券時，竟是「民稱萬歲」，由此更見薛民的確生活艱困，也可推知以往收債必然不順，所以門下

《戰國策》描述了戰國縱橫家的政治策略。

食客皆不願應承這個棘手工作。馮諼省去逐一逼債的過程，而且是「長驅」返回，一大清早就向孟嘗君覆命，效率之佳雖讓孟嘗君納悶，卻也喜悅，所以「衣冠而見之」。對比孟嘗君的禮敬，馮諼卻是空手而返。孟嘗君得知馮諼實際沒有收回半毛錢，還將債款全部勾銷，只買了他認為家裏欠缺的「義」，更且甚者，將他視為只顧個人財富、聲色享受，不關愛人民；至此，再有雅量的孟嘗君也終於「不悅」了，直接叫馮諼閉嘴。馮諼的形象也只是從貪婪之徒晉升到「市義」的浪漫傻瓜。

馮諼為孟嘗君「市義」的過程，看似手段詐偽，但從薛邑百姓口稱萬歲、「扶老攜幼，迎君道中」的結果而觀，不也以實際成效教育了孟嘗君為君之道嗎？「義」是儒家重要的德目之一，卻是馮諼認為孟嘗君家最缺乏的，換言之，孟嘗君的財富足以養士、門下食客三千人，這些財富卻可能來自對人民的剋扣，是不義之財。義與利似乎有本質的衝突，但孟子曾對梁惠王提出「義利之辨」，儒家並不反對「利」，但關注「利」的受益對象與範疇，期望公利大於私利。多數求富貴、享富貴之人容易被眼前利誘惑，短視近利，功利薰心；「富不過三代」，自有其深刻的道理。馮諼卻將孟嘗君個人的「私利」轉為更多貧苦百姓受益的「大利」（義），蒙利百姓的感恩戴德終究又會轉為擁護孟嘗君的長久大利；即以「買賣」的角度視之，馮諼之策實是一本萬利！

巧營三窟的前瞻布局

春秋戰國時期的詭譎多變，主因各國在臺面下無不希望己國強大，甚至吞併他國、一統天下。臺面上卻又力主平衡、希望勢均力敵，如六國曾依公孫衍、蘇秦的「合縱」建議，共同對抗西邊強大的秦國；後來張儀也提出「連橫」策略，運用遠交近攻策略，瓦解六國的聯盟，讓秦再度取得共主地位。孟嘗君所屬的齊國是東方大國，齊湣王時曾派孟嘗君入秦，秦昭襄王任孟嘗君為相，但又擔心孟嘗君是齊人，「必先齊而後秦」，對秦國不利。既不能信任以為己用，當然也不能為敵國所用，因此欲殺孟嘗君；孟嘗君靠著門下食客「雞鳴狗盜」、逃離秦國。昭襄王還繼續散播傳言：「孟嘗君名高天下，天下知有孟嘗君，不知有齊王，不日孟嘗君且代齊矣！」（《東周列國志》九十四回）。

秦昭襄王的挑撥離間果然奏效，齊湣王以「寡人不敢以先王之臣為臣」為託詞，罷除孟嘗君相位。孟嘗君只能回到自己的封地薛，當薛地百姓扶老攜幼迎接他時，他才真正理解何謂「市義」？花開果成需要時間，播種後只能等待，等待過程必然得面對不解、忍受孤寂，這是成大事者必須具備的耐力與定力，也是馮諼能從三千食客中脫穎而出的關鍵。

當孟嘗君相信馮諼正是他渴求的難得之才，馮諼得到全盤信任後，才能「士為知己」，為孟嘗君綢繆「高枕無憂」之途。但何為高枕無憂之策？盱衡整體形勢，在自己祖國，孟嘗君樹大招風，必然招同僚嫉妒，功高震主，也導致國君懷疑而罷相；若出往他國，在秦國的遭遇已為前車之鑑，「非我族類，其心必異」，只要有人向國君提醒孟嘗君是齊人，必然以齊國利益為優先，孟嘗君可能又得面對生命危險。進退、出處確實兩難，因此馮諼採用以退為進、聲東擊西的策略，利用己國、他國皆不利的局面，逆轉為挾外援以壯聲勢，以模糊真正的目標實為祖國齊國。

《孟子》書中有〈梁惠王〉篇，記載了數則梁惠王向孟子請教的問答，《莊子．養生主》有「庖丁解牛」的故事，庖丁是魏文惠王的廚師，梁惠王就是魏文惠王（即魏惠王，因遷都大梁，所以又稱梁惠王）；在儒、道經典中，都記載了梁惠王，亦足見梁惠王渴望富國強兵，求賢之心殷切，所以也成為馮諼評估、為孟嘗君營造國際威望的起點。馮諼帶著五十輛馬車、黃金五百斤，可謂浩浩蕩蕩、資本雄厚，加之孟嘗君原就有賢名，又曾先後為秦相、齊相，都讓馮諼的遊詞「諸侯先迎之者富而兵強」特具說服力；因此，梁惠王不僅「虛上位」、「以故相為上將軍」，還派遣侍者帶著加倍於馮諼所帶出的車輛與黃金，表達禮聘孟嘗君的誠意。

成功的外交之行讓抑鬱於薛地的孟嘗君重新躍上國際舞台，但馮諼的目的並非只是讓孟嘗君成為魏相，然後重蹈曾任秦相、又險些送命的覆轍；所以他趕緊「先驅」，告誡孟嘗君不能為眼前利所動，必須堅辭魏國的禮聘。從「梁使三反」、「孟嘗君固辭不往」，皆足見馮諼在梁惠王與孟嘗君間分別獻計的功力；從齊的薛地到魏的大梁，金銀車馬與梁使頗具聲勢的送往迎來，只不過

是虛晃的招式而已，實際目的是拿來震懾齊國君臣的：馮諼為孟嘗君形塑不為名利所誘、堅辭招聘，有為有守、忠於母國的賢臣形象，藉以破除秦昭襄王曾散播孟嘗君目無君主、不臣的謠言；孟嘗君如此受他國青睞，又暗合馮諼主動釋放的宣傳「先迎之者富而兵強」，所以齊國「君臣恐懼」，齊湣王趕緊派遣重臣攜帶黃金、馬車、佩劍、書信，鄭重向孟嘗君致歉，迎孟嘗君重回相位，這是馮諼為孟嘗君巧營的第二窟。

馮諼獨力幫助孟嘗君重回相位，保有世俗的名利，一般人就會以此為終點，安享榮華富貴；然而，人世間的名利本質就是「懷璧其罪」，最易誘發人性裏的貪婪、嫉妒、攻擊，因此名利的乍來乍去也是常態，如何能穩固保有而不引發禍患？甚至長治久安？就是馮諼巧營的第三窟：建宗廟於薛。宗廟是國君、王室的祖廟，古代遇大事，如：國君的廢立、皇室的婚喪，乃至戰爭、會盟等大事，必先告祭於太廟，期能獲得祖先的應允與庇佑。孟嘗君本就是齊國宗室，有資格奉祀宗廟；所以立宗廟於薛，就能透過具有王室指標意義的宗廟，提升薛地的神聖重要性，間接就穩固了薛地封主孟嘗君的地位。

完成三窟，馮諼認為孟嘗君才能高枕為樂，做位有實力的富貴賢臣，「高枕無憂」、「狡兔三窟」的典故皆出自本文，也飽含馮諼對當代政局、國際情勢、人性幽微的整體觀察與過人智慧。

甘肅武威市出土的漢朝銅車馬儀仗隊銅俑，現藏於甘肅省博物館。

肆・再做點補充

《戰國策》傳神地保留那個時空下諸多動人的故事，用極富戲劇性的筆法，偶爾夾雜誇張渲染、幽默諷刺，勾勒出這些縱橫家、遊士說客的辯麗恣肆，與善用寓言、譬喻的深意。然而，正因風格的捭闔自如、炫人耳目、讀來快意，也容易讓人輕忽故事底層的悲苦深意與超拔智慧。

如何勘透富貴無常

春秋戰國時期是個生存艱難的年代，即連貴族、王室都可能因為政爭、各國的連年征伐身敗名裂、瞬息殞命；知識份子雖然得到相對自由的揮灑空間，諸子百家得以發表言論、推廣學說也相對寬鬆，但整個「天下」充斥太多「當權者」了，在個人私利與家國整體利益間充滿弔詭，人人渴望和平、安居樂業的大願中，又夾雜著成為「共主」的欲望，結果自然是烽火連年、民不聊生。生存在分裂年代的知識份子，如何在「機會」與「原則」中奔馳、固守？也高度考驗著真正的人才！

馮諼為孟嘗君營構好了三窟，若再閱讀《史記・孟嘗君列傳》，掌握歷史實事，就更加敬佩馮諼的高瞻遠矚了。

西元前二八六年，齊湣王終於殲滅了長期被諸國覬覦的宋國，對外，準備繼續向西侵略韓、趙、魏，對內，則是再度想翦除讓他無法高枕無憂的權臣孟嘗君。於是孟嘗君只好再度出逃，奔赴曾三派使臣、欲招聘他的魏國，魏昭王也

任他為相。西元前二八四年，任魏相的孟嘗君響應燕國樂毅的號召，發兵參與了六國聯軍，共同討伐齊國，且幾乎滅了齊國（僅剩莒與即墨兩地）。齊湣王逃到莒地，後也死在莒地，後繼者齊襄王在田單的幫助下復國（即著名的「田單復國」）。

我們無法得知這位齊國宗室田文（孟嘗君）領兵幾乎滅了自己祖國的心情，或多年來在各國為相（先後經歷了秦、齊、魏）的心情；但在齊襄王繼位後，田文又退回到自己的封地薛邑，並在各諸侯國之間保持中立，不依從任何君王了。但在田文死後，他的封地薛邑也被齊、魏兩國瓜分了。讀史，常令人掩卷嘆息，讀人、閱事，還是令人無奈喟嘆。

清初學者陸隴其評論《戰國策》：「其文章之奇足以娛人耳目，而其機變之巧足以壞人之心術」。何謂「壞人心術」？或許也只是在兵禍連年、生存艱難的年代，或藉以苟活保命，或藉以兼善天下、應變善巧，能壞人心術的，其實是人們鑽營名利富貴的私慾。所以《戰國策》將孟嘗君為相、終能免於殺身之禍，歸功於馮諼的善謀三窟之計，是智慧的整體觀照！

善讀《戰國策》者不應只視之為「娛人耳目」的奇文，更不應希冀從中擷取害人之術。以史為鏡，以人為戒，深思老子所謂「豫（遲疑謹慎）兮若涉冬川，猶（同「豫兮」）兮若畏四鄰」。富貴顯達其實並非人所希冀的終極目標，一般人缺乏深思遠見，以為透過富貴顯達能獲取更多幸福保障、享受更豐美的快樂；卻輕忽富貴顯達必然隱藏危機，可能引來覬覦而招致禍患。平安喜樂才能享有一切，這就是馮諼何以要巧營三窟的根本原因；「狡兔」只是馮諼的自嘲，但若連「狡」的智慧都沒有，就只能淪為任人宰割的牛羊了。若將《戰國策》僅視為政治策略與辯論技巧的實戰演習手冊，也可惜了其中的豐厚底蘊。

雞鳴狗盜各展所長

成語「雞鳴狗盜」出自《戰國策》，也是孟嘗君的故事。

西元前二九九年，秦昭襄王久聞孟嘗君禮賢下士、善於養士的賢名，聘請他為相。但因他人的挑撥，擔心孟嘗君不會忠於秦國，便起了殺心，這也是人才夾雜在君王利欲與國際糾葛中的悲哀。

孟嘗君得知後，便向秦王寵姬懇求幫助；寵姬要求以孟嘗君擁有的珍貴白狐裘作為代價。但孟嘗君只有一件白狐裘，且已致贈給昭襄王了。後來靠著門下食客扮狗鑽入秦宮寶庫，盜取出來給寵姬；寵姬向秦王求情，才願讓孟嘗君離秦返齊。

但孟嘗君尚未離開秦境，昭襄王又後悔了，派兵欲追。孟嘗君因函谷關的宵禁無法迅即出關，得等到日出天明。又靠著門下食客學雞叫，引得附近的群雞齊鳴；衛兵以為天亮了，於是開門讓孟嘗君等人順利出關。

孟嘗君靠著食客扮狗鑽洞、模仿雞鳴，逃過了生死大劫。但「雞鳴狗盜」的確不顯光彩，非君子所樂為，因此王安石〈讀孟嘗君傳〉批評孟嘗君只是「雞鳴狗盜之雄耳」，否則，只需得一賢士就應能「南面而制秦」了；而「士之所以不至也」，關鍵正在於孟嘗君門下都是雞鳴狗盜之輩。王安石是唐宋八大家之一，這篇翻案文章不滿百字，轉折有力，收束嚴謹，向被譽為「文短氣長」、「千秋絕調」，是散文的短篇傑作。

政治上，王安石在神宗朝時主導了頗具理想遠見、希望富國強兵的「熙寧變法」，但變法失敗所導致的新舊黨爭也高度影響了北宋國運。由於〈讀孟嘗君傳〉著力在批駁歷來對孟嘗君的美譽，以「雞鳴狗盜」典故作為翻新立意，但篇幅短小，字裏行間實難看出王安石寫作的動機為何？讀史鑒今或諷今原就是傳統文人習用的技巧；因此，動機是否與所處困境有關？或寄寓對朝政的不滿？或對改革的自我期許？雖無從得知，但無庸置疑，該文在寫作技巧與文氣上自然是傑出範文，但若作為歷史評論，則恐有失公允、流於「以今論古」的文人意氣。

作為知識份子，孟嘗君與王安石都希望用世，特別是孟嘗君為齊宗室之後，貴族的優越感與家國的使命都可能是他必須禮賢下士、積極養士的原因。王安石所處的宋代雖然積弱，時時得面對強大外患環伺，但仍為天下一統的承平年代，與孟嘗君所處為各諸侯國瓜分天下的戰國時期迥異；王安石曾得宋神宗的賞識與重用，孟嘗君卻被迫遊走於各國，國君表面的讚譽一旦觸及實際利益時，皆欲殺之而後快。「人為刀俎，我為魚肉」，若連自保都不可得，何談理想？何談兼善天下？生死攸關之際，食客願鑽狗洞、願仿雞鳴以報孟嘗君，不也與馮諼願為巧營三窟一致？養兵千日，用在一時，孟嘗君養士的成效顯而易見。

江西省撫州市王安石紀念館之王安石塑像。

「士為知己者死」（語出豫讓），春秋戰國時期的紛亂，讓許多苦悶的知識份子或俠士更渴望積極建功立業，著名的刺客專諸、豫讓、荊軻以生命報答知遇拔擢之恩，孟嘗君門下雞鳴狗盜之輩與馮諼不過以另一種形式反饋；或許，放下知識分子驕矜的姿態，才能在看似無賴、低俗的反饋中，得見亂世苟延求活、尋覓存在價值的動人真情！

戰國時代的耀眼智慧

《戰國策》生動地描繪戰國策士機巧善變的謀略，為了強化說服力與渲染性，更善用譬喻與寓言，許多著名的寓言或成語典故都出自《戰國策》。如：

「畫蛇添足」出自〈齊策〉，寫楚將昭陽率軍大破魏國，又準備移師攻齊；陳軫任齊王使者，以「畫蛇添足」故事勸昭陽適可而止，免得招來殺身之禍。昭陽聽從建議，放棄攻齊、返楚。

「狐假虎威」出自〈楚策〉，寫楚宣王詢問群臣，北方諸侯為何懼怕楚國權臣、令尹昭奚恤？江乙以「狐假虎威」曉喻楚宣王。

「亡羊補牢」出自〈楚策〉，寫楚襄王不聽莊辛勸告，寵溺權臣州侯、夏侯、鄢陵君與壽陵君，莊辛離楚去趙。後來秦伐楚，楚襄王流亡，再派人請教莊辛，他便以此為喻，協助楚襄王謀求補救之道，收復失土。

「三人成虎」出自〈魏策〉，寫龐恭與魏太子一同被送往趙國為人質，臨行前，龐恭以三人成虎為喻，說明虛無之事經多人渲染後，往往使人信以為真，勸諫魏惠王不要聽信讒言。

「抱薪救火」出自〈魏策〉，寫秦國打敗魏國，魏王欲派段干崇向秦國割地講和，孫臣以「抱薪救火」徒然助長其勢為喻，勸阻魏王。

「鷸蚌相爭」出自〈燕策〉，寫趙國欲攻打燕國，蘇代以「鷸蚌相爭持，漁翁得利」為喻，遊說趙惠王三思後行，以免秦國坐收漁人之利。

「前倨後恭」出自〈秦策〉，寫提出六國「合縱」抗秦的著名策士蘇秦，未成名前窮困潦倒，連家人都瞧不起；執掌六國相印後，嫂嫂匍伏跪拜，態度前後判若兩人。

除了典故外，《戰國策》也有許多耳熟能詳、引人深思的名言，如：「日中則移，月滿則虧」（〈秦策〉）、「行百里者半九十」（〈秦策〉）、「前事之不忘，後事之師也」（〈趙策〉）……。這些故事與名言都充分展現策士們對時代風雲、君王霸業、人情世故的高度洞悉，也閃爍出經典的智慧。

策士何以喜用譬喻與寓言？因為在攻守之間，模糊自己的立場與持論，讓對方不明招數，最易卸下防備，也容易摒除成見，策士所欲表達的觀點才容易趁虛而入，取得認同。說故事往往比直接說理更吸引人。

戰國策士可以不費一兵一卒，單槍匹馬，僅憑著三寸不爛之舌牽動國政時局；在波瀾壯闊、瞬息萬變的亂世裏，高度展現了一言以興邦、一語以安天下，或是利口以覆家邦，是盱衡時局的智慧，也是言辭表達的極致，才能締造出花爛映發、充滿閱讀興味的《戰國策》。

（李玲珠）◆

「鷸蚌相爭持，漁翁得利」近人曾龍升作品。

4 洛神賦

即使寓意或寫作動機眾說紛紜，曹植的〈洛神賦〉，仍是一篇最為後人傳誦的駢賦。它不但用辭飄逸華麗，情感熱烈沉鬱，還伴隨著流傳千年的愛情悲劇，感動著後世無數年輕讀者。而在神話與夢境寤寐之間，才高八斗的陳思王透過虛構的個人投入與追求，也完成了中國古代文人對於女神最優美的想像。

壹．作者與出處

曹植（一九二～二三二），字子建，沛國譙（今安徽省亳州市）人，魏武帝曹操之子，魏文帝曹丕之弟，因曾被封為陳王，死後諡號「思」，所以又稱「陳思王」。他是三國時代曹魏著名的文學家，建安文學的代表人物，和曹操、曹丕合稱「三曹」。南朝宋文學家謝靈運嘗有「天下才有一石（ㄉㄢˋ，十斗），曹子建獨佔八斗」之譽。他說若以一石來斗量世人才華的話，令人矚目的曹植堪稱「才高八斗」，所剩餘的，「我得一斗，天下共分一斗。」清人王士禎也說，漢魏以來二千年間，詩家堪稱為「仙才」者，只有曹植、李白和蘇軾三個人。

曹植自幼文采過人，曹操曾在看過他的文章後，驚喜地問：「汝倩人耶？」你請人代寫的嗎？曹植答以：「願當面試。」建安十五年曹操建銅雀臺成，十九歲的曹植作〈銅雀臺賦〉，曹操大為讚賞，封為平原侯，並曾一度動念立為儲嗣。但也因此埋下曹植一生為兄長迫害的導因。

東漢末建安年間，擔任丞相的魏王曹操，「挾天子以令諸侯」，政令皆出其手。建安二十五年（二二〇）曹操死，三子曹丕（一八七～二二六）繼位，逼使漢獻帝禪位，自立為魏文帝，建都洛陽，年號黃初。不過曹操在立儲的過程中，一開始屬意的是長子曹昂，惟在征討張繡時，曹昂為救曹操而死。之後，曹操鍾意七子曹沖（一九六～二〇八），曹沖是個神童，五、六歲已經「有若成人」，而且生性仁厚愛人，惜乎十三歲病死（一說曹丕所毒害）。接著曹操看中了曹植，當時深具文采、頭角崢嶸的曹植，深受曹操喜愛，以此造成了曹丕和曹植的兄弟奪嫡之爭。最後曹丕獲勝，曹植一敗塗地。

曹丕曾以七步成詩逼迫曹植，詩成，封他為臨淄侯；後來又以「醉酒悖慢，劫脅使者」罪責曹植，將他貶為安鄉侯。其後又多次降封為：鄄城侯、鄄城王、雍丘王、浚儀王、東阿王、陳王，還屢次想要殺害他，賴母親卞太后力阻，方得免。曹植的一生，就這樣困頓在坎坷的流放生涯中，雖曾寫作〈求自試表〉自述亦「能武」，但他始終等不到一個可以施展抱負的機會。曹丕死後，明帝曹叡即位，本有意重召叔父，但因朝臣警告，曹植「素有壯志，一朝得償夙願，恐難為臣。」因此終明帝一朝，曹植仍是志意難伸，最終鬱悶而死，得年四十歲。

曹植是我國第一位大力寫作五言詩的文人，為五言詩的發展奠定了基礎。「建安」詩歌是我國詩歌從「言志」到「緣情」、從質樸到藻飾，完成了樂府民歌向文人詩轉變的轉折點，而曹植正是這個轉折的標誌。曹植的詩歌不同於曹操的古直悲涼，也不同於曹丕的便娟婉約，他兼有父兄之長，能使文采與風骨完美結合。既有《詩經》哀而不傷的莊雅，又有《楚辭》窈窕深邃的奇譎，同時體現了漢樂府的現實精神和《古詩十九首》的悲遠情調，是建安文壇最傑出的代表，也是其時詩、賦最豐富的詩人和辭賦家。

曹植的作品大抵以建安二十五年曹丕稱帝為分界，前、後期具有迥然不同的風格。前期經常表現「生乎亂、長乎軍」的時代感受，和建安風格一脈，貫穿著強烈的慷慨激昂格調與建功立業的熱情。後期則因現實環境，出現一種委婉曲折的抒情筆法，和失落的悲慨與哀傷情調。鍾嶸《詩品》將他列為「上品」，評以：「骨氣奇高，詞采華茂。情兼雅怨，體被文質。」張戒《歲寒堂詩話》也說：「韓退之之文、曹子建、杜子美之詩，後世所以莫能及也。」他著名的作品，除了美不勝收的〈洛神賦〉外，像〈七哀詩〉：「君若清路塵，妾若濁水泥。浮沉各異勢，會合何時諧？願為西南風，長逝入君懷。君懷良不開，賤妾當何依？」也膾炙人口。傳世的《曹子建集》是宋人所編。

《洛神賦》是三國時代文學名家曹植的浪漫名篇。洛神，本是中國神話中伏羲氏（又作宓羲）的小女兒，因為溺死洛水，成為洛水神靈宓妃（宓，姓氏讀ㄈㄨˊ）。屈原《楚辭．離騷》曾賦詩：「吾令豐隆（神話中的雷神）乘雲兮，求宓妃之所在。」《洛神賦》原名《感鄄賦》（鄄：ㄐㄩㄢˋ），亦作《感甄賦》，鄄、甄古通。曹植在賦前小序，自述該賦係感於宋玉《神女賦》而作；書寫對象，則有為曹丕而寫的「君王論」、寄託志不得申的邈遠理想，以及寫給甄宓（名字讀ㄇㄧˋ）的「甄氏說」等不同說法。由於曹植賦為此篇的前一年正任鄄城王，所以有認為他係以該賦自明心志，託詞宓妃以寄文帝，也如屈《騷》之意；但是反對者認為該賦的內容和鄄城全無關聯，賦中所描繪的女神並不是憑空杜撰，而是傳說和曹植曾有過一段淒美愛情的曹丕元配甄皇后、明帝的母親。民間戲曲多接受後者，說以甄后死後，曹植在心情極度悲痛下遂假託洛神，實際上是寫給甄宓的愛情篇章。

甄宓之名未見史傳記載。或謂後人由於洛神「宓妃」之事，同時又受到曹植《洛神賦》的影響，所以就把甄后之名稱為「宓」，意謂安詳恬靜，也有人因此而把甄宓視為洛神，民間戲劇中大抵如此，是影劇中的熱門題材。

貳．選文與注釋

黃初三年[1]，余朝京師，還濟洛川[2]。古人有言，斯水之神，名曰宓妃[3]。感宋玉對楚王神女之事[4]，遂作斯賦，其詞曰：

余從京域，言歸東藩[5]，背伊闕[6]，越轘轅[7]，經通谷，陵景山[8]。日既西傾，車殆馬煩[9]。爾乃稅駕乎蘅皋[10]，秣駟乎芝田[11]，容與乎陽林[12]，流眄乎洛川[13]。於是精移神駭[14]，忽焉思散。俯則未察，仰以殊觀[15]。睹

1 黃初三年：魏文帝曹丕在東漢建安二十五年篡漢，以「黃初」為號。曹植與同母之兄任城王曹彰、異母之弟白馬王曹彪，於黃初四年共赴京城朝見曹丕。不料《三國志》稱許「武藝壯猛，有將領之氣」的曹彰隨即暴死（或謂曹丕所害），曹植悲慟憤懣的〈贈白馬王彪〉一詩可證。但〈洛神賦〉於此卻作三年，因此有學者認為看似愛情詩篇的〈洛神賦〉，其實是曹植以洛神隱晦寄託其金石志業，所以著意淆亂時間。

2 還濟洛川：回程時渡過洛水。濟：渡。洛川：洛水，源出陝西，東南入河南，流經洛陽。

3 宓妃：伏羲氏（又作宓羲）的小女兒，因為溺死洛水，成為洛神宓妃。宓：音ㄈㄨˊ，姓氏讀ㄈㄨˋ。

4 宋玉對楚王神女之事：指宋玉撰作〈高唐賦〉和〈神女賦〉，以回答楚襄王問夢遇巫山神女之事。宋玉：戰國時的楚國辭賦家。對：下對上的回答。

5 余從京域，言歸東藩：我從京城洛陽回到封地鄄城（今山東鄄城縣）。京域：指洛陽。言：語助詞，無義。東藩：東方的藩國，指曹植在洛陽東北方向的封地鄄城。

6 背伊闕：離開了伊闕山。伊闕：山名，又稱闕塞山、龍門山，在河南洛陽南。背：離。

7 轘轅：即轘轅山，在河南偃師縣東南。轘：音ㄏㄨㄢˊ。

東晉顧愷之擅長人物畫。這卷〈洛神賦圖〉（局部），雖是宋人摹本，但保持了顧氏原作的神韻。國立故宮博物院藏。

8 陵景山：登上景山，景山：山名，在河南偃師縣南。陵：登上。

9 車殆馬煩：車困馬乏。殆：通怠，一說危險。煩：疲乏。

10 爾乃稅駕乎蘅皋：於是就在長著香草的河岸邊停下馬車。爾乃：於是就。稅駕：解駕休息，脫去馬身上的車軛，引申為停車。稅：音ㄊㄨㄛ，通「脫」。蘅皋：生長著杜蘅香草的河岸。蘅：杜蘅，香草名。皋：河岸。

11 秣駟乎芝田：在野草繁茂的田地裏餵馬。秣：本義糧草，這裏作動詞用，即餵馬。駟，泛指駕車的馬匹。芝田：野草繁茂的地方。

12 容與乎陽林：在陽林悠閒地慢步走著。容與：悠然安閒的樣子。陽林：地名。

13 流眄乎洛川：放眼欣賞洛水的風光。流眄：縱目四望。眄：音ㄇㄧㄢˇ，流盼，即目光流轉顧盼。

14 精移神駭：精神恍惚。駭：驚動、或散失。

15 俯則未察，仰以殊觀：低頭時並沒有看見什麼，一抬起頭卻發現了非常特殊的景象。殊觀：少見的異常景象。

一麗人，於巖之畔。乃援御者[16]而告之曰：「爾有覿[17]於彼者乎？彼何人斯，若此之豔也！」御者對曰：「臣聞河洛之神，名曰宓妃。然則君王所見，無乃是乎？其狀若何，臣願聞之。」

余告之曰：其形也，翩若驚鴻，婉若游龍[18]，榮曜秋菊，華茂春松[19]。髣髴兮若輕雲之蔽月[20]，飄颻兮若流風之迴雪[21]。遠而望之，皎若太陽升朝霞[22]。迫而察之，灼若芙蕖出淥波[23]。穠纖得衷[24]，修短合度[25]。肩若

16 援御者：用手拉著車夫。援：牽、拉。御者：車夫。

17 覿：看見，音ㄉㄧˊ。

18 翩若驚鴻，婉若游龍：寫洛神的體態輕盈柔美而宛轉。翩若驚鴻：她的輕盈，就像被驚飛的鴻雁般。驚鴻：驚飛的鴻雁。婉若游龍：她的宛轉柔美，又像遊動的蛟龍般。

19 榮曜秋菊，華茂春松：她容光煥發，有如秋日盛開的菊花，青春豐美，又如春天茂密的青松。榮：豐盛。曜：日光照耀。華茂：豐美茂盛。

20 髣髴兮若輕雲之蔽月：她時隱時現，像是輕雲籠罩著月光。髣髴：ㄈㄤˇㄈㄨˊ，若隱若現的樣子。

21 飄颻兮若流風之迴雪：她飄忽不定，就像流風吹起旋轉的雪花。飄颻：飛翔貌。迴：迴旋、旋轉。

22 遠而望之，皎若太陽升朝霞：遠看，她的潔白明亮，就像太陽從朝霞中升起一般。皎：潔白明亮。

23 迫而察之，灼若芙蕖出淥波：近看，她的鮮豔明麗又像荷花出水般。迫：靠近。灼：鮮麗。芙蕖：荷花。淥：音ㄌㄨˋ，水清貌。

24 穠纖得衷：形容其身材不過胖也不過瘦，恰到好處。穠：花木繁盛，此指人體豐腴。纖：細小，此指人體苗條。衷：適當、合宜。

削成[26]，腰如約素[27]。延頸秀項[28]，皓質呈露[29]，芳澤無加，鉛華弗御[30]。雲髻峨峨[31]，修眉聯娟[32]，丹脣外朗，皓齒內鮮[33]。明眸善睞[34]，靨輔承權[35]，瓌姿豔逸[36]，儀

25 修短合度：高矮適中，恰到好處。修短：本意長短，此指高矮。修：長。

26 肩若削成：洛神的身材纖細，肩膀瘦削下垂。瘦削下垂的肩，是古人的審美觀。

27 腰如約素：形容洛神的腰身圓細美好，宛如緊束的白絹。約素：即束素，緊束的白絹。素：白細絲織品。

28 延頸秀項：她的頸脖細長。延、秀：均指長。頸：脖子的前面。項：脖子的後面。

29 皓質呈露：顯露出潔白的肌膚。皓：潔白。呈露：顯現，外露。

30 芳澤無加，鉛華弗御：沒有施脂，也沒有敷粉。澤：潤膚的油脂。鉛華：古代女性化妝用的鉛粉。弗御：不施用。御：用。

31 雲髻峨峨：髮髻高聳如雲。雲髻：髮髻蓬鬆如雲。峨峨：形容高聳。

32 修眉聯娟：細長的眉毛微微彎曲。修：長。聯娟：微微彎曲。

33 丹脣外朗，皓齒內鮮：紅唇鮮潤、牙齒潔白，即朱脣皓齒。朗：明潤。鮮：光潔。

34 明眸善睞：明亮的眼睛顧盼流轉。眸：眼瞳。睞：音ㄌㄞˋ，旁視、環顧。

靜體閒[37]。柔情綽態[38]，媚於語言[39]。奇服曠世[40]，骨象應圖[41]。披羅衣之璀粲兮，珥瑤碧之華琚[42]。戴金翠之首飾，綴明珠以耀軀。踐遠遊之文履[43]，曳霧綃之輕

35 靨輔承權：臉頰邊有著甜美的酒窩，笑靨俏麗動人。靨輔：兩頰邊的酒窩。靨：音ㄧㄝˋ，酒窩。輔：面頰。承權：在顴（ㄑㄩㄢˊ）骨之下。權：通「顴」，顴骨。

36 瓌姿豔逸：美好的姿容明艷而飄逸。瓌：音ㄍㄨㄟ，同「瑰」，美妙、華麗。

37 儀靜體閒：態度文靜，體貌素雅。儀：儀態。閒：嫻雅。

38 柔情綽態：柔美的情態。綽：綽約，美好。

39 媚於語言：說話得體動人。

40 奇服曠世：奇麗的服飾世間少有。曠世：當代無可比擬。曠，空。

41 骨象應圖：骨格形貌就像是畫中人物。應圖：與畫中人相當。

42 披羅衣之璀粲兮，珥瑤碧之華琚：身上穿著光彩絢麗的羅衣，耳朵戴著美玉的耳環。璀粲：燦爛光鮮。璀：音ㄘㄨㄟˇ。珥：音ㄦˇ，本指珠玉等耳飾，此作動詞用，是說佩戴。瑤、碧、華琚：都是精雕的美玉。琚：音ㄐㄩ，古人佩戴的玉。

43 文履：繡著精美花紋的鞋子。

44 曳霧綃之輕裾：拖著長長的薄紗裙擺。曳：拖著。霧綃：如薄霧般的薄紗。綃：生絲。裾：音ㄐㄩ，

裾[44]。微幽蘭之芳藹兮[45]，步踟躕于山隅[46]。於是忽焉縱體，以遨以嬉[47]。左倚采旄，右蔭桂旗[48]。攘皓腕於神滸兮[49]，採湍瀨之玄芝[50]。

余情悅其淑美兮，心振蕩而不怡[51]。無良媒以接歡兮，託微波[52]而通辭。願誠素之先達[53]兮，解玉佩以

衣服的後襟。

45 微幽蘭之芳藹：微微散發出幽蘭般的香氣。微：輕微。芳藹：香氣。

46 步踟躕于山隅：在山邊徘徊著。踟躕：音ㄔˊ ㄔㄨˊ，徘徊。隅：音ㄩˊ，角落。

47 忽焉縱體，以遨以嬉：輕快地跳躍，邊走邊嬉戲。忽焉：快速的意思。縱體，身體輕舉、跳躍貌。遨：遊。

48 左倚采旄，右蔭桂旗：左邊靠著彩旗，右邊又有桂旗遮蔭。采旄：華美的彩旗。旄：音ㄇㄠˊ，古代用犛牛尾裝飾的旗子。桂旗：桂木旗竿的旗子。都是形容旗子的華美。

49 攘皓腕於神滸：在水澤邊捲起袖子露出雪白的玉臂。攘：捲起袖子露出手臂。神滸：神仙遊玩的水邊。滸：音ㄏㄨˇ，水邊澤畔。

50 採湍瀨之玄芝：採摘急流中的芝草。湍瀨：石上急流，音ㄊㄨㄢ ㄌㄞˋ。玄芝：黑色芝草（或靈芝），相傳為神草。

51 心振蕩而不怡：心緒搖蕩，悶悶不樂。不怡：苦惱、不悅。

52 微波：洛川的水波，一說指目光。

53 願誠素之先達：希望我的真情能率先傳達。誠素：真實情意。素：同愫，即情愫。

要之[54]。嗟佳人之信修，羌習禮而明詩[55]。抗瓊珶以和予兮[56]，指潛淵而為期[57]。執眷眷之款實兮[58]，懼斯靈之我欺。感交甫之棄言兮[59]，悵猶豫而狐疑。收和顏而靜志兮[60]，申禮防以自持[61]。

於是洛靈感焉，徙倚彷徨[62]。神光離合[63]，乍陰

54 要之：和她約定。要：同「邀」，邀約。

55 嗟佳人之信修，羌習禮而明詩：是說洛神確實很美好，又具有良好的文化教養。信修：確實美好。修：美好。羌：發語詞，無義。

56 抗瓊珶以和予：她也舉起玉珮和我相應答。抗：舉起。瓊珶：美玉。珶：音ㄉㄧˋ。和：應答。

57 指潛淵而為期：她也指著深淵水流作為約定。期：約定。

58 執眷眷之款實：懷著真誠的愛戀。眷眷：依戀貌。款實：誠實。

59 懼斯靈之我欺，感交甫之棄言：害怕洛神欺騙我，就像鄭交甫被漢水女神戲弄般。斯靈：此神，指宓妃。我欺：即欺我。交甫：鄭交甫。棄言：仙女對其背棄承諾。《文選》李善注引《神仙傳》：「切仙一出，游于江濱，逢鄭交甫。交甫不知何人也，目而挑之，女遂解佩與之。交甫行數步，空懷無佩，女亦不見。」

60 收和顏而靜志：收斂了滿心歡喜，鎮定迷亂的情緒。靜志：鎮定情志。

61 申禮防以自持：用禮法來約束自我。申：施展。禮防：禮法，禮能防亂，故稱禮防。自持：自我約束。

62 徙倚彷徨：來回徘徊，心神不寧。徙倚：留連徘徊。

乍陽。竦輕軀以鶴立[64]，若將飛而未翔。踐椒塗之郁烈[65]，步蘅薄而流芳[66]。超長吟以永慕[67]兮，聲哀厲而彌長。爾乃眾靈雜遝[68]，命儔嘯侶[69]。或戲清流，或翔神渚[70]。或採明珠，或拾翠羽。從南湘之二妃[71]，攜漢濱之遊女[72]。嘆匏瓜之無匹兮，詠牽牛之獨處[73]。揚輕袿之

63 神光離合，乍陰乍陽：洛神身上綻放出來的光彩忽聚忽散，忽明忽暗。神光：神異的靈光。離合：分合、聚散。陰、陽：指明暗。

64 竦輕軀以鶴立：身軀輕盈飄舉，如鶴鳥站立般突出。竦：音ㄙㄨㄥˇ，聳。

65 踐椒塗之郁烈：走在椒香濃郁的路上。踐：踏。椒塗：盈滿椒香的道路。椒：椒花，有濃香。

66 步蘅薄而流芳：走在散發杜蘅香氣的地上。蘅薄：杜蘅叢生之地。流芳：散發香氣。

67 超長吟以永慕：悵然長吟以表示深沉的思慕，聲音哀婉而悠長。超：惆悵。永慕：長久的思慕。永：長久。

68 爾乃眾靈雜遝：眾仙紛紜繁多。眾靈：眾仙。雜遝：紛紜，多盛的樣子。遝：音ㄊㄚˋ。

69 命儔嘯侶：呼朋引伴。儔：音ㄔㄡˊ，同伴。

70 或翔神渚：有的在水中沙洲上飛翔。渚：水中高地。

71 南湘之二妃：娥皇和女英。據劉向《列女傳》，堯以長女、次女娥皇和女英嫁舜，後來舜在南巡途中死於蒼梧。二妃前往找尋，得知舜的死訊後自投湘水而死，成為湘水女神。

72 漢濱之遊女：漢水女神，即前注鄭交甫所遇的神女。

猗靡[74]兮，翳修袖以延佇[75]。體迅飛鳧[76]，飄忽若神。凌波微步，羅襪生塵[77]。動無常則，若危若安[78]。進止難期，若往若還[79]。轉眄流精[80]，光潤玉顏。含辭未吐[81]，氣若幽蘭。華容婀娜[82]，令我忘餐[83]。

73 嘆匏瓜之無匹兮，詠牽牛之獨處：為匏瓜星無偶而歎息，為牽牛星獨處而悲詠。匏瓜：星名。匏：音ㄆㄠˊ。無匹：無偶。牽牛：星名，與織女星各在天河兩旁，相傳每年七夕（七月七日）才得以相會。

74 揚輕袿之猗靡：輕薄的上衣隨風飄揚。袿：音ㄍㄨㄟ，婦女的上衣。猗靡：隨風飄動貌。猗：音ㄧ。

75 翳修袖以延佇：用長袖遮蔽住陽光抬頭眺望。翳：音ㄧˋ，遮蔽。延佇：久立。

76 體迅飛鳧：她行蹤飄忽如迅飛的水鳥。鳧：音ㄈㄨˊ，野鴨。

77 凌波微步，羅襪生塵：在水波上細步行走，腳下生起濛濛的水霧。凌波：在水上細步行走，或作「陵波」。塵：濛濛的水霧如煙塵般。

78 動無常則，若危若安：變化不定，憂喜不明。

79 進止難期，若往若還：進退難料，欲去還留。難期：難料。

80 轉眄流精：轉盼流動、含情脈脈的目光。流精，形容目光流轉而有光彩。

81 含辭未吐：有許多話想說，卻欲言又止。

82 華容婀娜：姿容華麗又輕盈柔美。

83 令我忘餐：無心飲食，茶飯不思。

於是屏翳收風[84]，川后靜波[85]。馮夷[86]鳴鼓，女媧[87]清歌。騰文魚以警乘[88]，鳴玉鸞以偕逝[89]。六龍儼其齊首[90]，載雲車之容裔[91]。鯨鯢踊而夾轂[92]，水禽翔而為

84 屏翳收風：風神使風平息了。屏翳：傳說中的眾神之一，其司職有雲師、雷師、雨師等說，此指風神。

85 川后靜波：河神使水波平靜了。川后：傳說中的河神。

86 馮夷：馮夷：傳說中的水神。馮：音ㄆㄧㄥˊ。

87 女媧：女媧：女神名，相傳笙簧是她所造，所以說女媧清歌。

88 騰文魚以警乘：飛越騰起的文魚為洛神的車乘警衛。騰：升。文魚：神話中一種能飛的魚。警乘：警衛車乘。

89 鳴玉鸞以偕逝：眾神隨著叮噹作響的玉鸞一齊離去。玉鑾：玉製鸞鳥形狀的車鈴，車動則聲響。偕逝：俱往。

90 六龍儼其齊首：六龍恭敬地齊首並進。六龍：相傳神出遊多駕六龍。儼：音ㄧㄢˇ，莊重、恭敬的樣子。齊首：齊頭並進。

91 載雲車之容裔：載著洛神的雲車緩緩離去。雲車：相傳神以雲為車。容裔：即容與，從容徐行的樣子。

92 鯨鯢踊而夾轂：鯨魚夾道恭送洛神的車乘。鯨鯢：即鯨魚。水棲哺乳動物，雄者稱鯨，雌者稱鯢。鯢：音ㄋㄧˊ。轂：音ㄍㄨˇ，車輪中心有一用以貫軸的洞，代指車輪或車。

衛[93]。於是越北沚[94]，過南岡，紆素領，回清陽[95]，動朱脣以徐言，陳交接之大綱[96]。恨人神之道殊兮，怨盛年之莫當[97]。抗羅袂以掩涕兮，淚流襟之浪浪[98]。悼良會之永絕兮，哀一逝而異鄉。無微情以效愛[99]兮，獻江南之明璫[100]。雖潛處於太陰[101]，長寄心於君王。忽不悟其所舍[102]，悵神宵而蔽光[103]。

93 水禽翔而為衛：水鳥在旁邊飛翔護衛。

94 沚：水中的小塊陸地，音ㄓˇ。

95 紆素領，回清陽：洛神不停地回頭顧盼。紆：音ㄩ，紆回、迴旋、回望。素領：粉頸，白皙的頸項。領：頸。清揚：形容女性清秀的眉目。

96 動朱脣以徐言，陳交接之大綱：朱唇微啟，緩緩陳訴著往來結交的大要。交接：結交往來。

97 怨盛年之莫當：遺憾少壯之年卻不能結合。盛年：少壯之年。當：匹偶、匹敵。

98 抗羅袂以掩涕兮，淚流襟之浪浪：舉起羅袖掩面哭泣，淚水沾濕了衣襟。抗：舉。袂：衣袖。浪浪：水流不斷貌。

99 效愛：表達愛慕之意。

100 明璫：玉製或明珠耳環。璫：音ㄉㄤ。

101 潛處於太陰：幽居於神仙之所。潛處：幽居、深處。太陰，眾神所居之處。

102 忽不悟其所舍：洛神說完就忽然不知去處了。不悟：不見，不能覺察。所舍：所停留、止息的地方。

103 悵神宵而蔽光：為眾神消失不見和失去光彩而感到悵然。宵：通「消」，消失。蔽光：失去光彩。

於是背下陵高[104]，足往神留。遺情想像[105]，顧望懷愁。冀靈體之復形[106]，御輕舟而上溯[107]。浮長川而忘返，思綿綿而增慕。夜耿耿而不寐[108]，沾繁霜而至曙。命僕伕而就駕[109]，吾將歸乎東路。攬騑轡以抗策，悵盤桓而不能去[110]。

104 背下陵高：離開低處登上高處以找尋。背：離。下：低處。陵：登。

105 遺情想像：情思留連，不斷思念著洛神的美好。遺情：情思留連。

106 冀靈體之復形：希望洛神能再出現。靈體：指洛神。形：作動詞用，指出現。

107 上溯：逆流而上。

108 夜耿耿而不寐：整夜心情煩躁無法入睡。耿耿：煩躁不安、心事重重的樣子。寐：音ㄇㄟˋ，睡。

109 命僕伕而就駕：令車夫準備好馬車。就駕：將馬套上車轅出行。就：到、從事、開始進入，即就位、就緒。

110 攬騑轡以抗策，悵盤桓而不能去：手執轡繩，揚鞭想要策馬前進，卻惆悵徘徊，不忍離去。騑：音ㄈㄟ，駕在車轅兩旁的馬。古代駕車稱轅外之馬為騑或驂，此處泛指駕車的馬。轡：音ㄆㄟˋ，馬韁繩。抗策，揚鞭驅馬。抗：舉。盤桓：徘徊不能離去。

參・可以這樣讀

「賦」是介於詩、文間的韻文體製。〈洛神賦〉是一篇駢賦，用辭華麗、情感熱烈而嗚咽沉鬱。全文虛、實相參，「實」的是全賦從曹植在京朝見曹丕之後，孤獨地離開洛陽寫起；「虛」的是文學藝術的浪漫想像，近似《楚辭・九歌》中〈湘君〉、〈湘夫人〉（或謂舜與娥皇女英、或謂水神與娥皇女英）的生死契闊、會合無緣。曹植以馳神遙望、不勝企盼的悵惘心情，敘寫人神間從相遇相知，到怨慕神傷的苦澀戀情，再到最後不得不的離別；也或者是他有意藉繽紛迷離的綺麗世界、「香草美人」的比興寄託，抒寫其志高行潔卻行路艱難的多舛命運。

曹植在開篇說，該賦係感於宋玉的〈神女賦〉而作，這也暗示了一場無法結合、志意不伸的人生或愛情悲劇。文述曹植離京後，一路迤邐登上了景山，感於身世，此際他已是意緒低迷，情不能堪。後來幻見麗人，被她的絕世姿容傾倒，進而愛戀、盟誓，最後卻又痛別離。結篇則曹植在上下求索不復得見洛神以後，從黑夜到天明，顧望懷愁、耿耿不寐，悵盤桓而不能去。寫盡了雖然也曾獲得甜蜜愛情的滋潤，但在經歷了刻骨銘心、人神道殊的別離後，傷痛更深！自始至終都是孤獨的一個人，末了也只能孤零零地獨自離去，這即是他的人生。

先從傳說中淒美的愛情故事說起吧！

〈洛神賦〉是文學史上盛譽的浪漫名篇。內容以華麗的辭藻，包裹著一顆悲傷、寂寞的心，深藏身世、愛情與失意之苦。

明代書畫家文徵明所繪湘君、湘夫人圖。

依〈洛神賦〉前小序，曹植在黃初三年到京師朝見曹丕，當返回封地鄄城的路上經過洛水，他想到古人傳說伏羲氏的小女兒由於戲水時淹死洛水，死後被封為洛神；又感於楚國宋玉曾將楚王夢遇（一說宋玉夢遇）神女的人神相戀故事，譜成浪漫的〈神女賦〉，因而思緒蕩漾，情不能已地寫下了〈感鄄賦〉。據言後來該賦被明帝改名為〈洛神賦〉，並被收入我國現存最早詩文總集、梁武帝子蕭統所編的《昭明文選》中。

唐李善作《文選注》，說〈感鄄賦〉就是〈感甄賦〉，復在「曹植」條下記載了一段不知何所依據的愛情故事，也就是流傳千年、曹植和甄宓的淒美愛情傳說。他說：「魏東阿王，漢末求甄逸女，既不遂。太祖回與五官中郎將（曹丕）。植殊不平，晝思夜想，廢寢與食。」後來，黃初中曹植入朝覲見文帝，此時甄后已被郭后讒害，但不久文帝後悔，「帝示植甄后玉鏤金帶枕。植見之，不覺泣。」文帝於是「令太子留宴飲，仍以枕賚（ㄌㄞˋ，賞賜、贈予）植」，以甄后枕贈之。曹植離京返回鄄城時行經洛水畔，睹物思人，痛不自勝！恍惚間，「忽見女來，自云：『我本託心君王，其心不遂……。』悲喜不能自勝，遂作〈感甄賦〉。」夢耶？幻耶？儘管傳說紛紜、說法各異，批評和質疑者也兼而有之，但李善注大致上就是〈洛神賦〉悲劇愛情的發展脈絡，後人亦多以此相信該賦就是曹植寫給甄宓的最後愛情詩篇。

襄陽宋玉墓之宋玉雕像。

綜合〈洛神賦〉的作者自述和李善的《文選注》，黃初中曹植朝見曹丕，在太子曹叡（明帝）陪同宴飲後返回封地。悲極、倦極又恍惚迷離的他，彷彿在洛水畔看見了洛神（借代甄宓？）凌波微步、羅襪煙塵，從水上御風而來。如此幻夢的神遇，使他回到鄄城後仍然心緒翻騰，難以忘懷得見洛神（重逢甄宓？）的情景，因而創作了似真似幻的〈感甄賦〉。明帝繼位八年後，為避母親名諱，將之改名為〈洛神賦〉。

稟賦優異又博聞強記的曹植，十歲左右便能寫作詩賦，從小並受到盛負詩名的父親曹操疼愛。而作為傳說中〈洛神賦〉的女主角甄氏，則是中山無極人上蔡令甄逸的女兒，建安年間嫁給袁紹的兒子袁熙。東漢獻帝建安七年，袁紹在官渡之戰兵敗病死，九年，曹操趁機出兵，攻下鄴城，擄獲美貌非凡、姿容絕倫的甄氏，將之賜予曹丕，成為甄夫人即後來的甄后。

漢魏之際，「三曹」中曾賦四言詩名篇〈短歌行〉的曹操，正醉心於統一江山的霸業；文學史上被尊為「七言詩之祖」、「文學批評之祖」的曹丕，則身負官職在外；年紀尚輕且不喜戰的曹植，傳說在文才出眾的甄氏被賜予曹丕後，因與之朝夕相處而衍生出一段愛戀情意。曹操死後，曹丕在漢獻帝建安二十五年稱帝，成為魏文帝。但其時陪伴在側的，不是甄氏，而是郭貴嬪即後來的郭后。甄后已經失寵，並在隔年黃初二年，為郭后讒言害死。據說死時以糠塞口，披髮遮臉，狀極淒慘。

遼寧博物館之〈洛神賦圖〉（局部），相傳是東晉名畫家顧愷之作品。

曹植和甄宓間是否真有一段愛情悲劇，或如另派解人視洛神為不朽功業的化身？已成公案，後人不得而知。但曹植〈愍志賦〉曾託言有好鄰人之女者，彼女卻適他人，以寫「思同游而無路，情壅隔而靡通。……登高樓以臨下，望所歡之攸居」的痛苦心緒；而甄后於曹丕稱帝後被棄，次年被害，曹植又作〈出婦賦〉，痛言「悅新昏而忘妾」，控訴「恨無愆而見棄，悼君施之不終」；加上〈洛神賦〉對洛神的強烈愛戀與不捨，洛神亦同感哀惻，因此後世相關的傳說非常廣衍。如《太平廣記》、《類書》等都採用洛神就是甄宓的說法。李商隱〈無題〉詩也說：「宓妃（借代甄宓）留枕魏王才。春心莫共花爭發，一寸相思一寸灰。」道盡〈愍志賦〉所泣訴的：「哀莫哀於永絕，悲莫悲於生離」的缺憾愛情。

一樁愛情與家庭的悲劇，先不管歷史上究竟有、無？卻被炒作得十分文藝唯美，其原因就在於一篇〈洛神賦〉。〈洛神賦〉爛漫的筆法、被神格化了的愛情，由於減卻了人間的現實感，似乎很多問題就被解決了（包括倫理軌範）；更何況從宋玉的〈神女賦〉到曹植的〈洛神賦〉，神女都「以禮自持」，並未逾越軌範。或許當我們在閱讀時，也可以先撇開「言外」的寄託、歷史學家的考據癖、衛道學者的嚴肅道貌、戀人的年齡差距、曹丕贈送妻枕的可疑……，純就「言內」的珠璣敘述，沉浸在淒美的人生與愛情苦酒中，細飲慢酌，且做一回不願醒轉的讀者。

〈洛神賦〉：一場驚豔千古的愛情想像

◎呼喚洛川水靈……

〈洛神賦〉屬於六朝駢賦，華麗的辭藻不但要避免枯槁，還要見「情」——建安時期是賦體承先啟後的重要時期，重視「體物言志」而「鋪張揚厲」的漢代大賦開始轉變，逐漸由宮廷走向社會，並重視作者的主觀情思與個性，文字也從艱澀凝重轉為華美剛健、自然明朗。在這樣的轉變中，曹植無疑是賦體轉趨「抒情」的重要作家，具有文學史上重要的意義與作用。

〈洛神賦〉開篇，先從曹植自京返回東方封邑的鄄城寫起。在夕陽中，他行經洛陽南邊的伊闕山、轘轅山和通谷，然後登上了景山。這裏作者用字極美又收放自如，一連串使用「背、越、經、陵」等動態字眼，如放映影片般，使讀者神觀飛越，目光隨著他的腳步，快速地，一下子「伊闕山」被遠拋在後了，一下子越過「轘轅山」，並經過「通谷」了，然後他登上了該賦的情節發生地：居高臨下、眺望洛水浩渺煙波的「景山」上。此時，曹植的筆法，遂緩急互見地開始放慢腳步了。這時候車馬疲困了，就讓馬兒先在鋪滿香草的河岸上歇歇，在芝草田裏自在地吃些草吧！他則悠閑地漫步樹林間。但是當他放眼欣賞洛水美景、思緒飄到遠方時，忽然一抬頭，看見了一位絕世麗人正站在山崖邊——全賦的亮點一躍而出，〈洛神賦〉的簾幕被揭開了。

這位女子是誰啊？他問隨從是否也同樣看見了？隨從說：會不會就是傳說

遼寧博物館之〈洛神賦圖〉（局部），相傳是東晉名畫家顧愷之作品。

中的洛神「宓妃」呢？〈洛神賦〉用神化的幻境開場，這場人神顯然不能結合的愛情悲劇，似乎就擺脫人世糾葛了。隨從又問：女子長得什麼樣子呢？於是曹植就以藻飾刻畫的生花妙筆，鉅細靡遺地描繪了這位麗人的樣貌容止。這是〈洛神賦〉的曹植開場獨白。

◎她的美要怎麼形容呢？

隨從並沒有看見這位麗人，希望曹植能加以形容，所以「思捷而才俊」的曹植，就水到渠成地描述了這位曠世絕美的神女，同時鋪陳出一段人神之間苦澀的愛情。

她那形神兼備，既脫塵絕俗又風華絕代的美，要怎麼形容呢？浪漫唯美的〈洛神賦〉，先從她的整體神韻說起：她，飄然而至，輕盈翩然的風姿和神韻，就如被驚飛的鴻雁，柔美又如游動的蛟龍般。她，容光煥發，有如秋日盛開的菊花；青春豐美，也如春天茂密的青松。她時隱時現，就像月籠輕雲，飄忽不定又像流風迴雪。遠看，她如旭日從朝霞中升起，皎潔而明亮；近看，她像芙蓉從綠波中出水，光艷照人。說完了她的神韻和明豔風采後，再來對她的姿容作細緻的刻畫吧！

〈洛神賦〉接著具體敘述了洛神的體態適中、高矮合度。其肩纖瘦，腰細如束，頸脖細長，微微露出脂粉未施的雪白肌膚，這是她毋須修飾的天生麗質。再來，她的俏麗動人：在高聳的髮髻下，她有著修長微彎的細眉、朱唇皓齒，

尤其那靈動顧盼、流眄生姿的閃亮雙眼，再配上兩個醉人的甜甜酒窩，令人陶醉迷惘，不能自已！

敘述完她的非凡美貌後，再來看她的舉止儀態吧！她優雅明豔而綽約，溫文嫻靜又飄逸，情態柔美，說話也得體動人。那她的衣著品味呢？她的絕美裝扮，也是世間少有。她身上披著光彩絢爛的羅衣，耳中戴著精美的耳環，頭上用金銀翠簪為飾，衣上綴滿閃亮明珠，腳上穿著繡花鞋，後面還拖著薄霧般長長的裙襬。她，分明是從畫中走出來的人物。然而她又青春活潑，當她散發著幽蘭清香，在山邊徜徉時，她時而活潑跳躍，時而且行且戲。她的左邊有彩旗、右邊有桂旗以遮涼。她又捲起了袖子，露出雪白的玉臂，在河灘上採摘著湍急水流中的芝草——她是洛神，一位從仙境走入人間的美麗精靈。

◎「恨人神之道殊」的苦澀愛情

如此麗人，怎不令人怦然？曹植春心蕩漾了，卻苦於沒有良媒傳達情意，「余情悅其淑美兮！無良媒以接歡兮！」同時這也預示了，是一條走不通的路。

人神道殊，情意要如何傳達呢？他幻化地請水波代傳。從這裏開始，愛情就被神格化，現實窒礙也被暫時擱置。他解下玉佩相約，洛水神靈也舉起瓊玉相應，並指著深淵水流為盟誓。不過洛神實在太美好了，讓他患得患失，讓他真情眷愛卻也憂心水靈欺我，害怕會不會如《神仙傳》鄭交甫被漢水女神所戲？她的神聖高潔，使他不敢造次，使他狐疑猶豫，不敢逾越尺度，終究以禮防自持。

遼寧博物館之〈洛神賦圖〉（局部），相傳是東晉名畫家顧愷之作品。

這就是愛情的難題吧！狐疑、猜忌、想擁有、怕失去，捏重了怕碎、拿輕了怕掉，甚至現在說「是」、就怕明天又說「不是」的不安……，面對著眼前「神光離合，乍陰乍陽」、「飄忽若神」、「華容婀娜」的洛神，曹植寢食難安！

那麼洛神對曹植呢？從她被娥皇、女英湘水二妃和漢水女神等簇擁著要離去時，她「將飛而未翔」、「聲哀厲而彌長」，在眾仙的陪伴中竟然孤獨地哀嘆「匏瓜無匹，牽牛獨處。」尤其表現她掙扎矛盾、波瀾起伏的「動無常則，若危若安。進止難期，若往若還」，更將她神光變化、憂喜不明、欲去還留、欲言又止的內心痛苦，推向戲劇化的高峰。但是人、神畢竟道殊，這一切的掙扎終歸徒勞無功，於是在曹植極盡鋪排能事地安排了風神、河神、水神、歌神以及文魚、六龍、鯨鯢、水禽……的護駕排場下，她在回去的路上，「羅袂掩涕，流襟浪浪」地哭泣、「紆素領，回清陽」地頻頻回首、「怨盛年之莫當（匹、偶）」地滿心傷悲，最後還親口說出「長寄心於君王」的深情告白——洛神的熾烈情愛，早已盡在其中了。

最後，被留在原地的曹植，驚愕地看著神光離別、伊人不見。他瘋狂地登高搜尋、駕舟溯流、浮川忘返；然而這一場生命中「良會永絕，一逝異鄉」的永離別，除留下無盡的思綿綿、悵盤桓外，就只有繁霜沾衣與耿耿不寐了。〈洛神賦〉如此構想奇異、神采飛揚、驚心動魄的離別畫面，遂被充分刻畫而呈現在讀者眼前了。

至於為什麼曹植假託的是宋玉的〈神女賦〉而不是其〈高唐賦〉呢？

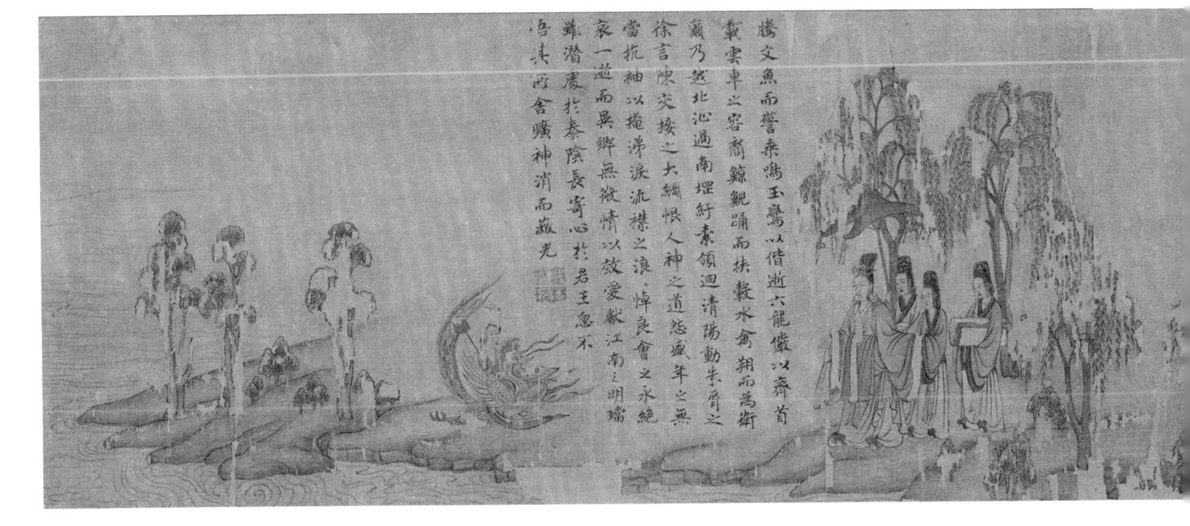

面對洛神的深情，為什麼曹植在賦中卻「收和顏而靜志、申禮防以自持」，並且申明洛神也是「習禮而明詩」？這是寫實、抑或飾詞？這對於傳言和甄宓兩情相悅之事是否有意辯解？讀者雖不能確切得知，但似乎有那麼一點況味。或許這也即〈洛神賦〉開篇說是感於宋玉〈神女賦〉，而不是另一篇姊妹作〈高唐賦〉的原因。

〈高唐賦〉和〈神女賦〉都是繼屈原之後，楚國的辭賦家宋玉所作。先作的〈高唐賦〉中，宋玉因伴楚襄王遊雲夢，襄王望著巫山上變化無窮的高聳雲氣，問那是什麼？宋玉回答是「朝雲」，也就是巫山的神女。何以「朝雲」會是神女？——巫山神女本是楚民族掌管興雲降雨和男女情事的神靈。神女化為雲雨，既是古代農業社會的藝術想像、潤澤大地的具象書寫，也是男女歡愛的寫意象徵。賦中的巫山神女曾入楚懷王夢裏，自云：「妾，巫山之女也，為高唐（楚國台觀名）之客。聞君遊高唐，願薦枕蓆。」王遂幸之。神女離去時，自言她「旦為朝雲，暮為行雨。」第二天早晨楚王仰視之，果然見朝雲，於是為她立廟。在〈高唐賦〉中，神靈可以直接變成朝雲暮雨，具有原始神話的特徵，三峽中高聳入雲的巫山神女形象，也因此吸引著歷來無數過客的翹首仰觀。

後作的〈神女賦〉同樣也敘述了人神間的愛情，歷來有楚王夢遇神女和宋玉所夢二說。不過，賦中容貌姣麗且服飾華美的神女在面對愛情時，表現了內心的掙扎：「意似近而既遠兮，若將來而復旋。……懷貞亮之清兮，卒與我兮相難。」起初，她似亦有意，但繼而「揚音哀歎」，並意態高遠地凜然難犯，

遼寧博物館之〈洛神賦圖〉（局部），相傳是東晉名畫家顧愷之作品。

舉止端莊地以禮自持，所以賦中男女，雙方「歡情未接」。因此它和〈高唐賦〉的差別已經顯見：〈高唐賦〉表現的是原始社會未受禮教約束、直接而奔放的感情，男女歡情是人類自然的表現；〈神女賦〉則顯示出士大夫的禮教精神。明乎此，大概就可以明白曹植〈洛神賦〉想要說明，他與洛神是「發乎情，止乎禮」的用心了。是故在我國古典文學中，北國有著一位冰清玉潔的洛水神靈，和南天雲夢澤的巫山神女，在歷史的千古中遙相輝映。

所以〈洛神賦〉中的洛神如果是指甄宓，那麼是否真如李善注云，在恍惚的夢境中，洛神對曹植說「我本託心君王」，有耶、無耶？今雖不可考，但是不論兩情多麼纏綣，在現實中，他們終是「恨人神之道殊」的。人神道殊固然可以理解為洛神和自己的不同身分，其實在國人習俗裏，人死可以為神，此時甄宓已死，因此也可以理解為陰陽兩隔的悲痛；而即使甄宓未死，她的甄后身分和曹丕親弟的東阿王曹植，更未嘗不是一種人神道殊啊！所以曹植好不容易在虛幻中得見佳人，卻又必須接受必然的分離，其痛何如！不過洛神臨去時說：「雖潛處於太陰，長寄心於君王」，或許這對曹植而言，已經足矣！亦如秦觀〈鵲橋仙〉云：「兩情若是久長時，又豈在朝朝暮暮！」最後，曹植東歸時說自己「足往神留！」我的腳步雖不得已地必須離去，但是我的心將長留於此。或許這也是他為自己一生感情所下的最後註腳吧！

儘管另一派抱持「寄託」看法而反對〈洛神賦〉是愛情詩篇的詮釋者，強調該賦要看「言外」之「意」，而且曹植同期自述「憤而成篇」的〈贈白馬王

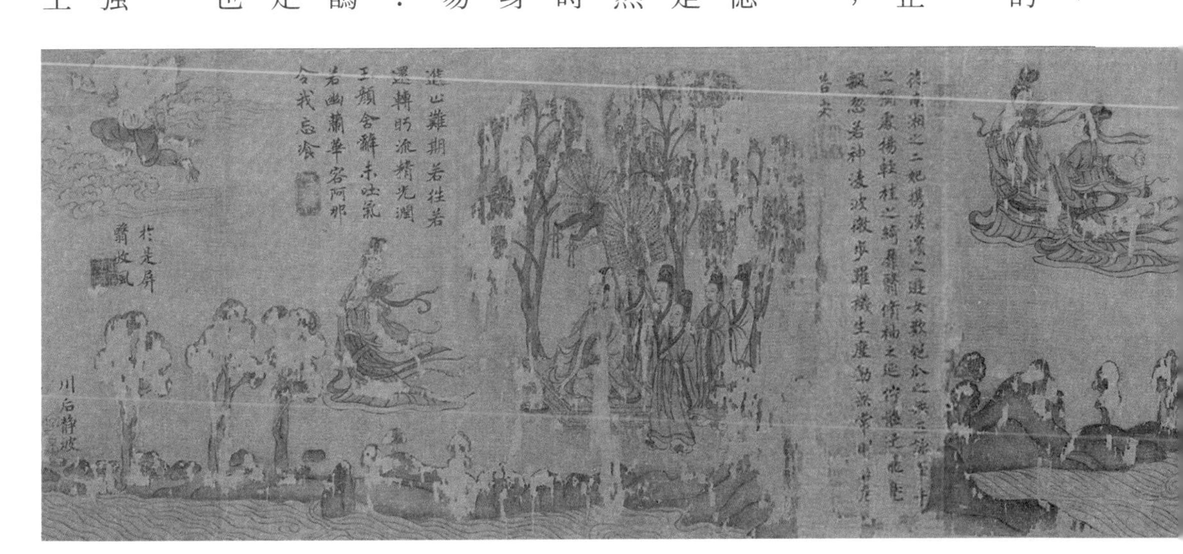

彪〉詩，其中「伊洛廣且深，欲濟川無梁」、「霖雨泥我塗，流潦浩縱橫」的沉痛訴說，和「瞻顧戀城闕，駐馬望千門」的依戀不捨，也與〈洛神賦〉的「背下高陵，足往神留」，以虛、實相應的一詩一賦方式，呈現曹植對於理想落空、兄弟離散的悲深哀鉅。惟這樁公案，只能留待讀者自行去揣摩與玩味了。

「賦」體文學的流變

「賦」體是古典文學中，一種介於詩、文間的押韻文學，不被管絃、已經脫離音樂，是僅供諷誦的的韻語。屈原《楚辭》是我國的辭賦之祖，開漢賦之先河。不過真正以「賦」名篇，是由《荀子》「詠物說理」的五篇短賦——〈禮賦〉、〈知賦〉、〈雲賦〉、〈蠶賦〉、〈箴賦〉開始的。但是古典文學中，一般共識的賦體，則要到兩漢盛行的漢賦才算成立。其間，西漢賈誼用問答體散文所寫的〈鵩鳥賦〉，已經和後來的漢賦相當接近，既是荀子短賦的繼承與發揚，也是《楚辭》的轉變，同時亦是漢賦的先聲。它是《楚辭》轉向漢賦重要的過程與標誌，只是尚未有華麗的辭藻和誇張鋪陳的手法而已。

若把《詩經》、《楚辭》和賦體作一比較，則在它們都是押韻的韻文文學以外，一般而言，《詩經》、《楚辭》沒有散句，《詩經》以四言為主，《楚辭》則多六言，如「採薜（ㄅㄧˋ）荔兮水中，搴芙蓉兮木末」，或加一「兮」字而成為七言，如「帝高陽之苗裔兮」。賦則字數不拘，多數以四言、六言為主，但典型的漢賦，大多夾雜有散文句式。此外，賦體在後來的各代發展中，從漢

漢代樂舞畫像石

代到魏晉、六朝，再到唐、宋、明清等朝，又都有相應於當代文風的獨具特色與風格，可以完整梳理出賦體的發展流變史。

漢賦稱為「古賦」、「大賦」，受到《楚辭》很大的影響。《楚辭》具有浪漫主義的色彩，在創作上又採取比興以及多層次的豐富手法，漢賦繼承了《楚辭》此一特色，也趨向長篇鋪排而辭藻華麗、筆調誇張，並好堆砌冷僻艱澀文字。如司馬相如〈上林賦〉，便細膩誇張地描寫上林苑的山形水勢、鳥獸蟲魚、草木珠玉、京殿苑囿等景物與和皇帝在苑中的田獵宴樂等情況，極盡鋪陳誇張之能事。劉勰《文心雕龍》也以「鋪采摛（ㄔ，排列）文，體物寫志」來說賦，指出鋪陳美麗辭句是賦的形式，敘事寫物是賦的內容。因此漢賦和《楚辭》風格有所不同，漢賦如屈《騷》般的諷刺、象徵義少，歌頌漢朝帝王功業多。兩漢間漢賦名家，如司馬相如、揚雄、班固、張衡等，都極負盛名。

到了魏晉六朝的「駢賦」（又稱「俳賦」），由於當時崇尚唯美文風，賦的發展也相應於駢文的流行，必須講究聲律諧和、用典、對仗以及使用俳句（對句），因此具有平仄相對、駢四儷六，並且篇幅短小，抒情多於鋪陳的特色。在眾多賦體中，由於「駢賦」呈現了抒情的唯美風格，而與宋代「散賦」同樣都是讀者最喜愛的辭賦體式。除了本選文曹植的〈洛神賦〉以外，王粲〈登樓賦〉：「登茲樓以四望兮，聊暇日以銷憂。」「情眷眷而懷歸兮，孰憂思之可任？……人情同於懷土兮，豈窮達而異心？」皆盛名之佳句。陸機〈文賦〉，甚至使用賦體從事文學批評。左思〈三都賦〉成，則使洛陽一時紙貴。而庾信〈哀江南賦〉：「將軍一去，大樹飄零；壯士不還，寒風蕭瑟。」江淹〈別賦〉：「黯然銷魂者，唯別而已矣！」「值秋雁兮飛日，當白露兮下時，怨復怨兮遠山曲，去復去兮長河湄。」……也都各具擅場，深受讀者喜愛。

緊接著，由於唐代近體詩的流行並成為創作主流，賦體的發展也受到影響，於是有科舉考試用的試體賦：「律賦」的出現。「律賦」較諸六朝俳賦的對仗、押韻，有著更嚴格的限制，在科考時須由考官命題並規定八類韻腳，故有「八韻律賦」之稱。但是過多繁縟的細節，使得賦的內在生命流失，近乎文字遊戲、趨近形式化寫作，而缺少文學價值。於是伴隨著宋代古文運動的興盛，賦體又有了嶄新的面貌。宋人主要以散文方式作賦，抒情寫景都近似散文，化典重為流利，要求清新流暢的散文氣勢。為了和陸機〈文賦〉區別，這種賦體稱為「散賦」或「散文賦」。唐代杜牧的〈阿房宮賦〉已開「散賦」之先聲，宋代歐陽脩〈秋聲賦〉、蘇軾〈赤壁賦〉是代表的名作。歐賦如：「噫嘻悲哉！此秋聲也，胡為而來哉？蓋夫秋之為狀也，……」蘇賦曰：「蓋將自其變者而觀之，則天地曾不能以一瞬；自其不變者而觀之，則物與我皆無盡也，而又何羨乎！」都十分接近散文，不過其句式結構終究和散文有些不同，玩味〈前赤壁賦〉：「縱一葦之所如，凌萬頃之茫然」、「寄蜉蝣於天地，渺滄海之一粟」，便可體會。

再到明清時期，文人又以當時科舉的八股文風攙入賦體寫作，於是乃有結合「律賦」和「散賦」、寓駢於散，且在對偶中加入八股句法的「股賦」出現。至此，賦體已經難以展現活潑的文學生命，遂日益衰微了。

一門三傑「三曹」父子，成都浣花溪公園。

肆・再做點補充

我國文學史上盛稱的「建安風骨」，主要是由漢末建安時期文壇巨擘：「三曹」（曹操、曹丕、曹植）、「建安七子」（孔融、陳琳、王粲、徐幹、阮瑀、應瑒、劉楨）和女詩人蔡琰等人，以繼承漢樂府民歌的現實主義傳統，和風骨遒勁、慷慨悲涼的風格所形成的，五言古體詩的黃金時代暨典範。其中，一門三傑俱有不朽文名的「三曹」父子，除了在宋代也有「三蘇」父子外，後世罕有能出其右者。

「丞相，起風了」*——曹操

曹操可以分從政治和文學的不同角度來看。政治史上的曹操，在東漢建安五年的官渡之戰，打敗北方強敵的袁紹後，便逐步統一中國北部，「挾天子以令諸侯」地征戰南北，確立了北方霸主的地位。他曾經被評論為：「治世之能臣，亂世之梟雄。」雖然《三國演義》小說中一再出現貶曹筆法，但他始終捍衛東漢政權，至死都未曾稱帝，僅受封為魏公。

文學史上的曹操，其詩歌慷慨悲涼、氣韻沉雄、形式創新，尤其擅寫四言、五言詩。不但開啟了建安文風，還影響到後來的杜甫、白居易等重要詩人。我國自從《詩經》以後，少有四言詩之佳作，曹操則是繼《詩經》之後，文學史上最傑出的四言詩人。蘇軾在〈赤壁賦〉中讚歎曹操橫槊賦詩、釃酒臨江的豪情，〈短歌行〉的「月明星稀，烏鵲南飛。繞樹三匝，何枝可依？」後人琅琅上口，並可睹見其不願苟且的自我期許，就像南飛的烏鵲，儘管已經疲憊至極，

＊《三國演義》描寫赤壁之戰中諸葛亮曾經借東風，讓風向變為東南風。當時曹操為漢丞相，部屬向曹操報告風向已經轉變了，後來遂演變為：「丞相，起風了」一詞。該詞在今日成為網路的流行語，趣味性地用以形容「風向」，例如鄉民們的主流意見改變了，或形容情勢改變。也有人說這裏的丞相是指諸葛亮，但諸葛亮在赤壁戰時尚未擔任丞相。

但是當牠繞行數圈卻找不到願意棲息的樹枝時，牠寧缺勿濫地飛走了。曹操雄健高音的「對酒當歌，人生幾何？譬如朝露，去日苦多」，使得四言詩重生，再放異彩，獲得了無數讀者的喜愛。這也不難理解為什麼曹操會特別寵愛詩情絕佳的曹植了。有學者認為「三曹」中當以曹操為第一：「曹植固然構築了一個美艷的精神別苑，而曹操的詩，則是礁石上的銅鑄鐵澆。」

「溫拿（winner）或魯蛇（loser）？」——曹丕是人生勝利組，還是失敗者？

曹丕文武雙全，自幼懂箭術，好劍擊，能騎射，又博覽古今經傳，通曉諸子百家之學，且能提筆為文。曹操去世後，曹丕繼承父位為魏王。建安二十五年廢漢獻帝自立為帝，國號魏，年號黃初，為魏文帝，定都洛陽。另以河內郡山陽邑（今山東菏澤巨野縣）萬戶，奉漢帝為山陽公。曹丕去世時，年四十歲，依其生前文告，不樹不墳，葬於河南首陽陵。

曹丕是鄴下文人集團的領袖，對於後人盛稱的建安文學和「建安風骨」，都有很大影響，尤其《典論．論文》指出「文章經國之大業，不朽之盛事」，又針對建安七子，分別提出針砭意見，是我國文學批評之祖。他的詩歌形式多樣，手法委婉細緻，回環往復，是描寫愛情和思婦題材的能手。他以樂府體裁寫作的七言詩〈燕歌行〉，是其詩歌成就的最高代表，也是現存最早最完整的七言詩，所以在我國文學史上，曹丕有七言詩之祖的盛譽。〈燕歌行〉從「思婦」

的角度，反映了東漢末年亂離的情況，全詩不加雕琢，音節婉約，情致流轉，如言：「秋風蕭瑟天氣涼，草木搖落露為霜，群燕辭歸鵠南翔。念君客游思斷腸，慊慊思歸戀故鄉，君何淹留寄他方？」王夫之盛讚以「傾情，傾度，傾色，傾聲，古今無兩。」不過由於曹操對曹植的疼愛與易立世子之意，引來曹丕的忌妒、猜疑；而曹植在曹丕的迫害下，也確實處境不堪。因此世人普遍同情曹植，並因曹丕是兄弟爭位的勝方，而忽略了他的詩才與文才。王夫之在《薑齋詩話》中就曾為他平反，說：「子桓（曹丕）天才駿發，豈子建（曹植）所能壓倒耶？」

不過，曹丕不是父親一開始想要的接班人，他之繼位，實因曹沖已死、父親最終又對曹植失望，曹丕可說是父子親情下的失敗者。而美貌絕倫、曾令他萬分傾倒的甄后，傳說中也對曹植有情，雖說他也另有眾多佳麗相伴，但他算不算是和甄宓夫妻之情下的失敗者？至於親弟曹植，那就更不在話下了。他背負了近兩千年迫害親弟的罵名，母親卞太后也在他欲殺害曹植時，也說：你要殺他，我也不想活了。曹丕當然是兄弟手足之情下的失敗者。然而他是如此地優秀，他和父親曹操一樣，都能在鞍馬間為文，不論散文、詩、賦、詔等，並皆擅場，還在文學史上獨佔「文學批評」和「七言詩」之祖的鰲頭，是一位兼具文韜、武略的帝王。在各方面都看似勝利者的背後，竟有那麼多難堪與不堪，則其多疑陰鬱的性情，是否可謂「其來有自」？

曹丕畫像，出自清光绪庚寅冬月廣百宋齋校印《图像三国志》。

曹植被酒耽誤了嗎？

曹植聰穎過人，才華出眾，少年就已經文氣英發，名聞遐邇。他的才氣像極了當年的曹操，曹操對他的喜愛也絲毫不加以隱藏。但是他嗜飲和任性的性格，在曹操立儲嗣的過程中，使得曹操狐疑不決，這也導致逐漸形成了擁護曹丕和擁護曹植的兩個集團。擁護曹丕的有司馬懿等人，擁護曹植的則有丁廙（一）、丁儀、楊修（楊德祖）等人。而隨著聰明絕頂、鋒芒太露的楊修被曹操殺掉——曹操曾嫉妒地說：「我才不及卿，乃覺三十里（我比你落後三十里路的時間才想出答案）」*，丁廙、丁儀兄弟也在曹丕即位後一併被除去，這一場兄弟奪嫡之爭以及曹植後來的不幸遭遇，早就無從翻盤。

曹植著名的七步成詩，據《世說新語》記載，是由於曹丕欲害之，逼使他在七步之內賦詩一首，必須以「兄弟」為題卻不能說出兄弟二字，否則不能饒他。曹植果然應聲賦成。關於這首詩，歷來有兩個版本，一作：「煮豆燃豆萁，豆在釜中泣。本是同根生，相煎何太急！」另一作：「煮豆持作羹，漉鼓以為汁。萁向釜下然，豆在釜中泣。本是同根生，相煎何太急！」詩中訴說煮熟了豆子，擠出豆汁，準備要作羹湯。這時候，豆莖在鍋子底下熾熱燃燒著，滾煮的豆子在鍋中咕嘟咕嘟響鳴著，就好像哭泣一般。它在哭什麼呢？它哭我們本是同一根株所育養，為什麼你要把我煎熬得這麼急切呢？任是無情之人，讀了這首詩，也鮮有不動容者，何況是詩心、文名俱佳的曹丕？因此曹植賦成後，曹丕亦深

*《世說新語》載，楊修曾與曹操過〈曹娥碑〉，見碑背題有「黃絹、幼婦、外孫、齏臼」八字；操問修知意否？並請他寫下但先勿言。曹操行至三十里路後，始領會出答案：黃絹是有色之絲，為「絕」字；幼婦即少女，為「妙」字；外孫指女兒之子，為「好」字；齏臼是搗蒜的「受辛」之器，而「辤」即「辭」，故所題是說「絕妙好辭」。

◀河北邯鄲之銅雀台。

受感動地放他一馬，並封以臨緇侯。

不過「懷璧其罪」的曹植，在曹丕的劍鋒下，雖然用血淚詠出了驚雷的〈七步詩〉，兄弟之情一時間戰勝了殺戮心，但是終究戰勝不了曹丕對帝位的企圖心和長期猜忌，也從此開啟了他被貶放流離的命運。《三國志》說曹丕剛即帝位不久，便殺了曹植的密友丁儀等人，曹植在就國後也被監視者密報：「醉酒悖慢，劫脅使者」，以致又被貶為安鄉侯，後來改封鄄城侯，再改立鄄城王。這對於想要「戮力上國，流惠下民，建永世之業，流金石之功」的曹植而言，是接二連三的打擊。於是乎這位「才高八斗」但放蕩不羈、喜歡腰間一壺酒的曹植，在鬱鬱寡歡中，於四十歲時死去。

風流雲散銅雀臺

漳水上的銅雀臺，位於河北省邯鄲市臨漳縣城西南，古代稱為「鄴」的地方。曹操在擊敗袁紹以後，開始營建鄴都，並修建銅雀、金虎、冰井等史書所稱的「鄴三台」。這是文學史上盛稱的「建安文學」發祥地，並以諸多歷史名人題詠而聞名。

銅雀臺擁有盛名，也有一部分原因，是來自羅貫中《三國演義》的藝術虛構。《三國演義》具有顯然的「尊劉貶曹」傾向，羅貫中故意突出曹操「好色之徒」的形象，並虛構曹操興建銅雀臺，主要是由於覬覦「江東二喬」（大喬為周策之妻，小喬為周瑜之妻）美色等情節。該情節或與唐代名詩人杜牧在〈銅雀臺

懷古〉詩說：「東風不與周郎便，銅雀春深鎖二喬」有關，可能受到了杜牧浪漫詩意啟發，《三國演義》在第四四回〈智激周瑜〉裏，羅貫中便借諸葛亮之口，說出曹操曾經誓言：「一願掃清四海，以成帝業。一願獲得江東二喬，置之銅雀台，以樂晚年，雖死無恨！」並且移花接木、顛倒時序、虛實雜糅地，在曹植〈銅雀臺賦〉中杜撰加進「攬二喬於東南兮，樂朝夕之與共」等文句，以證明曹操確有藏嬌江東兩大美人之意。如此一來，諸葛亮的激將法，便可以天衣無縫地銜接周瑜之怒：「老賊欺吾太甚！」因此決心抗曹並採取聯蜀策略，致有後來赤壁一戰的曹軍敗北。

但其實這只是《演義》中後人津津樂道，其實和史實嚴重不符的野史編派罷了。實際上曹操修建銅雀臺在建安十五年，而孫吳、蜀漢聯軍抗曹的赤壁之戰發生在建安十三年，小說中的時間是錯亂的。況且證諸《三國志》裴松之注所收錄的曹植〈登臺賦〉（即世稱〈銅雀臺賦〉），也無上述字句。

《三國志．魏志》記載，當銅雀臺新成，曹操使諸子登臺為賦（登臺諸作，後世沒有流傳）。才思敏捷的曹植援筆立就，洋洋灑灑寫下了文情並茂的〈登臺賦〉，成為美談。而也正是由於該賦，使得曹操對曹植另眼看待、親愛有加，卻也埋下了曹植日後播遷坎坷的種子。據說銅雀臺成，曹操還特意商請他以重金從匈奴贖回的漢末才女蔡文姬，在銅雀臺上演唱她創作的〈胡笳十八拍〉名曲。這個「文姬歸漢」的故事，背後也蘊藏了極度的酸悲。《三字經》所言：「蔡文姬，能辨琴」，講的就是漢末文學家蔡邕的女兒蔡琰（ㄧㄢˇ）。這位三歲就能清楚分辨絃

〈文姬歸漢圖〉（局部），金人張瑀繪，吉林省博物院藏。

音的千古第一琴女、著名女詩人，在漢末大亂中被匈奴左賢王擄去，育有二子。十四年後，曹操為好友蔡邕（死後無子）以重金將她贖回。她返國後寫作的〈悲憤詩〉，追述生離兩個孩子時的情景：「兒前抱我頸，問母欲何之？人言母當去，豈復有還時？」她則「見此崩五內，恍惚生狂癡。」亂離之苦，何代無之！

而作為鄴下文人創作活動重要場所的銅雀臺，曹操修臺其實另有用心：其一，曹操在統一北方後，為了彰顯求才若渴、用人唯賢之意，想要修建一個標誌性的建築，昭告自己廣納賢才的胸懷。其二，「臺」等建築，唯天子、諸侯為能修建，曹操為此銅雀臺，在相當程度上，是為了向世人宣示自己的文治武功。時值赤壁敗戰後，曹操經河北碣石山，有感而發，並寫下著名的〈龜雖壽〉詩篇：「神龜雖壽，猶有竟時。騰蛇乘霧，終為土灰。老驥伏櫪，志在千里。烈士暮年，壯心不已。」建銅雀臺，正是在此壯志未酬下，需要一個顯赫的建築作為自己事業的象徵，以表達一己的決心。

風流雲散擋不住！當宋人蘇軾過赤壁時，說：「此非曹孟德之詩乎？……此非孟德之困於周郎者乎？……固一世之雄也，而今安在哉？」元人馬致遠也說：「想秦宮漢闕，都作了衰草牛羊野。不恁麼漁樵沒話說。」（【喬木查】）千古是非心，最終，都只化作了「一夕漁樵話」……

（張麗珠）◆

5 嫁妝一牛車 節選

王禎和的作品十分容易辨認，而且令人印象深刻。雖然寫作主題以鄉土、寫實為主，他的實驗精神和原創性卻幾乎超越了同時代的現代主義作家，打破了讀者對鄉土文學的刻板印象，也展現出鄉土文學的創意、多元與包容。《嫁妝一牛車》便是最好的範例，從中我們可以看到王禎和式的批判、反省、同情與語言的探索。

壹・作者與出處

王禎和（一九四〇～一九九〇），臺灣花蓮人，臺灣大學外國語文學系畢業。來自後山的王禎和，敘情述事大抵是以家鄉的風土人事為主脈，花蓮的在地經驗定調了他的創作背景與心靈世界。自大一下學期發表〈鬼・北風・人〉伊始，他的創作關懷從來沒有離開過與他生活息息相關的鄉土與社會，對於底層人物的生活實境，更是以切合鄉野俚俗的感情方式，來展現不堪聞問的人間世態。

大學畢業退役後，歷任花蓮中學英語教師、臺南亞洲與臺北國泰航空公司，之後轉至臺灣電視公司任職，編寫劇本，翻譯與創作。這般豐富的人生閱歷，一一對應出他作品裏的人物事態與鮮活故事，如《美人圖》中航空公司那群崇洋媚外的「假美國人」圖像；《玫瑰玫瑰我愛你》裏為人師表的董斯文，則主導出美金與色情交易下的狎邪荒謬劇。此外，長期浸淫在影視戲劇理論與實務編製，發揮效應則是在他戲劇化的小說藝術表現及多元的創作類型上。王禎和同時也受到張愛玲、老舍、曹禺，及西方作家福克納、海明威、亨利詹姆士等人的寫作技巧，以及奧尼爾、田納西威廉斯的戲劇、張翠鳳的大鼓藝術、小津安二郎電影美學的影響。這些不同程度的啟發與薰染，在他的創作脈絡裏皆有跡可循。

一九八〇年不幸罹患鼻咽癌後，仍奮力完成長篇創作與劇本，一九九〇年因心肌梗塞辭世，得年五十歲。在二十九年的創作生涯中，總共完成十八篇短篇小說，先後收入《嫁妝一牛車》、《寂寞紅》、《三春記》、《香格里拉》、《老鼠捧茶請人客》等書。另有〈人生歌王〉等中長篇小說，〈大車拼〉等多部劇本，以及專欄文章《電視・電視》、影評《從簡愛出發》和譯著《英格麗褒曼自傳》等。

一九六一年創刊的《現代文學》雜誌，參與者皆為臺大外文系學生，如後來在文壇上大放異彩的白先勇、王文興、歐陽子、陳若曦等具有現代派特色的作家。晚兩屆期別的王禎和雖也受到西方文學技巧的陶養，卻是另闢門徑，以戲劇性手法和語言實驗，來書寫鄉土人物故事，冶煉出融合荒誕、嘲諷與笑謔的特殊文體，創作風格有別於同屬「鄉土派」，如王拓、黃春明、陳映真、楊青矗等名家諸作，是臺灣文學史上極具代表性與獨特性的鄉土文學經典作家。在探索本土性與戲劇性的王禎和系列小說中，隱然可見在「現代」與「鄉土」之間，有一種可逆的往返穿梭現象，一個趨於「荒謬情境」，另一個則指向「鄉土寫實」。從鄉土氣息濃厚的《嫁妝一牛車》到攸關跨國資本主義批判的《玫瑰玫瑰我愛你》，其小說題材、人物與情節，都與他的鄉土經驗有緊密的對應關係，寓寄個人對於社會底層現象的細膩觀察，從而展現出極為獨特的書寫位置與關懷視角。

王禎和認為「一個作家應該寫他最熟悉的東西，只有這樣，他的作品才會有生命、有感情，才會使讀者有親切感，產生共鳴感。」浮現在小說世界裏許多人事物的原型，都是他從小看慣、極為熟悉的花蓮風土和市井人物。如〈五月十三節〉即取自台北圓環親戚家的大拜拜祭典活動及其名稱；〈那一年冬天〉裏的阿乞伯，是以一位伯公輩族人為藍本；〈香格里拉〉和〈伊會唸咒〉裏的孤兒寡母角色，則帶有自傳的況味。

發表於一九六七年的名篇〈嫁妝一牛車〉，小說裏的萬發為免於挨餓，迫於無奈而與簡姓商人共享妻子，以換取衣食的題材，是王禎和童年時從親戚聽聞而來的「又辛酸又絕頂有趣」的故事，本身即具有鄉土的現實意義。「典妻謀生」的荒誕不倫，必然要面對道德與人性界限的質疑，而藉此家變來刻鑿人間苦難與荒謬的臺灣文學名篇，也見於日據時期的呂赫若〈牛車〉。在尋常生活彝倫的脈絡中，如何來省察這些浮出歷史地表的荒蕪人生與社會悲劇，這是極具思辨性的課題！

本選文節錄自遠景版《嫁妝一牛車》（原刊登於一九六七年《文學季刊》第三期）。

貳・選文與注釋

There are moments in our
Life when even Schubert has
Nothing to say to us......
Henry James "The Portrait of a Lady"

……生命裏總也有甚至修伯特
都會無聲以對底時候……

村上底人都在背後議笑著萬發；當他底面也是一樣，就不畏他惱忿，也或許就因為他底耳朵的失聰吧！

萬發並沒有聾得完全：刃銳的、有腐蝕性的一語半言仍還能夠穿進他堅防固禦的耳膜裏去。這實在是件遺憾得非常底事。

定到料理店呷頓嶄底[1]，每次萬發拉了牛車囘來。今日他總算是個有牛有車底啦！用自己底牛車趕運趟別人底貨，三十塊錢的樣子。生意算過得去。同以前比量起，他現在過著舒鬆得相當的日子哩！……村上無人不笑底，譏他入骨了。實實在在沒有辦法一個字都不聽進去。雙耳果然慷慨給全聵[2]了，萬發也或許會比較的心安理得，尤其現在手裏拎著那姓簡底敬慰他底酒。……

1 呷頓嶄底：吃頓好的。

2 聵：耳聾，音ㄎㄨㄟˋ。

事情落到這個樣子。都是姓簡底一手作祟成底。

也或許前世倒人家太多底賬。懂事以來，萬發就一直地給錢困住；娶阿好後，日子過得尤其沒見到好處來。阿爹死後，分了三四分園地，什麼菜什麼草他們都種過了，什麼菜什麼草都不肯長出上來。一年栽植肺炎草[3]，很順風底，一日莖高一日，瞧著要挖一筆了。那年爆發了一次狂瀾得非常的雨水，園地給沖走。肺炎草水葬到那裏去，也不知識底[4]。不久便忙著逃空襲。就在此時他患上耳病。洗身底時候耳朵進了污水。……後來便來到這村莊鄰公墓的所在落戶居下，白天裏替人拉牛車，和牛車主平分一點稀粥[5]的酬金，生活可以勉強過得去。只是這個老婆阿好好賭，輸負多底時候就變賣女兒。三個女孩早已全部傾銷盡了；只兩個男底沒發售，也或許準備留他們做種蓄息吧！他們的生活越過越回到原始，也是難怪底。

往墳場的小路的右手邊立著的這間他們底草寮，彷彿站在寒極了的空氣裏的老人家，縮矮得多麼！……

現在僅就剩下萬發他們在這四荒裏與鬼們為伍了。怪不得注意到有人東西搬進那空騰著底寮，阿好竟興狂得那麼地搶著報給萬發這重要性得一等底新聞。……

終於他和姓簡底晤面了，頗一見如故地。

……

姓簡底生意似乎欣發得很，老感到缺個手腳。後來他就把心中盤劃底說與阿好

3 肺炎草：長梗菊，服用有降火、消炎、潤肺等功效。

4 也不知識底：也不知道的意思。

5 一點稀粥：一點點的意思。

明白。聆了[6]這樣動她心的打算，她喜不勝地轉家來[7]報告：「報給你一個好消息！」覷到萬發躺睡在蓆上，她就手搭在他底肩上。「一個好訊息告知你！簡底生意忙不過去，要我們阿五幫他，兩百塊底月給[8]，還管吃呢！……」

一個月多上貳百元底進項，生活自會寬鬆一些底，有什麼不當的呢？「就央煩簡先生提攜我們這阿五吧！」地說了，萬發復又躺下來，一種悄悄底懽悰[9]閃在嘴角邊。……

彷彿不過很久底以後，村上底人開始交口傳流這則笑話啦！說王哥、柳哥映畫裏便看不到這般好笑透頂底。姓簡底衣販子和阿好凹凸[10]上了啦！就有人遠視著他們倆在塋地[11]附近，在人家養猪底地方底後邊，很不大好看起來。

……

幾日後底樣子，牛車主諭告他準備牛租出去犁田，要他歇一段時日。有意要給難處似地，在這緊要關裏，姓簡底突然宣布回趟鹿港，順著方便到台北採辦衣色來。前後耽遲要一整閱月[12]的樣子。也許姓簡底從此遠走高飛——趁現在走吧！免去將來泥陷深。當然老五得往回吃自家。

……

兩月另十日底後來，姓簡底鹿港人終究來歸了。

「簡底回來啦！」自自然然底模樣沒有裝妥底樣子，阿好底語勢打四結起來，

6 聆了：聽了。

7 轉家：回家。

8 月給：一個月的工資或薪水。給：音ㄐㄧˇ，供給。

9 懽悰：快樂的樣子，音ㄏㄨㄢ ㄘㄨㄥˊ。

10 凹凸：指男女交媾。

11 塋地：墳地。

12 一整閱月：一整個月。

口吃得非常一樣。

「採辦了許——許——多多的貨色。人也——也——胖實多了——」不究詳為什麼話及此地，她要歇口一頓。

「他要阿五明早幫他擺攤去，看你意思怎麼樣？」她眼睛忽然一亮。「天！我還以為他不回來啦！」到底掩不住心中底激喜。……

賣醬菜底有閒也常詣往[13]萬發這邊聊天時。他來時，總領隊過來一群紅頭蠅，營營趕驅不開。蹲在地下說談時，他一縫細底眼，老向寮內瞇瞭[14]著，想鼠探[15]點什麼可以傳笑出去。……

「騙肖[16]。」萬發衝刺出來，一身上下氣抖著，揪上賣醬菜底胸就掄拳[17]踢腿下去，像敲著空醬缸的樣子，賣醬菜底膺膛[18]嗡嗡痛叫著。髒蠅飛散了，或許也驚嚇吃到了幾分。

……

萬發擋在門前，一眺目[19]到姓簡底捧著臉盆走近前，就揎拳擄袖[20]得要趕盡殺絕他底形狀。

「……還欺我聾耳不知情裏！……飼老鼠，咬布袋……」每句底句首差不多都押了雄渾渾底頭韻，聽起來頗能提神醒腦，像萬金油塗進眼睛裏一樣。

當晚姓簡底借了輛牛車便星夜趕搬到村上去，莫敢話別阿好，連瞅[21]她一眼底

13 詣往：前往。詣：音ㄧˋ，到。

14 瞇瞭：瞇著眼從屋外向屋內窺看。瞇：音ㄇㄧ，眼皮微微合攏；瞭：音ㄌㄧㄠˊ，從高處向遠看。

15 鼠探：鼠目小而凸出，原是形容人相貌鄙陋可憎。此處「鼠探」，意指不懷好意地窺探。

16 騙肖：混帳。

17 掄拳：揮動拳頭。掄：音ㄌㄨㄣˊ，揮動。

18 膺膛：胸膛。

19 眺目：眼睛邪視。眺：音ㄊㄧㄠˋ，向遠處望，或眼睛邪視。

20 揎拳擄袖：捲起袖子，露出胳膊。揎：音ㄒㄩㄢ，用手掌擊打。

21 瞅：音ㄔㄡˇ，看、瞧之意。

膽量也給萬發一聲聲「幹」掉了。……

日子又乞縮起來啦！蕃薯園地給他人向村公所租下準備種瓊麻。未長熟底地瓜全給翻出土來，萬發僅只拿了壹百元底賠償。也真不識趣地，老五在這時候患起嚴重的腹瀉底症候；拴緊在腰際的錢袋內準備頂牛車底錢便傾袋一空了，在須臾之間。錢給大夫底當時，萬發突然淚眼起，不知究為著什麼？心疼著錢？抑或是歎悲他自家底命運？

終於以前底牛車主又找他拉車去。一週不滿就有那事故發生了。他拉底牛車。因為牛底發野性，撞碎了一個三歲底男孩底小頭。牛是怎麼撒野起來底？他概不知識。但他仍復給判了很有一段時間底獄刑。牛車主雖然不用賠命，但也賠錢得連叫著「天——天——天！」

在獄中每惦記著阿好和老五底日子如何打發，到很晚夕他還沒有入眠。不詳知為什麼有一次突然反悔起自己攻訐驅撵姓簡那樁事，以後他總要花一點時間指責自己在這事件上底太鹵粗了一點的表現。有時又想像著簡底趁著機會又回來和阿好一寮同居。聽獄友說起做妻底可以休掉丈夫底，如若丈夫犯了監。男女平等得很真正底。也許阿好和簡底早聯合一氣將他離緣[22]掉了！這該怎辦？照獄友提供底，應該可以向他們索要些錢底。妻讓手出去，應該是要點錢。當初娶她，也花不少聘禮。要點錢，不為過分底。可笑！養不起老婆，還怕丟了老婆，哼！

22 離緣：離婚。

……

出獄那日阿好和老五來接。老五還穿上新衣。到家來他也見不到姓簡底。晚上姓簡底回來，帶著兩瓶啤酒要給他壓驚。姓簡向他說著話，咿咿哦哦・實在聽不分明。

阿好插身過來。「簡先生給你頂了一臺牛車。明天起你可以賺實在的啦！」

「頂給我。」萬發有些錯愕了，一生盼望著擁有底牛車竟在眼前實現！興高了很有一會，就很生氣起自己來——可卑的啊！真正可卑的啊！竟是用妻換來的！

不過他還是接下了牛車，盛情難卻地。

幾乎是一定地，每禮拜姓簡底都給他一瓶啤酒著他晚間到料理店去享用一頓。頗能知趣地，他總盤桓[23]到很夜才家來。……

村裏有一句話流行著：「在室女[24]一盒餅，二嫁底老娘一牛車！」流行了很廣很久的一句話。

23 盤桓：徘徊、逗留。

24 在室女：處女。

參・可以這樣讀

人間炊煙與農村經濟現實

王禎和的短篇小說，大抵集中創作於一九六一至一九七九年間，當時臺灣的政治氛圍正處於美蘇冷戰；在文藝場域上，則形成了以美式資本主義為範本的「中產階級」生活面貌成為主調的文壇現象。在跨國經濟合作的影響下，臺灣社會產業結構產生了變化。一九七〇年代，由於國內外政治環境丕變，臺灣文壇興起民族主義與寫實主義的風潮，許多未被社會注意的問題及底層生活和現象，也得到作家的關注與創作，王禎和便是其中佼佼者。

文學作品在搬演社會人生時，同時也在執拾歷史縫隙中行將被遺落的故事與記憶。〈嫁妝一牛車〉文中萬發的牛車夫角色，背後不僅牽引出鄉土人物的生存蹇境，也掀開「農村經濟」內幕一端。萬發一生困挫未「發」，雖分得三、四分農地，種植稼物卻遭水患沖毀；後因洗浴，耳朵進了污水，被庸醫誤診而成了八分聾，只好拉牛車來餬口維生。妻子阿好嗜賭，讓家境益趨窘迫，一家子遂落戶於墳場旁的草寮。其後阿好與隔鄰簡姓衣販商暗通款曲，萬發防禦戒備，終至揮拳擄袖，驅攆衣販商，豈料生活再度陷入絕境，而災厄也開始佈下了天羅地網。種地瓜，採摘姑婆葉、抬棺挖墓坑，皆不足以溫飽，只好重拾舊業拉牛車，卻又不幸撞死幼童而入獄服刑，出獄後的萬發終於完全降服於自家底命運，簡姓商人自此堂而皇之地入住家屋。萬發「嫁出」妻子，換來了一生盼望的牛車，也接受了簡姓商人每週致送的一瓶啤酒，而後知趣地到料理店享用豐盛的「一人晚餐」，只是失聰的萬發並未聾得完全，總還是聽得到鄰桌村人的譏笑與嘲諷！

「牛車」與「鐵枝路」，是臺灣文學中常見的兩大意象。「牛車」，原屬農業生產與運輸的機具，小說於焉浮現的「牛車」，卻被轉喻為農村經濟制度失能下的種種毀滅性災厄。「典妻」情節，是被放大與突出的事件焦點，藉此引渡出生存困境造成扭曲異化心靈的思辯命題。王禎和並置「嫁妝」與「牛車」的微妙關係，傳達底層農村生活的茫昧與無助。

同樣寫於六〇年代，黃春明〈看海的日子〉裏的白梅，輾轉各地從娼，才能維持農村老家生計，而王禎和〈嫁妝一牛車〉的農民萬發，則是以屈辱的共妻方式，圓了擁有一台牛車的夢想。閱讀王禎和鄉土諸作，必須將之置放於臺灣戰後社會經濟的脈絡中，回到彼時「農村的現實」與「農村的經濟」，才能真正理解王禎和述說的鄉土故事。

失節或餓死的「受苦學」辯證

貧窮丈夫面對生存困境，導致義利取捨的兩難與人性的異化，因而將妻子改造為謀生的「交易女人」，循此進入社會現實的道德與倫理反思，這是〈嫁妝一牛車〉所延伸討論的議題。惟道德辯證的前提，必須先回到「食物與饑餓」的具體脈絡中來進行考察。

「牛車」是臺灣文學中常見的意象。

「饑餓」是一種物質資源的匱缺，在儒家道統的教化中，卻另有其精神向度。如孟子所言：「天將降大任於斯人也，必先苦其心志，勞其筋骨，餓其體膚，空乏其身，行拂亂其所為，所以動心忍性，增益其所不能。」即是由饑餓論述而引申出堅此百忍，以鍛造精神或陶養道德的訓誨箴言。由傳統儒教以迄北宋理學家程頤嘗提出「餓死事小，失節事大」之論，歷來針對此論，大致是強調守節，貶抑孀婦再嫁，然而守節必須「問個人的境遇體質」，否則就成了忍心害理，男子專制的貞操論了。

身陷餓死或失節兩難情境之人，大抵是屬於經濟弱勢者，一如掙扎於食物、人性、義理之間的受難者與被損害者：萬發。故而，與其陷落於辨析失節或餓死的命題，不如將〈嫁妝一牛車〉的奇異「三人行」，置放於「饑餓書寫」的概念框架中，來探討饑餓的起因，以及人物群像對於饑餓的應變，藉此探明「道德」與「人性」的角力。

萬發的饑餓，主要來自耕稼無著，波折重重的農家殘酷情境，以致落得一無所有。從萬發立場鋪陳的故事視野中，「典妻」事件固然反映出迫於經濟壓力的無奈與無告，但「典妻」是否是解決困境的唯一良策？此外，在什麼情境下，會讓擁有「夫權」的丈夫反挫尊嚴，准予妻子以身體進行特殊的「交換」與「買賣」？審視萬發的心路歷程，先是由屈辱難堪而麻木隱忍，期間也曾有過人性復甦與尊嚴反抗的時刻。但作者並未稍加寬貸，反而變本加厲地施予柴米夫妻更多磨難與堪憐的情境。萬發既無能解決現實的物質生存問題，遂只能妥協、退讓，終致失喪了莊嚴人性及丈夫主權。

王禎和曾說過寫完〈嫁妝一牛車〉之後，每次都是邊看邊掉淚，「覺得自己真不應該如此嘲笑一個這麼可憐的人。但是後來想想，當一個人窮過了一個程度以後，他的窮也就只變成好笑了。」窮過頭，以致成為好笑的「窮」，此語已內生歧義，作者似已勘破在困頓農村經濟下的悖逆人生，因此才在「嘲笑」背後，藉由「二嫁底老娘一牛車」的荒謬情節，為萬發留下了一線生機，使之能照應全家溫飽！少了激憤，多了戲謔的萬發故事，毋寧是王禎和對於斯時斯土農村人如何「活著」的一種關懷凝視。

至於阿好的初登場，作者則是以「災星」和「奇醜」來刻繪及定調：「娶阿好後，日子過得尤其沒見到好處來……阿好豬八嫂一位，瘦得沒四兩重，嘴巴有屎哈坑大。」滿口粗話、嗜賭、強悍又惹出醜聞的阿好，顯然是惡女之最，端看萬發將阿好連鎖到潘金蓮的背叛史話，即可管窺一二：「也或許他聽過潘金蓮底故事，學效武大少作買賣，多看住老婆！」即使如此，作者卻並未將阿好賦形為具絕色之姿與禍水形象的「壞女人」典型，其因何在？發生婚外情的阿好，理應是眾所唾棄的惡婦，然而深究她與簡底的私情，是基於解決饑餓與家計，而為金錢所誘？抑或是為積攢賭本，滿足癮頭？是因丈夫久已房事不振？還是與歲數差距不小的簡底，擦撞出忘年之愛的火花？小說埋伏種種的線索，卻並未揭示作者的道德評判立場。

王禎和似已勘破
在農村困頓經濟下的悖逆人生。

而阿好的饑餓經驗又是怎樣的呢？當簡底離城北上採辦的期間，適逢萬發的牛車被收回，全家頓時陷入絕境，阿好只得「餓顫顫地走四個鐘頭底沙石路」，往城裏兒子處求援，斷炊時也曾偷挖蕃薯充饑，後來應徵醫院清潔婦，又因蕃薯吃多了，連放了幾個響屁，因而丟了工作機會。阿好顯然也無法擺脫饑餓與匱乏的夢魘，但是在「幾近無所有」之際，卻依然選擇與萬發共同擔荷家計。每當簡底發給月薪，她就料理一桌佳餚，饜足了萬發長期匱缺的口腹之欲；在萬發入獄期間，更是毅然撐起了全家命脈，並未趁機「休夫」以求自保。小說敘及阿好探監時，酡紅著臉，不敢直視萬發，只是艱澀地說出：「簡底回來了。……多虧了簡底照應著一家。」於焉浮現阿好顧念舊情與自覺羞愧的人性光輝，這是作者對於小人物的厚道與悲憐，也是指引讀者觀照人性的用心所在。

相較於萬發與阿好，先是侵佔人妻，進而奪取夫權與父職的姦夫簡底，小說的敘述視角與語式，則來自於平面化人物的辨識標籤：一個有著異常狐臭，「說話咿咿哦哦」的羅漢腳。就簡底選擇在墓埔旁寮屋落腳而觀，顯然也非財力雄厚之人，然而一介市鎮小商販，就足以包攬萬發一家穿衣吃食，益加襯托出農民萬發的赤貧。讓萬發綠帽罩頂的簡底，他的非典型姦夫角色，也頗值得探討。簡底和阿好的婚外情事，肇因於阿好勤於幫他縫補洗滌，多所關懷，讓簡底深感人情溫愛。由此而觀，父母早逝的簡底對於阿好的禁忌之愛，未必基於肉體饑餓的情欲冒險。在姦夫簡底與苦主萬發共妻的荒誕情節中，識相而不直接與萬發產生衝突的簡底，並未逞其經濟強勢之態，反倒多所讓渡，除了贈衣、聘僱阿五，實質

小說中交織著道德與饑餓的辯證。

地金援萬發家計；當私情爆發，被驅離之際，即連夜搬離；待萬發入監、出獄，又能不計前嫌，予以協助，甚至接受協商而與萬發、阿好共組家庭。

在失節或餓死的辯證中，簡底是唯一沒有饑餓經驗的人，卻又是牽動與逆轉饑餓情節的關鍵人物。簡底固然扮演起照顧老五與阿好的代父／夫的角色，然而與人妻由暗生明的姦情，終究是失節，反叛禮教。但是王禎和對於簡底的道德與情感越界，並未給予嚴譴與否定，而是透過敘事來反襯故事人物本身的無可奈何與生命僵局。

作者賦予萬發、阿好與簡底各具殘缺與猥瑣的造形，復又在人物姓名上大玩諧音的戲筆，藉此敷演嬉鬧、諷謔、誇張、荒誕的情節，以致〈嫁妝一牛車〉，像似一齣製造笑料、逗弄讀者，博君一粲的鄉土劇。且回到王禎和的自剖與反思：「也許我看的傷心事太多了，總希望：只要可能，讓人間多一點笑聲。」此一旁證，提醒讀者欲深究王氏戲謔書寫風格下的「笑聲」，唯有先回溯他曾經耳聞目睹的變色鄉土劇碼，才能理解深蘊其中的現實關懷與人道精神。小說藉由三個角色彼此間的拉扯、緊張與相互制衡的張力，交織出道德難題與饑餓辯證。作者所營構「失節或餓死」的鬧劇笑聲，因此是一種提醒與預警：當現實生活中無法得到一種正常情理，而浮顯那一幅人性不安定的構圖，也正是我們每一個人「都會無聲以對底時候……」。爰此，王禎和所瞄準或嘲笑的對象身影中，總也有自我凝視的鏡像，一如他所載明：「寫他們，正因為我是他們的一份子，寫他們，正因為我跟他們過著相同的生活。」

「抓貓」敘事法與「結尾」的意義

〈嫁妝一牛車〉的開篇，引用亨利・詹姆斯（Henry James）《仕女肖像》的話語作為題辭：「……生命裏總也有甚至修伯特都會無聲以對底時候……」，精采預告了耳聾的萬發面對無聲世界的一種生命關口與生存困挫。緊接引語之後的敘述，則不依事件時序，而是直接切換至末段情節的場景，讓萬發置身於已發生悲劇後的時空之中：「村上底人都在背後譏笑著萬發，當他底面也是一樣。」因「錯時」而引發「懸念」的開場安排，是一種迫使讀者必須更精細閱讀作品，更努力追蹤情節的書寫策略。這個援用自荷馬史詩的開篇法，即是王禎和津津樂道的「抓貓法」——這個最牢靠而不會被貓咬到的方法，並不是抓貓尾巴、嘴或腳，其基準點是抓住貓身三分之二處的脖子。此法運用於創作，則是指小說開頭就定錨在整個事件的三分之二處，從關鍵點或危機爆發的那一刻下筆，接著再採用回溯、意識流或打破時空局限的時空壓縮法，來抓住「戲」的部分及敘事節奏。

抓貓開場法的精彩運用，也見另一篇「典型公寓事故」的〈老鼠捧茶請人客〉。這是一篇全文皆以「絮語」連綴而成的特殊文體，作者以第三人稱敘事觀點，揭現故事：「驟然得這款樣，伊一時也莫能分曉到底發生了怎麼樣底一回事。……叫我的乖孫子受驚到這種模樣！……你怎麼不跟阿嬤講話囉？」相較於「伊」阿嬤的絮絮叨叨，孫兒卻噤聲無語的怪現狀，自是重要的意義線索。直至「伊」來到客廳，乍然瞥見橫躺地上的「伊自家」屍骸，讀者才恍然得知小說原是截取中段情節，作為開頭的切入點，並由此轉入跨越真幻時空，自由釋放情感

〈嫁妝一牛車〉善用了「抓貓」敘事法。

的「亡靈」敘事。作者以獨特的開場，蒼涼的敘事為構設，增添了小說情節的懸疑性，也產生審美意義上的驚慄效果。

〈嫁妝一牛車〉的開場與結尾場景，皆設定萬發獨坐料理店，啜飲簡底敬送的美酒，而周遭盡是惡煞般的「看客」群像，準備隨時撲噬萬發。首尾聯絡照應的抓貓敘事法，可謂具現了嚴密的小說結構，值得注意的是，小說「題辭」與「結尾」的形態，提供了多層次與自由詮釋的閱讀面向。敘事的完整性，乃是指有開始、中間和結束的形式，在亞里斯多德《詩學》第七章討論故事或情節的適當構造時，所定義「無事件跟隨於它之後」的「終結」形式，是古今中外敘事結構的圭臬。惟「結束」的意義與觀念，有其辯證性，茲因故事的結尾，只是構成事件的一個段落而已，並不代表人生真正的結束，而是意味著未來無定，但生命仍然要繼續下去的實況。

就萬發而言，「家屋」已轉易為具經濟效益與性交易的功能性空間，以致每週都必須被迫移置於料理店，有家而歸不得；其次面對以妻易物，這種可議可譏，傷風敗俗，被村人唾棄的屈辱難堪事，也不會隨著闔上小說終卷而告結。萬發百難紓解的怨懟，淒楚難言的悲愴，終將持續漫漶著，並以此而呼應小說開篇「題辭」的微言大意：「連創作力如此旺盛的音樂家舒伯特，也還有他不知如何表達的困頓時刻。因此必須承認，這的確是（萬發）人生最糟糕的時刻。」然而故事果真結束了嗎？萬發究竟能隱忍多久？會不會再有人性尊嚴復甦的時刻，而重演一次驅逐姦夫淫婦的雪恥之舉？日益成長的老五，又將如何看待這扭曲而另類的多元成家組構？凡此，皆說明故事處於未完成而待續的狀態。小說情節的隱晦面，最終且合理解釋的必要性，或許已經不存在，但透過王禎和將「典妻求溫飽」的反常悖逆現象，作為主導性的情節時，有關〈嫁妝一牛車〉的熱絡討論，並未停歇，而是另啟一波人性論的爭辯。

戲謔風格中的「荒誕」與「怪誕」

王禎和用力繪製底層庶民的磨難實境，卻並非採以悲憫義憤為主調的正統鄉土文學型態，而是轉以削減重量與化除語言的沉重感，來呈現戲謔性風格的鄉土書寫，營構出「喜劇化的悲劇情境」。在戲謔諷喻的調性中，展演出悖謬生存與「荒誕」情境，令人有哭笑不得的尷尬效果，也有無所依託而無可奈何的虛無感。

王禎和小說的笑謔傾向，概分為三類：一是在傳統鄉土小說基調上，摻合著「荒誕虛無」感，傳達哲學式的形上思考。如〈伊會唸咒〉中孤兒寡母小全和阿緞，飽受鄰里欺凌，為了捍衛片瓦家園，抵拒地方議員賤價收購土地，阿緞只能敬虔祝禱，求神庇祐。孰料一次情急之下的咒詛後，巧逢議員車禍猝逝，自此鄰人益加相信身著黑衣，出入寺廟的「伊」，果真會唸咒作法。小人物的碩大哀傷，即在於：「伊若真的會唸咒」，又何至於教人欺凌若此？顯見王禎和以冷眼鑑照鄉野人物的悲苦無依，卻總是在荒謬敘事中提出人道的關懷。

另一類型則是藉變形或誇張突梯的人物、情節，引發驚奇與驚恐的效果，屬乎「反常怪誕」的諧謔性鄉土怪譚。如被構設為「民間傳奇」的〈兩隻老虎〉，述及「大不同鞋店」老闆阿蕭，因五短身長，面如童騃（ㄞˊ，愚痴），聲如嬌嬌女，而屢遭鄰人嘲弄。阿蕭雖有其欲望狂想，卻非玩世不恭者，他幾度奮進，力圖扳回尊嚴，但愈是掙扎，就愈朝向荒唐與病態式的死境。小說改寫兒歌「兩隻老虎」的歌詞，以「慢」代「快」，並以割除器官及性徵的身體寓言，來反照阿蕭在身體心理上的殘缺。這個屬乎社會邊緣性與畸零人的人物角色，自有其現實意義，作者即使是以哈哈鏡式的誇張造型，來敷演驚世駭俗的情節，但閱讀者卻無法從中感受到喜感、歡笑或鬆懈，反而興起一股「恐怖的好笑」，以及無以名之的驚懼與悲愴。

第三類則是融合上述兩者特色，兼攝悲劇與喜劇、荒誕與怪誕、寫實與現代，而形成「可笑性」的荒誕悲劇暨「諷喻性」的怪誕喜劇。這是一種混雜型的悲喜劇，也是王禎和獨擅勝場的「現代派」美學風格的鄉土書寫。〈嫁妝一牛車〉即歸為此類。依據簡要的美學界定：悲劇，主要模仿比一般人還好的人物，喜劇，則模仿不及一般人的人物；悲劇模仿「嚴肅」的動作，喜劇則模仿「滑稽」的動作。相較於悲劇主人翁表顯「英雄性」與「善」，喜劇人物則表現「滑稽」與「醜」，然而又醜又怪的滑稽人物，卻並非是一般定義上的壞人或惡棍。

如萬發、阿好、簡底等人，都不是真正的英雄或反英雄人物，也不是引人發噱的可笑人物，而是醜怪復可憐的角色。王禎和意欲呈顯的並不是人物形象美醜的藝術世界，而是更接近彰顯人情與人味的人性世界，隨著角色在舞台上展演滑稽戲碼時，小人物受迫害的卑微生命及其人性，也才得以彰顯出來。即便作品盡

王禎和小說用力繪製
底層庶民的磨難實境。

現小人物的猥瑣怯弱，並且大都帶有外貌形象或荒誕行止等缺點，如身無長項而與人共妻的萬發、個性軟弱卻又病態愛戀著姐姐的秦貴福，或畸怪可笑的瘋顛阿蕭等等，交織在一則則故事內外的，正是小說家的悲憫寬容與警醒反思。那些扭曲、醜怪、畸零的市井小人物，因卑微欲望而被迫逾越現實人生，並隨之招來難堪與涼薄的生存局限，正是啟動王禎和創作的起點。

面對現代化入侵、經濟劇變的時代，以致進退失據的鄉野俚俗人物，王禎和並不採以莊嚴崇高的語彙，或涕淚飄零的悲劇情節，來展現他們的遭遇，而是改以詼仿嘲笑，或狂歡逗樂，突顯他們窘態與醜態畢露的言行。貫穿在他「喜愛滑稽」的悲喜劇交融寫作中，「把歡笑撒滿人間」的戲謔書寫，實表明王禎和批判現實環境的殘酷性，而另外建制的一種療救方法！

肆、再做點補充

「鄉土文學」是什麼？

鄉土書寫是自我書寫的延伸。由於長久生活其上，產生深厚感情，特定地方的山川風景、風俗人情便會逐漸內化為清晰的心靈圖像，成為創作時的寶藏，靈感的滋養，所以作品自然會浸染地方色彩。即使作家並未刻意把鄉土情懷捎帶出來，但作品卻能襯顯出「地域性」，從而可以輕易地扣連作家與「他的鄉土」間的親密關係，如鍾理和與美濃、陳冠學與新埤、吳晟與彰化、黃春明與宜蘭、鄭清文與新莊、王禎和與花蓮、施叔青與鹿港、舞鶴與淡水等。

臺灣文學史上的鄉土觀念，原是來自於具有抵抗性的一種臺灣意識和鄉土想像。一九三〇年代第一次鄉土文學論戰，黃石輝〈怎樣不提倡鄉土文學〉，主要是以「臺灣話文」和「鄉土」作為根本訴求，「鄉土」指涉的是殖民地臺灣。一九七〇年代因面臨外交變局，在民族回歸熱潮與批判現代派中產生的第二次鄉土文學論戰，則是從「國族地位」的反思，來確立「回歸鄉土」與「本土意識」的論述主調，逐步建立了一種鄉土文學風貌。此後「鄉土資源」即成為啟動臺灣文學敘事動機、題材與文類的源頭活水；在反映現實生活方面，發掘臺灣文學的「社會性」，並且在文類觀念型態上，形構臺灣文學聚焦底層階級的「寫實性」。

帶有農業文化標記，歷經工業文明與現代性衝撞的「鄉土文學」，作為一種書寫題材與文類，本身即深具濃稠本土與在地色彩。從七〇以迄八〇年代的鄉土小說，大致具有幾項寫作特色：一、作家基於一種道德良知與使命感。二、具有抗議與控訴的寫實主義精神。三、題材多觸及「庶民與土地圖像」，並以經濟結構中的「階級關懷」作為書寫訴求。四、具有母語、方言與鄉俗俚諺的語言特質。

然而「鄉土」的意義，除了是有所來處，因而有所歸屬外，在農業文明轉向工業文明的過程中，作家踐跡鄉土的書寫，實鳩合著人類面對時空差異、傳統萎頓等複雜的情態與樣貌，因此臺灣鄉土小說也可以認定是現代性的一種文學體驗。

鄉土文學討論集
尉天驄主編

鄉土書寫是自我書寫的延伸。

多音交響：混語與在地書寫

王禎和小說語言的多元與駁雜性，主要汲取自臺語和中文的養分。除了挪借方言俗語，來表現鄉土性外，並自創許多音譯，如「定到料理店呷頓嶄底」、「是個臭耳郎咧」、「嘴巴有屎哈坑大」等等。吸收轉化臺灣語彙之外，他也細心琢磨曹禺劇本裏的北平居民聲腔，學習如何掌握地域性特有的真實嗓音質素，來表現道地的臺灣鄉土味；此外也向孩童學習，掌握語感語式的多樣化；有關語調方面的借鑑，則應用《醒世姻緣》快節奏的俏皮語調。因此在他的作品中，常見國臺語和古詩詞文字的雜揉，如「萬發並沒有聾得完全：刀銳的、有腐蝕性的一語半言仍還能夠穿進他堅防固禦的耳膜裏去。這實在是件遺憾得非常底事。」「一個字一響銅鑼，轟進萬發森森門禁底耳裏去，餘音裊長得何等哪！」這類句子可以分別用臺語或國語來唸讀，但無論怎麼讀，都顯得拗口，近乎鑄造出一種不可翻譯的表述。

王禎和的語言實驗，意在朝向「前無古人」的目標，提供讀者「各種不同的驚奇」。這也預表了他與典型鄉土文學的分歧途徑。「語言創新」，固然是一種前瞻性的視野，主要目的卻在於尋找一種「真實的聲音」和「準確的語調」來呈現故事。他對於臺灣方言的運用，除了大量穿插俚語，也巧妙展現臺灣話的特殊語法和節奏，在〈嫁妝一牛車〉裏，他也試著「將一些主詞、動詞、虛詞換掉位置，把句子扭過來倒過去，七歪八扭的」，例如「消息攻進耳城來底當初，他惑慌得了不得」、「到底阿好還是醜得不簡單咧」、「心內山起山落得此等，萬發對簡姓

王禎和的「混語」寫作，植入了族群、種族、語言的接觸與衍異的歷史脈絡，展示臺灣歷經各種文化洗禮下的多元語境。

鹿港人並無什麼火爆的抗議，乃至革命發起」等，即藉此不符文法的自鑄文句，營造一種怪誕、荒謬、悲涼又好笑的語調及意境。

他的語言風格，從初期〈來春姨悲秋〉等作，大致還殘留著中文典雅音韻，及至〈嫁妝一牛車〉則以本土方言和另創音譯為主，《美人圖》時期已見混雜語詞形式，到了《玫瑰玫瑰我愛你》，則堪稱集多元聲腔之大成。例如：「好嘉哉（幸好），飲你那一杯人參，不然我真會給那老師舞死！……鐵尼斯（日音：網球）不去打？」「他捏捏肥腮，快樂地舒一口氣，這才又聽到三輪車夫『黃禍』之言！……實在啊！絕對唔是蓋的！」「惲頌主興奮地叫起來。『哇！』（到一九八二，他就開始以「哇噻、哇噻」代替「哇、哇」了）」。凡此穿織大量的臺灣口語、音譯與洋涇濱語的混合形式，使全篇小說呈現出眾聲喧嘩而生動活潑的在地語境，而夾雜括弧與註解的新穎格式，也突顯歷時性語用與語義的延異現象。

在接受丘彥明採訪時，王禎和針對混語實驗，也有清楚的闡述：「自大徹大悟啟用『黑白來』觀點後，我就覺得很自由，可把『中外古今』（案指：文章中臺語、日語、以前的語言和現代語言），都夾雜一起做個對照，看看是不是比傳統的方法更能達到荒謬的喜劇效果。」王禎和的「混語」寫作，植入族群、種族、語言的接觸與衍異的歷史脈絡，藉此展示臺灣歷經日本殖民、中國語文、臺灣方言、日常口語、美國文化洗禮下的多元語境。聲腔、語感、語序，以及重新組合後的語言型態和文學風格，不僅構築小說所關注的底層階級的語言特色，文體腔調背後更引導出在地風土、人物樣貌、社會感覺結構的文化語境。這正是王禎和所造就豐富的「臺灣在地語言檔案」！

王禎和與張愛玲

在《嫁妝一牛車．後記》中，王禎和提及「剛讀了張愛玲的《怨女》及Henry James的小說對於張愛玲的『意識流』的處理，及Henry James的句法及小說觀點，感到很濃厚的興趣。」這是一則有關王禎和創作的重要線索。

自六〇年代以降，席捲海峽兩岸三地的張愛玲熱潮，不僅見證文學跨域傳播的效應，也開啟文學創作的傳承與重構的話題。千迴萬轉的張愛玲現象，議論之多，影響之廣，也同樣在臺灣發酵。小說故事背景全然無涉臺灣，只來過一趟臺灣的張愛玲，與臺灣的淵源並不深厚。若要追究「在臺灣遇見張愛玲」的文壇大事，值得載記的就是張愛玲與王禎和的特殊文學因緣。據白先勇追憶那次的文學盛會，原是張愛玲赴港商談電影劇本，順道訪臺，透過美新處處長麥卡錫引介，而與《現代文學》一批年輕作家白先勇、王文興、陳若曦、歐陽子、王禎和，以及殷張蘭熙等人的餐會。宴席間張愛玲對於王禎和作品中的花蓮背景，頗感興趣，因此其後展開的花蓮旅遊，即交由王禎和作陪與導覽！

王禎和有兩篇作品曾蒙張愛玲直接評點。張愛玲表示很喜歡〈鬼．北風．人〉此作，惟獨對文末用鬼魂結尾的場面，則率直表明既是寫實之作，用超自然的物件作結，並不妥當。後來作品出版時，王禎和即刪去鬼魂情節，但在另一版次，卻又恢復了原貌。

〈永遠不再〉這一篇，張愛玲則點撥出意識流手法主要處理日常生活及大家所熟悉的背景，並不適用於描寫山地生活的特殊背景。（資料參見丘彥明訪談稿：〈張愛玲在臺灣〉）

王禎和與張愛玲的這一段文學因緣，究竟對王禎和產生了多少創作上的影響？在張派譜系中王禎和踵事增華的作品又有那些？在高全之〈張愛玲與王禎和〉一文，總結張對王的可能影響層面，大致計有「人性的觀點」、「文字的講究」、「文學的理念」，以及「隱私的維護」等。張愛玲與王禎和在臺灣的邂逅，是一則美麗的文學傳奇，至於張、王二人的相知與相惜，則猶是餘事！

（陳惠齡）◆

▶王禎和曾經提及對張愛玲的「意識流」處理，及 Henry James 的句法、小說觀點，有很濃厚的興趣。

6 元曲三首

之一．不伏老 節選

凡是讀過關漢卿這支散套的讀者，都會發現到，現代詩歌中常有的直白率性、鮮明意象，以及違背習慣的靈活表達與戲劇化的生活態度，早在七百多年前，就已被這位雜劇宗師玩得滾瓜爛熟了！但是他的成就遠遠不止於此，更有包括《竇娥冤》在內的許多經典鉅著，讓我們看到：即使在文學被下放、文人流離失所的年代，偉大的創作者仍然可以在艱困的處境中淬鍊旺盛的創作力。

壹．作者與出處

關漢卿，號已齋叟，又號一齋，大都（今北京）人。一代雜劇大家，生卒年不詳，事蹟不可考。一生以戲曲為志業，沒有名諱，以字「漢卿」聞名後世。元代邾經為《青樓集》所作序文，將關漢卿

和白樸（一二二六～約一三〇六）並列為金朝遺民，描述他們「不屑仕進，嘲風弄月，留連光景。」元代鍾嗣成《錄鬼簿》將關漢卿列為「前輩已死名公才人」之中的第一位；明初朱權《太和正音譜》視其「初為雜劇之始」，可知他是元雜劇時代最早的作家。

再看關漢卿散曲有〈大德歌〉十首，最後一首有「吹一個，彈一個，唱新行大德歌」，所謂「新行大德歌」，指新流行的樂曲。推斷關漢卿生於金朝末年（金朝亡於西元一二三四年），直到元成宗大德年間（一二九七～一三〇七），大約有六、七十歲了。元代周德清《中原音韻》自序寫於元泰定甲子年（一三二四），提及元曲四大家關漢卿、鄭光祖、白樸、馬致遠，「諸公已矣，後學莫及」，可知在此之前，關漢卿已經作古。

以創作數量而言，關漢卿的雜劇居元人之冠冕，確定的作品共有六十四本，約占全數元雜劇的十分之一，堪稱是卓越絕倫的多產作家。可惜目前全存的只有《竇娥冤》、《救風塵》、《蝴蝶夢》、《單刀會》等十四本。不論任何題材和人物，劇本所描繪的人情世態，都寫得逼真生動、各盡其致。周德清推為「元曲四大家」之首，肯定關漢卿冠冕群倫的戲曲成就。王國維更從曲文風格評論關漢卿：「一空倚傍，自鑄偉詞；而其言曲盡人情，字字本色，故當為元人第一。」

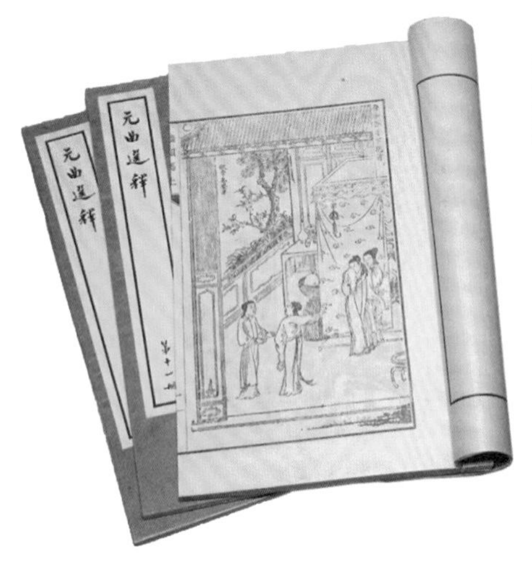

關漢卿畢生致力於創作雜劇，散曲則是餘力。其小令以活潑婉麗見長，散套則有豪爽淋漓之慨。相較之下，他的散曲數量並不多，內容大多是風花雪月或閨情別離之類，或寫離愁別恨、或寫景抒情、或記敘愛情，風格則時而悲歌慷慨、時而風流艷冶。不過其語言清新自然、通俗流暢、純任胸臆、不假雕飾，極能代表元曲特色。

〈不伏老〉散套由【南呂宮】的四支曲牌組成，本選文節錄最後一支【尾】聲，是依據隋樹森編輯的《全元散曲》。這首散套是關漢卿散曲的代表作，呈現出元曲特有狂放恣肆的風格。尤其【尾】聲靈動有致的句法，凸顯了元曲語調的騰挪變化、輕重疾徐的音樂流動，以及出神入化的語言造境，是關漢卿莽爽豪辣的經典之作。

貳・選文與注釋

（選文除正字以外，引號內是增句，括號內是增字，中括號內是夾白、帶白，沒有符號的是襯字。正字和增句是大字體，其餘都是小字體。）

【尾】[1]

「我是箇[2]蒸不爛、煮不熟、搥不匾[3]、炒不爆」響瑲瑲[4]一粒銅豌豆[5]，〔恁子弟每[6]〕「誰教你、鑽入他、鋤不斷、斫[7]不下、解不開、頓不脫[8]」慢騰騰[9]千層錦套頭[10]。「我翫的是

1 尾：即【尾聲】，此指散套〈不伏老〉的尾聲。北曲【南呂宮】尾聲的名目繁多，有時僅題一個「尾」字。不伏老即不肯承認年已老邁。伏：通「服」。

2 我是箇：這三個字是「襯字」，因此用小號字體呈現。如果曲牌之中，某一個句子的本格是七字，稱為「正字」。如有增添而作為陪襯的字，稱為「襯字」。

3 匾：同扁。

4 響瑲瑲：亦作「響鐺鐺」，形容敲打的聲音響亮。此處語意雙關，誇耀自己是個出類拔萃、很有骨氣的戲曲家。嚮：音ㄒㄧㄤˇ，通「響」，回聲。

5 銅豌豆：銅製的豌豆粒，代表圓溜堅硬的質性。

6 恁子弟每：你們這些年輕後輩的子弟們。恁：音ㄋㄧㄣˊ，你、您。每：們。這四個字是夾在曲文中的賓白，稱為「夾白」。

7 斫：用刀斧砍物，音ㄓㄨㄛˊ。

8 頓不脫：擺不脫、甩不開。

9 慢騰騰：軟綿綿。

10 錦套頭：套在馬、驢頸上華美的籠頭。比喻被美麗綿軟的圈套束縛，難以解脫。此句對比質地堅硬的「銅豌豆」。

梁園月[11]，飲的是東京酒[12]，賞的是洛陽花[13]，攀的是章臺柳[14]。我也會吟詩，會篆籀[15]；會彈絲[16]，會品竹[17]；我也會唱鷓鴣[18]，舞垂手[19]；會打圍[20]，會蹴踘[21]；會圍棋[22]，會雙陸[23]。你便是落了我牙，歪了我嘴，瘸[24]了我腿，折了我手，〔天賜與我〕這幾般兒歹症候[25]，尚兀自[26]不肯休。則除是閻王[27]親自喚，神鬼自來勾[28]，三魂歸地府[29]，七魄喪冥幽[30]。」〔天哪！[31]〕那其間[32]纔不向烟花路[33]兒上走！

11 梁園月：借指构欄中的月色。梁園，宋元時指稱宋代京城汴梁，即今河南開封。又可以指稱构欄，即宋元雜劇和各種伎藝演出的場所。

12 東京酒：借指名酒。東京：指洛陽。

13 洛陽花：借指名花。唐宋時洛陽牡丹最盛，故稱。

14 章臺柳：借指窈窕艷麗的伶人歌妓。章臺：漢代都城長安的街名，是娼妓聚居的地方。

15 篆籀：篆文和籀文，漢字的一種字體。此指會書寫各種古文字，音ㄓㄨㄢˋ ㄓㄡˋ。

16 彈絲：彈奏絃樂器。

17 品竹：吹奏簫笛等管樂器。

18 鷓鴣：即〈鷓鴣詞〉，唐代教坊曲名。此指會唱各種曲調。

19 垂手：舞樂名。有大垂手、小垂手，皆言舞而垂其手也。此指各種舞蹈。

20 打圍：打獵，因須多人合圍，故稱。

21 蹴踘：踢球遊戲。蹴：音ㄘㄨˋ，踢。踘：同「鞠」，一種實以柔物的皮球。

22 圍棋：一種棋藝，又稱為「弈」。棋盤上縱橫各有十九「道」，相互交錯成三百六十一個「位」。雙方用黑、白棋子互相圍攻，吃掉對方棋子，占據其位，占位多者為勝，故名「圍棋」。

23 雙陸：一種棋藝，賽盤上兩邊各置十二格，雙方各持十五枚黑或白色棒槌狀的馬子立於己邊，比賽時按擲骰子的點數行走，先走到對方區域者獲勝。

24 瘸：跛腿，音ㄑㄩㄝˊ。

25 歹症候：壞毛病，指上述各種技藝的嗜好，這是故作反語。

26 尚兀自：尚且、還是。

27 閻王：佛教稱掌管地獄的神，又稱「閻羅王」。

28 勾：勾取魂魄。

29 三魂歸地府：道教認為人身上有三魂，名為「胎光、爽靈、幽精。」魂屬陽，會上升飄浮，因此死後會被鬼差捉入地府。地府：專管鬼魂死人的世界。

30 七魄喪冥幽：道教認為人身上有七魄，名為「屍狗、伏矢、雀陰、吞賊、非毒、除穢、臭肺。」魄屬陰，因為混濁，故而下沉，死後沉入幽冥，隨著屍首埋入墓塋。根據道教的說法，人死之後，三魂和七魄就分離了。

31 天哪：這兩個字附著於曲文，帶有語氣詞的性質，稱為「帶白」。

32 那其間：那時候。

33 烟花路：借指瓦肆構欄，宋元雜劇和各種伎藝演出的場所。煙花：泛指綺麗的春景，如李白詩句「煙花三月下揚州。」

參・可以這樣讀

認識元曲的小令、散套與雜劇

元曲發祥地在中州（今河南開封、洛陽、鄭州一帶），又稱北曲，有散曲和劇曲之分；散曲又分小令和散套。小令的曲牌大多在二十至五十字之間，是精緻短小的歌曲。散套則是將同一「宮調」之中管色相同的「曲牌」*聯綴在一起。開頭有固定的首曲，後面有尾聲，就可成為一套，首尾同韻*。最常見的散套是一首一尾之外，中間依據音樂節奏高低快慢的次序，填寫兩三支曲牌。如果是長套，可填寫七、八支，是長篇歌詠、鏗鏘曼妙的樂章。

散套又可與「賓白」組合，擴大寫成劇本，其體製形式是說說唱唱，稱為「講唱文學」。講的部份用散文，唱的部份用韻文，形成韻文和散文交相使用的結構，用來推展故事情節，在元代稱為「雜劇」，在明清稱為「傳奇」（不同於唐代的「傳奇」小說）。總之，散曲只能清唱，劇曲則可搬演。譬如關漢卿的〈不伏老〉是散套，馬致遠的【天淨沙】是小令，白樸的《梧桐雨》是雜劇。透過不同的體製形式，得以開啟鑑賞元曲之美的文學視窗。

元曲每一支曲牌都有規定的格式。例如本格必備的字數，稱為「正字」。本格正字以外，在句首或句中音步停頓之處添加若干字，取襯托、陪襯的意思，作為轉折、連續、形容、輔佐之用，所以稱為「襯字」。襯字大多是虛字或意義份量較輕的字，可使語境如行雲流水，曲意更為流利活潑。此外，北曲格式

*「宮調」和「曲牌」是南北曲的音樂術語。宮調是限定樂器管色的高低，相當於西樂的C調、D調、F調等。歷代稱「宮、商、角、變徵、徵、羽、變宮」為七聲，其中任何一聲為主均可構成一種調式。凡以宮為主的調式稱為「宮」，以其他各聲為主的稱為「調」，統稱「宮調」。樂器以十二律（六律和六呂）為之寬長，因此以七聲配十二律，理論上可得十二宮、七十二調，合稱八十四宮調。不過，實際音樂中並不全用，元代北曲只有六宮十一調，其中三種有目無詞，自來存而不論，另外兩種僅見於宋金時代的《劉知遠諸宮調》、董解元《西廂記諸宮調》等。明清南曲只有五宮八調，通稱「十三調」，而最常用者不過五宮四調，通稱「九宮」。宮調各有專稱，例如【南呂】、【越調】、【正宮】等，表示這一套使用調子的高低。至於「曲牌」即是曲調的名稱，分屬某宮、某調。每個宮調統攝若干曲牌，例如【南呂宮】共有二十一支曲牌，【一枝花】是其中之一。

又可以「增字」，如三字句增為五字句，六字句增為七字句*。增字大多是三字，偶有增加四、五字；後來逐漸累積，就成為「增句」。另外還有一種夾在曲文之中的賓白，稱為「夾白」；如果帶有語氣詞的性質，稱為「帶白」。

以〈不伏老〉為例，【一枝花】的「（攀）出牆朵朵花，（折）臨路枝枝柳」，其中「攀、折」是增字。又如【尾】聲的「我是箇蒸不爛、煮不熟、搥不匾、炒不爆響璫璫一粒銅豌豆」，其中「我是箇」、「璫」是襯字；「蒸不爛、煮不熟、搥不匾、炒不爆」是增句；「天賜與我這幾般兒歹症候」，其中「天賜與我」是夾白；「天哪！那其間纔不向烟花路兒上走！」前兩個字「天哪」是帶白。閱讀元曲必須先掌握各種格式的伸縮變化，方能朗誦，掌握曲意。

元代「書會、才人」對元曲藝術的推進

十三世紀初，蒙古人崛起，元太宗滅金取得中原，一二七九年元世祖滅宋，入主中土，這是漢民族第一次遭遇到亡國之痛。在異族鐵蹄下，百姓被劃分成「蒙古、色目、漢人、南人」四個等級。其中，原在北方金人統治下的「漢人」，和淪為南宋遺民的「南人」，無法獲得公平待遇。漢人文士不僅受到種族歧視，更因蒙古滅金後隨即廢置科舉長達七十八年，致使儒生干祿無階，入仕無路。沉鬱下僚的書生，在失去入仕途徑之餘，遂轉向散曲雜劇的創作。他們組織「書會」，自稱「才人」，或編撰，或改編劇本，或創作各種曲藝的通俗文學，將滿腔抑鬱憤悶轉化為傳誦至今的文字樂音。

＊元代周德清《中原音韻》歸納元曲的押韻，分為十九個韻部，各有專稱，例如尤侯韻、家麻韻、蕭豪韻等。元曲規定小令和散套都必須同押一個韻部；元雜劇分四折，每一折押韻必須首尾同韻，但四折必須用四個不同的韻部。

＊以七字句為例，若讀作二、二、三，襯字可增添在首句之前，或二、二之間，或二、三之間。例如關漢卿《竇娥冤》楔子【仙呂宮．賞花時】：「因此上割捨得親兒在兩處分」，正字是「割捨親兒兩處分」，而「因此上、得、在」都是襯字。

元代的大都和杭州，是南北兩大商業城，商旅往來，絡繹不絕，經濟繁榮，娛樂場所如雨後春筍。當時主要的娛樂場所，有書場：是說唱文學演述故事的場所；有构欄：是宋元雜劇和各種伎藝演出的地方；有青樓：是樂戶歌妓的住處。隨之而起的，也出現了擅長表演雜劇曲藝和歌舞百戲的藝人，稱為「倡優」。其中构欄尤其繁盛，處處可見雜劇曲藝之盛行。這些娛樂場所成為書會才人流連忘返的地方，而與倡優互動，也成為生活的樣貌之一。

關漢卿的〈不伏老〉散套，正是在如此政治、社會和文化背景下的作品，能夠窺見時代精神與士人處境。題目〈不伏老〉，意謂不肯承認年已老邁。作者運用第一人稱「我」的敘事觀點，頗有書寫自我形象的意味。【南呂宮】散套的本格只有【一枝花】、【梁州第七】、【尾聲】三曲，為了強化「人老心不老」的主題，在【尾聲】之前聯入【隔尾】，這是典型的短套，全曲押尤侯韻（韻腳都以ㄡ音收尾）。

〈不伏老〉永不謝幕的戲曲文學煙花

本選文雖僅摘取【尾聲】，實則該散套一氣呵成，不伏老的主題，如同針線縫衣，非常縝密。首曲【一枝花】概括一個風流浪子攀花折柳的生涯。開篇起唱「（攀）出牆朵朵花，（折）臨路枝枝柳」，一般多將「出牆花、臨路柳」解釋為風月場中陪笑賣身的妓女，曲中人儼然堂而皇之地標榜：「我是一個在秦樓楚館尋花問柳的嫖客。」若是這樣解讀，則將流於膚淺表相，而難以掌握

山西洪洞縣廣勝寺明應王殿內的元代雜劇壁畫。

深層的主題意義。作者這樣描寫，應該別有寓意。

【梁州第七】逐漸進入題旨。曲中人雖然自居「普天下郎君領袖，蓋世界浪子班頭」，卻轉筆帶出「願朱顏不改常依舊」的期望，積極擺脫「甚閑愁到我心頭」的困境。但生命既已日薄西山，又怎會是閒愁呢？這矛盾的語法，反襯出曲中人內心潛藏的焦慮；繼而更鋪敘出「花中消遣，酒內忘憂」的各種消憂解悶方式：或陶醉於各種游藝的樂園，或沉浸於曲藝音樂的天地，在銀臺前與調弄銀箏的藝妓相伴，或與天仙美女肩並肩同登瓊樓玉宇，或與歌妓手捧美酒聽唱〈金縷衣〉。試想：為何不唱亡國之音的〈後庭花〉？為何不唱臨別依依的〈陽關曲〉？這是刻意繫聯唐詩絕句〈金縷衣〉：「勸君莫惜金縷衣，勸君惜取少年時。花開堪折直須折，莫待無花空折枝。」暗暗扣合少年不再的感慨。再試想：如果只是一味耽溺在青樓妓院追歡買笑，焉能不伏老？可知「花、柳」都不是指賣色賣身的妓女，而是指瓦肆构欄中擅於表演雜劇或彈唱技藝的女伶。

散套布局到【隔尾】，又另闢「答客問」的技巧。「我」固然不伏老，但「你們」就是直指我老了，理當畫下休止符了。於是承接前曲「你道我老也，暫休」，展開「你們」和「我」的較勁。作者將「你們」這些初出茅廬的年輕後輩，比喻為剛從茅草崗、沙土窩中生下來的「兔羔兒」，乍然到獵場上，一副生疏笨拙的模樣；而將「我」比喻為身經百戰的「老野雞」，可以在打獵圍場的陣馬當中，熟練地奔走踩踏。

這隻羽毛發黑的老野雞「經籠罩、受索網」，也遭遇過「窩弓冷箭蠟鎗頭」，雖然歷經籠牢禁錮、繩網綑綁、暗箭中傷、鎗頭刺擊等，但至今「不曾落人後」。曲文至此，從「比喻興寄」的技巧轉為直抒胸臆的筆法，正式破題：「恰不道人到中年萬事休，我怎肯虛度了春秋？」常言道人到中年，萬事皆興味索然，但「我」豈肯蹉跎中年之後的歲月？這是從疑問句法折射出「老驥伏櫪，志在千里」的萬丈豪情，緊緊扣住不伏老的針線。

作者蓄積「我」這隻「老野雞」歷經九死一生的韌度，乃能在最後的【尾聲】，再度掀起不伏老的恣縱狂放。這首曲文的正字只有這三句：「響璫一粒銅豌豆，慢騰千層錦套頭，不向烟花路上走。」關漢卿卻運用增句、襯字、夾白等句法，尤其發揮【尾】聲格律可以增加三字句、四字句、五字句的特點，而且增句多少不拘，但必須雙數、講究對偶。於是將原本二十一字的語言長度，累增為兩百二十餘字的歌曲，使平板固定的曲調搖身一變，成為錚鏦錯落的樂章。

前曲「兔羔兒」與「老野雞」的較量，顯然意猶未盡，於是再以本選文中的「銅豌豆」與「錦套頭」對比。「蒸不爛、煮不熟、搥不匾、炒不爆」，非常形象化、白描化、寫實化、通俗化的修飾詞，卻生動活潑刻畫「銅豌豆」圓溜堅硬的特質。這是借物比喻自我，寄託飽經風霜、堅毅不屈的雙關語意，和上文「老野雞」的意象異曲同工。相對而言，「你們」卻置身在那些「鋤不斷、斫不下、解不開、頓不脫」華而不實的錦套頭，陷入身心不自由的困境。銅豌豆只有一粒，卻是擲地有聲；錦套頭雖有千層，卻是綿軟無力。

明仇英《人物故事圖冊》之〈竹院品古圖〉，北京故宮博物院藏。

兩個長長的增句，猶如狂瀾巨浪，氣勢磅礡。繼而大量用直書其事、寄言寫物的「賦」筆，鋪陳四組排比句式，鏗鏘有聲。第一組「我翫的是梁園月，飲的是東京酒，賞的是洛陽花，攀的是章臺柳」，成為四句的「聯璧對」，翫月、飲酒、賞花、攀柳，極盡人生「良辰、美景、賞心、樂事」四大美事。第二組排列五類十種技藝：「會吟詩，會篆籀；會彈絲，會品竹；唱鷓鴣，舞垂手」，是誇示詩文音樂才華橫溢；「會打圍，會蹴踘；會圍棋，會雙陸」，是炫耀各種技藝廣博精通。以上兩組分別照應【梁州第七】的「翫府遊州」和「分茶攧竹，打馬藏鬮，通五音六律滑熟」，猶如清泉瀑布，直洩而下，呈現「我」倜儻不拘、汪洋恣肆的生活剪影。

在淋漓暢達的自我宣傳之後，語境轉為驚駭人心。第三組「你便是落了我牙，歪了我嘴，瘸了我腿，折了我手」，不僅呈現「你、我」對立的態勢，並且都用語氣詞「了」為襯字，表示確定某種情況。意思是說即使你讓我已經顏面毀容、手足殘缺，我仍然不會停止老天賜給我各種技藝的天賦異稟。這是展現頑強不屈的意志，不僅呼應「銅豌豆」的本質，也深度演繹「不伏老」的主題。接續第四組「則除是閻王親自喚，神鬼自來勾，三魂歸地府，七魄喪冥幽」，變換為五字增句，強烈地宣示：除非閻王神鬼召喚活捉，讓我的三魂和七魄離散，分別進入地府幽冥，「那其間纔不向烟花路兒上走」。這是故作反語，其實是昂揚高唱「雖九死其猶未悔」的慷慨壯烈。恰似漢代樂府詩〈上邪〉的宣言：「山無陵，江水為竭；冬雷震震，夏雨雪；天地合，乃敢與君絕。」音樂休止符之

〈宋太祖蹴鞠圖〉(局部)，原作者為北宋蘇漢臣，元代錢選臨摹品，現藏上海博物館。

唐代雙陸棋盤，新疆維吾爾自治區吐魯番阿斯塔那出土，新疆維吾爾自治區博物館藏。

處，與其說是「不伏老」的精神，不如說是永遠不屈服、不妥協、不放棄的頑強堅韌。

至此，我們知道煙花路，不是徵招歌妓尋歡逐色的狎妓之路，而是一條「半生來折柳攀花，一世裏眠花臥柳」的戲曲之路，是通向瓦肆构欄的藝術之路。這裏有表演雜劇、曲藝的女伶，有永遠不會熄燈的戲曲創作和表演活動。對書會才人而言，這條戲曲文學的煙花路，綻放永不凋萎的春花，遍布永恆綺麗的春景。

肆・再做點補充

誠如元代熊夢祥《析津志》記載：「關一齋，字漢卿，燕人。生而倜儻，博學能文。滑稽多智，蘊藉風流，為一時之冠。」如果這首散套是關漢卿自我的寫照，可印證「博學能文，蘊藉風流」的品評。十八般武藝樣樣精通，多采多姿，展現無入而不自得的生活樣貌。明人臧晉叔《元曲選》自序提到：「關漢卿輩，爭挾長技自見，至躬踐排場，面傅粉墨，以為我家生活，偶倡優而不辭者，或西晉竹林諸賢託杯酒自放之意。」可知關漢卿等人，除了憑恃長才，展現創作劇本的能力，還可以編導排戲，甚至粉墨登場，即使與倡優為伍也不以為意，恰可與「眠花臥柳」的隱喻，遙遙呼應。

將關漢卿輩的風流放誕，比擬西晉「竹林七賢」借杯酒自我放逸，誠然有跡可循。元代法律規定：「諸亂制詞曲為譏議者，流。」凡是任意創作詞曲而譏議朝政者，流放到邊遠地區。又規定：「諸妄撰詞曲，誣人以犯上惡言者，

宋 雜劇人物圖。北京故宮博物院藏

處死。」凡是隨意撰寫詞曲，使用犯上的惡言誣衊他人者，處死。所謂「詞曲」包括散曲和雜劇，這樣不具體的禁令，就可多方羅織入罪。於是關漢卿唱起瓊宴醉歌，馬致遠唱起隱逸之歌，成為書會才人的避世之路。

明初賈仲明以【雙調．凌波仙】撰寫挽詞，讚許關漢卿是：「驅梨園領袖，總編修師首，捻雜劇班頭。」肯定他在梨園戲班、劇團編修和雜劇創作，都是獨占鰲頭。關漢卿不能自我吹捧，只能以「排場風月功名首」、「錦陣花營都帥頭」自居，稱道自己在歌臺舞榭冠冕群倫。這也是使用隱喻的技巧，將自己寫成是一個恣縱狂放的風流子弟。又自許是「浪子班頭」，因此用「銅豌豆」為喻。這是風月場所中老手的代名詞，關漢卿將它轉化為文學的隱喻，遠遠超越宋元時构欄中對於老狎客的隱語。「銅豌豆」成為【尾】聲的詩眼，而「蒸不爛、煮不熟、搥不匾、炒不爆」的銅豌豆，象徵不伏老的精神寫照，躍然在眼前的，更是錚錚鐵骨的傲然卓立。

再從另一個角度看，這首散套其實是運用編劇的手法，曲文中出現「你、我」的稱謂，就是代劇中人立言的「代言體」。散曲抒情、寫景、記敘、詠物，很少運用第一人稱，關漢卿卻直言不諱地將「我」放入曲文，流露出作者自我描寫的濃厚色彩。但如果從代言體的視角閱讀，曲文中的「我」，已經跨越作者關漢卿的「小我」，而是元代書會才人以編雜劇、撰詞曲為生命志業，那一股「雖千萬人吾往矣」的集體意識。

（李惠綿）◆

元曲三首之二・天淨沙　秋思

馬致遠的這首【天淨沙】，應該是元曲中最令人耳熟能詳，也是最優美的小令了！歷歷在目的景物，蕭瑟蒼茫的情境，濃得化不開的愁思，有如電影畫面一般，簡潔而深刻地表現出難以言喻的抑鬱情懷，讓後世讀者不由自主地投射各自悲涼的想像，也讓這二十八個字的〈秋思〉成為元代斯文鮮明的地標。

壹・作者與出處

馬致遠，大都（今北京）人。約生於元定宗后稱制（一二四九～一二五〇），約卒於元英宗至治年間（一三二一～一三二三）。元代鍾嗣成《錄鬼簿》將馬致遠與關漢卿、白仁甫（白樸）等，並列為「前輩已死名公才人」，可見他們同屬於元代初期的曲家。馬致遠散曲有「至治華夷，正堂堂大元朝世，應乾元九五龍飛」，宋元稱國家的疆域為「華夷」，而「乾元九五」指稱帝王，可知元英宗至治年間，

馬致遠尚在人世。元代周德清撰寫《中原音韻》自序時（一三二四），提及馬致遠已經作古，則其享年大約七十五歲。

馬致遠憂憤難遣、矛盾交織的一生，從現存散曲或可勾勒出三個階段。早年學習儒業，自云：「身潛詩禮且陶情」，可知其以「禮樂射御書數」六藝涵養自我。嘗自述「且念鯫生（謙詞，猶小生）自年幼，寫詩曾獻上龍樓」，此處「龍樓」指真金太子，他是元朝第一位皇帝元世祖忽必烈的嫡子，至元十年（一二七三）封為皇太子，至元二十二年（一二八五）去世。大約是這段時間，年約二十五歲到三十五歲的馬致遠曾獻詩給太子。散曲有「九重天，二十年，龍樓鳳閣都曾見」，可知馬致遠在京城大約度過了二十年歲月。

中年躋身官場，約莫在至元二十二年（一二八五）後，擔任江浙行省務官，官職今不可考，可能是掌稅收的小吏。曲云：「帶月行，披星走，孤館寒食故鄉秋」、「世事飽諳多，二十年漂泊生涯」，可視為馬致遠積極入世、奔走功名的實錄。元代「士之進身，皆由掾史」，掾史是掌理案卷或文書的官吏。儒生要入官，大多必須經過「入吏」的階段；即使由吏入官，亦難以攀登高官位階。身為漢族文人，處在種族歧視的時代，注定要被排除進身之途，曲云：「夜來西風裏，九天鵰鶚飛，困煞中原一布衣。悲！故人知未知？登樓意，恨無天上梯。」馬致遠感慨，縱有猛鵰銳鶚般展翅九重天的才華與志向，終究沒有登天的階梯，只能沉鬱下僚，志不得伸。

由於懷才不遇，馬致遠極感抑鬱，中晚年遂毅然辭官，有「自賽了兒婚女嫁，卻歸來林下」之語，道出了隱居的抉擇。歸隱田園後自述：「東籬半世蹉跎，竹裏遊亭，小宇婆娑。有箇池塘，醒時漁笛，醉後漁歌。」歷經半世虛度光陰之後，他終於找到竹掩涼亭、樹遮茅屋、一畝池塘的歸宿，過著「酒中仙、塵外客、林間友」的閒適生活。隱居之後，或因仰慕隱逸生活，取陶淵明「采菊東籬下，悠然見南山」詩句，自號為「東籬」。

元代詩人元淮在元世祖至元初，以軍功顯赫於閩中；又於至元二十四年（一二八七）任溧陽「路總管」（今江蘇常州的長官）。這段期間元淮曾創作《金囦集》（囦：音ㄩㄢ，同「淵」），集中有律詩〈弔昭君〉，係檃括馬致遠《漢宮秋》雜劇大意而成，其注云：「馬智遠詞」，判斷「智」為「致」之誤。據此可知至元年間（一二六四～一二九四），馬致遠在劇壇上已是「四方海內皆談羨，戰文場曲狀元，姓名香貫滿梨園」。

明初賈仲明【雙調．凌波仙】挽詞：「元貞書會李時中，馬致遠花李郎紅字公，四高賢合捻《黃粱夢》。東籬翁頭折冤，第二折商調相從，第三折大石調，第四折是正宮，都一般愁霧悲風。」可知元成宗元貞年間（一二九五～一二九七），馬致遠與李時中同是書會中的才人，而與教坊劉耍和的女婿花李郎、紅字李二共同編撰雜劇，誠然也是「偶倡優而不辭」。這段期間，馬致遠應該已經退隱了。

根據《錄鬼簿》和《太和正音譜》的著錄互校，馬致遠雜劇可考者有十三種，今存《漢宮秋》、《岳陽樓》、《薦福碑》、《黃粱夢》等七種。劇中，不止寄寓他個人的生命感慨，也反映出元代文人共同的困境。

在元代前期曲家之中，馬致遠的散曲留存最多，近人任中敏輯為《東籬樂府》。題材以嘆世、詠史、隱逸為主。風骨勁健、俊逸超拔，被視為豪放派的領袖。其實馬致遠作品不拘一格，亦有典雅清麗、閒適恬靜之作。明初朱權《太和正音譜》品評馬致遠「宜列群英之上」，可謂推崇備至。

馬致遠的〈秋思〉是元人小令中的經典，本選文依據隋樹森編輯的《全元散曲》。【天淨沙】共有二十八個正字，沒有一個襯字或增字，頗有詩詞小品的情韻。王國維《人間詞話》稱讚：「寥寥數語，深得唐人絕句妙境，有元一代詞家，皆不能辦此也。」

貳・選文與注釋

枯藤老樹昏鴉[1]，
小橋流水人家[2]。
古道[3]西風[4]瘦馬。
夕陽西下，斷腸[5]人在天涯。

1 昏鴉：暮鴉。烏鴉是黑色的，傍晚天色昏暗，看不清楚，故稱昏鴉。

2 人家：另有版本作「平沙」，指廣闊的沙原。如此只是呈現秋日原野中的一幅畫象，既不能映襯前後兩句的意象，也不能烘托「斷腸人在天涯」的孤寂，情韻顯得枯淡。

3 古道：古老的道路。

4 西風：秋風。

5 斷腸：形容內心極度悲哀。相傳在四川三峽，有人殺猿子，猿母悲啼而死，破其腹，腸皆斷裂。

參・可以這樣讀

傷春悲秋是詩詞曲常見的意象，羈旅懷鄉總會扣緊春秋的時序。開啟悲秋序曲的詩人，是戰國宋玉的〈九辯〉：「悲哉！秋之為氣也！蕭瑟兮草木搖落而變衰。」以萬物蕭條、草木零落的景象，烘托深秋時節的悲感，自後遂成為後世文人寄託感時不遇的母題。馬致遠的〈秋思〉，即是悲秋的極品。

【天淨沙】曲牌的格律共有五句，各句的字數是「六、六、六、四、六」，第五句押韻與否皆可。這首小令押家麻韻（韻腳都以ㄚ音收尾），句句押韻。前三句是對偶，稱為「鼎足對」。每一句並列三個意象，結構相同，各有畫龍點睛的形容詞作為修飾。第四句「夕陽西下」，統攝前三句九種富有意象的景物；最後烘托出柔腸寸斷、飄泊天涯的旅人。以景寫情，情景交融，言有盡而意無窮。

一首小令繫聯三種藝術思維

這是一幅深秋晚景圖，畫名是「枯藤老樹昏鴉」。作者構設秋思的主題，每句都有畫面，可謂「曲中有畫」。畫中之景有遠近、有前後、有上下、有高低，色彩鮮明。畫面的遠景是夕陽餘暉，有一條蜿蜒綿長的古道，彷彿接連滿天的晚霞。在崎嶇的古道上，有一個旅人的背影，騎著一匹瘦馬，朝向天邊的夕陽，踽踽獨行……。畫面近景的上方，是枯萎的藤蔓纏繞一棵老樹，老樹上棲息孤零零的烏鴉。畫面近景的下方有座獨木橋，小橋之下有一條銀白色的溪流，溪邊散落著幾戶人家，從窗櫺中折射出暈黃的燈光。暮色蒼冥中，雖搭配清澈明亮的「流水」和溫暖色系的「人家」與「夕陽」，但整幅畫呈現的主要是陰沉暗淡的冷色系列。作者運用遠近結合、空間映襯、冷暖交錯的繪畫筆法，布局構圖，集於尺幅之中。

這首小令可以是一幅靜態的圖畫，也可以設想是一齣動態的獨幕劇。大舞臺是「天涯」；背景是「夕陽」；以「枯藤」與「西風」交代深秋的時序；以「昏鴉」點出傍晚時分。主角是無名氏，姑且稱為「斷腸人」。沒有對話，沒有獨白，只有斷腸人用旁白的方式，悠悠緩緩地向觀眾介紹劇中的腳色。首先出場的是植物「枯藤、老樹」和動物「昏鴉」，形容詞「枯、老」是垂死、老邁的模樣；「昏」是暮氣沉沉的神態。觀眾也許期待斷腸人走到老樹下休息一會，或與樹上的烏鴉說幾句知心話。但他沉默，原來枯藤、老樹、昏鴉，都是斷腸人的投影。其次出場的是自然景物「小橋、流水」，以及有溫度的「人家」。觀眾也許期待斷腸人走到橋下，用溪水洗滌雙足的塵埃，感受古人「振衣千仞岡，濯足萬里流」的襟懷；然後前往人家借燈取暖。但他依然沉默，也許他心裏想著的，就像現代詩人鄭愁予所說的：「我達達的馬蹄是美麗的錯誤，我不是歸人，是個過客。」最後出場的是一匹疲憊瘦弱的馬，似乎有氣無力地說：「主人，上路吧！」於是，夕陽下，古道上，唯有這匹瘦馬與斷腸人相伴，迎著蕭瑟的秋風，僕僕風塵，繼續趕路……。這齣戲的劇名是「古道西風瘦馬」。

圖畫無聲，獨幕劇雖可用背景音樂搭配斷腸人的旁白，畢竟不能具體看到萬物的動態與聲音，那麼何妨拍成一部微電影，運用聲光科技拍攝所有的意象。首先是藤蔓緩慢地攀爬，纏繞在蒼翠茂盛的大樹。藤蔓和樹葉的顏色逐漸由綠轉黃，代表時序的更迭；繼而落葉紛紛，倏忽之間變成一棵殘枝敗葉的老樹。暮色蒼茫中，一群聒噪的烏鴉飛來，後面有一隻欲振乏力而悄然無聲的老烏鴉，終於也棲息在老樹上。然後鏡頭拍攝獨木橫臥的小橋，橋下一彎小溪潺潺的水聲；再運鏡拍攝溪邊的人家，屋內有閃爍的燈影，偶有人語笑聲，屋頂上還有裊裊炊煙。最後鏡頭轉到漫漫荒涼的古道上，彷彿穿越古今的時光隧道，一個羈旅行客騎著一匹瘦馬，任由秋風吹拂他的長衫衣襟，聽著馬兒淒切幽咽的嘶叫，走向落日餘霞、無邊無際的天空。這部微電影的片名是「斷腸人在天涯」。

馬致遠的〈秋思〉，不直接敘述時序之感、悲涼之思，離鄉之悲、懷鄉之切，而是排比具體的實物和景觀。所見的景物大多具有衰颯、凋零、孤寂、死亡的意象，藉以烘托羈旅之苦和悲秋之思，堪為描寫秋思的絕唱。因此周德清《中原音韻》列為元曲小令「定格」的典範，評為「秋思之祖」，意謂秋思之冠冕也。當這首小令分別運用繪畫、戲劇、電影的手法詮釋時，足以見證古典的元曲，延續到當代，傳承至未來，文學藝術永恆不朽。

從樂府到詞曲的「音樂文學史」演變

抒情文學「詩、詞、曲」講究平仄和押韻，從韻文學的發展史來看，漢樂府、宋詞、元散曲，都可被（音ㄆㄧ，配入）之管絃歌唱，也都是參差不齊的長短句；不同於近體詩的絕句、律詩、排律，以整齊的五、七言形式為主。以音樂文學史的脈絡貫串，元散曲一方面汲取了漢樂府的藝術風格；另方面改變了宋詞的體製形式，從而體現詞體和曲體在內容、情韻、風格上的差異。

漢樂府先是採集民間歌謠入樂，其後以文人詩頌入樂。由於大多「感於哀樂，緣事而發」，因此具有「敘事」的本質，直抒胸臆，語言質樸自然。作為民間文學的元散曲，也是滿心而發、肆口而成，使用許多宋元的方言俚語，而以通俗本色為其特長。

漢樂府形式自由，字數、句數不限；詞和曲由於先有樂曲，後有曲詞，必須有固定的格式，而所有的詞牌和曲牌就是樂譜。不過，詞的句法字數固定，不可任意增句添字；曲的格式則變化多端，可有襯字、增字、增句等，更為自由靈活。可以說，散曲是元人的新詩，是宋詞的變體。宋人淺斟低酌唱宋詞，元人酒筵歌席唱散曲。

詞和曲因文體不同，內容與情韻各有其致。詞偏多抒情寫景，較少記事說理，素以委婉深致、綢繆婉轉為特質。元散曲則機趣橫生、明暢易曉，可以自由發揮各式內容，不論寫景狀物或描寫人生百態，皆能酣暢淋漓。就風格而言，

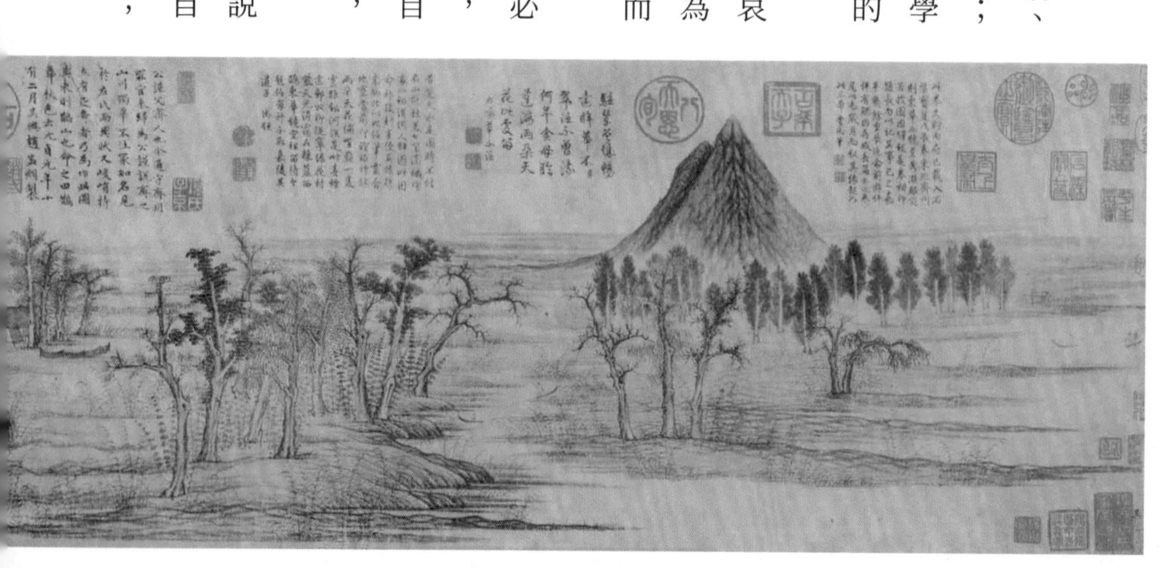

詞猶如翩翩女子，婉約而韶秀；元散曲猶如五陵少年，輕俊而疏放。正因為元散曲的放縱不拘，難免有頹廢、荒唐、鄙陋、纖佻之病。然而，馬致遠【天淨沙】毫無元曲之弊，其妙處是「言在耳目之內，情寄八荒之表」，可謂感慨深邃，足以彰顯雄偉宏闊的氣象。印證馬致遠不僅大幅提昇散曲的地位，使元曲成為繼唐詩與宋詞之後另一種重要的韻文體式；同時擴大散曲的範疇、開拓散曲的境界，在音樂文學史上的地位舉足輕重。

肆．再做點補充

音節牽動意義的解讀

詩、詞、曲同屬韻文學，雖然有各自的體製格律，卻有一個重要的共同點，就是曾永義院士提出的：「韻文學的句子中同時含有『意義形式』和『音節形式』。意義形式是句中意象語和情趣語的組合，意象語為具象的名詞及其抽象的修飾語，而含在意象語中的情韻就是情趣語。音節形式是句中音步停頓的方式。」例如五言詩的音節形式為二、三；七言詩的音節形式為四、三。通常意義形式和音節形式的配搭大多兩相疊合，有時則有分歧。且看唐代王翰〈涼州詞〉：「葡萄美酒夜光杯，欲飲琵琶馬上催。醉臥沙場君莫笑，古來征戰幾人回。」第一、三、四句的意義形式與音節形式相合，都是四、三的句式。第二句的「琵琶、馬上」是意象語，「欲飲、催」是情趣語。這句的意義形式必須

〈鵲華秋色圖〉是元代書畫家趙孟頫的作品。現收藏於國立故宮博物院。

斷句二、五，亦即「欲飲，琵琶馬上催」；如果以四、三的音步停頓，就會變成「正要暢飲琵琶樂器」的意思，這就是以音節形式誤為意義形式，導致曲解詩句的意義。

曲的句式長短參差，從一個字到七個字都有，音節形式隨之有多元的變化。例如關漢卿〈不伏老〉【梁州第七】：「銀箏女銀臺前」和「玉天仙攜玉手」，音律形式為三、三，意義形式必須疊合。此外，【一枝花】最後兩句的格律必用三、四的句式，因此〈不伏老〉寫道：「半生來折柳攀花，一世裏眠花臥柳」，這也是音節形式牽動意義形式的組合。

【天淨沙】每句的字數恰巧都是雙數，便於運用兩個字為詞組的排比句法，搭配二、二、二的音節形式。換言之，前四句音節形式和意義形式正好相合。唯有最後一句，若讀作「斷腸人，在天涯」，就會因意義形式而泯沒音節形式。對照白樸【天淨沙】：「孤村落日殘霞，輕煙老樹寒鴉，一點飛鴻影下。青山綠水，白草紅葉黃花。」可知末句的音節形式必須讀作「白草，紅葉，黃花」。因此馬致遠最後這句，音節形式必須讀作「斷腸，人在，天涯」。至於意義的賞析，則可自由心證。以攝影運鏡比喻，若讀作「斷腸，人在天涯」，鏡頭是聚焦在內心極度悲哀的身影。若讀作「斷腸人在，天涯」，鏡頭是聚焦在廣漠無邊的天涯。若讀作「斷腸人，在天涯」，兩者在畫幅上大約是均等的比例。可見不同的意義形式，聲情旋律及其強調的意境自有不同。多重視角的閱讀，更彰顯「斷腸人在天涯」所觸發的豐盈意象。

節奏屈伸變化的韻文學

就音節形式而言，韻文學的句子可依據下半段音節字數的奇數或雙數，分為單、雙二式。例如六字句作二、二、二，即為平緩和順、從容不迫的雙式音節；作三、三，即為雄壯敏捷、剛健激昂的單式音節。單雙句式的配合，是詞曲以音步停頓之長短快慢而彰顯語言旋律抑揚頓挫的要素。一曲之中，若純用單式音節，節奏將顯得流利快速。若純用雙式音節，節奏將顯得平穩舒徐。單雙式配合均勻，則節奏屈伸變化，韻致諧美。馬致遠【天淨沙】純用雙式音節，平仄配合穩諧，非常貼切羈旅行客悠悠茫茫的滄桑。從這個角度閱讀，如果音節形式讀為「斷腸人，在天涯」，是將曲牌規定的雙式音節變成單式音節，這就違背了單式、雙式不可通融假借的原則。再者，前四句平穩舒徐的樂音，若乍然翻轉為波動激切的聲情，則頓失收煞處餘音嫋嫋的情韻。由此可知，掌握準確的意義形式和音節形式，方能欣賞韻文學的意境美和音樂美。

（李惠綿）◆

元曲三首之三・梧桐雨・第四折 節選

元曲四大家之一的白樸，完整保存下來的雜劇不多，其中沉雄悲壯的《梧桐雨》被王國維推崇為「元曲冠冕」。本文節選自第四折的「秋雨梧桐」，是其中最為抒情、最為纏綿悱惻的一段。描述唐玄宗由於思念楊貴妃，夢見她邀約至長生殿，最後夢醒，淚灑龍袍。劇中文字優美、刻劃生動、情感真切，蕩氣迴腸。透過白樸《梧桐雨》，我們能進一步領略元代雜劇藝術的精髓。

壹・作者與出處

白樸，原名白恆，字仁甫，生於金哀宗正大三年（一二二六），約卒於成宗大德十年（一三〇六）以後，享年約八十歲。號稱「元曲四大家」之一，元代《錄鬼簿》的著錄卻只有一行：「白仁甫，文舉之子。名樸，真定人，號蘭谷先生。」姑且用這一行文字，勾勒白樸的生平事略。

白樸祖籍隩州（今山西河曲），生於金朝南京（今河南開封）。父親白華，字文舉，號寓齋，貞祐三年（一二一五）進士，仕金貴顯，為樞密院判官（《金史》有傳），擅長作詩。白樸身處金元改朝、家國動盪的時代。七、八歲時，蒙古軍攻打汴京（今河南開封），其父建議移地就兵，並隨著金哀宗出奔河北。在戰亂中，白樸與母親失散，從此不吃葷食；人問原因，他說等見到母親後，才願意恢復葷食。後來改名白樸、改字太素，或以此故。

八歲即遭遇父離母失的白樸，當時只好跟隨有通家之好的元好問，流寓於聊城、冠州（今山東）一帶。元好問是金元之際的文壇盟主，視之如子、愛護有加，他受到元好問很深的文學薰陶。十一歲時，其父北歸，他才隨父遷移真定（今河北正定），家居讀書，專習律賦。元朝一統隔年（一二八〇），徙居建康（今南京），五十五歲的白樸定居江南後，放情山水，優游詩酒。八十一歲（一三〇六）曾到揚州，此後事跡無可考，卒年不詳。

元朝雖然科舉廢置，但是有門路、有聲望的人，可憑藉援引推薦。元世祖中統二年（一二六一），中書右丞相史天澤仰慕白樸才學，曾向朝廷薦舉，但三十五歲的白樸再三辭謝，終身不仕，正如其〈漁父詞〉：「傲殺人間萬戶侯」的寫照。他自號蘭谷，後人以「如谷之虛，如蘭之馨」稱讚，其來有自。

自幼遭遇失母之悲與亡國之變的白樸，身經離亂而鬱鬱不樂，詞、曲作品滿懷山川變色之嘆。除詞集《天籟集》、散曲，另有雜劇十六種，可惜完整保存的僅有《梧桐雨》和《牆頭馬上》。王國維《人間詞話》對沉雄悲壯的《梧桐雨》，推崇為「元曲冠冕」。

元雜劇可以在舞臺搬演，演出前會有劇目廣告，同時作為散場時的宣告，相當於繳題目，稱為「題目正名」。這四個字合為一詞，放在劇本的最後，如同詩歌體，或二句，或四句，字數相同，大多對偶。通常取最後一句作為總題，如「唐明皇秋夜梧桐雨」，這是三、二、三的句式；再取最後三字「梧桐雨」作為簡題，就是這齣戲的劇名。元雜劇不是純粹的話劇或歌劇，而是說說唱唱的表演形式。

元雜劇的結構只有四折，有時另外加上「楔子」。楔子放在第一折之前，稱為「開場楔子」，相當於序幕，用來導引劇情。放在折與折之間，稱為「過場楔子」，用來聯絡貫穿或補充劇情。楔子大半只由以一、二支曲牌組成。

另外，元雜劇的演唱方式也很特殊，除了楔子外，只能由一種腳色獨唱，由男主角正末獨唱的是「末本」，由女主角正旦獨唱的是「旦本」。《梧桐雨》是末本，係以唐玄宗、楊貴妃的離合為題材。本選文節錄第四折，是依據明代臧懋循編訂的《元曲選》。為呈現元雜劇體製「曲詞、賓白、科範（身段、動作）」三者兼備的特色，從

最後一折唐玄宗入睡開始，夢到楊貴妃，直到最後驚魂破夢、淚染龍袍。整整一夜，窗外蕭蕭的秋雨和寢宮內輾轉反側的唐玄宗，共同對著一樹梧桐，直到天色破曉。這一折，白樸以「梧桐」作為詩眼，從不同角度描繪雨打梧桐的聲音，典雅華美、雄健渾厚、感情深沉、文采粲然，直是一篇意象豐盈的「秋雨賦」。

貳．選文與注釋

〔做睡科[1]，唱〕

【倘秀才】悶打頦[2]和衣臥倒，軟兀剌[3]方纔睡著。〔旦[4]上，云〕妾身貴妃[5]是也。今日殿中設宴，宮娥，請主上赴席咱。〔正末[6]唱〕忽見青衣[7]走來報，道太真妃[8]，將寡人邀，宴樂。〔正末見旦科，云〕妃子，你在那裏來？〔旦云〕今日長生殿[9]排宴，請主上赴席。〔正末云〕分付梨園子弟[10]齊備着。〔旦下〕〔正末做驚醒科，云〕呀！原來是一夢。分明夢見妃子，卻又不見了。〔唱〕

【雙鴛鴦】（斜嚲）翠鸞翹[11]，渾一似[12]出浴的舊風標[13]，映着雲屏[14]一半兒嬌。好夢將成還驚覺，半襟情淚濕鮫綃[15]。

1 科：元雜劇中人物的身段、動作、表情或舞臺效果。

2 悶打頦：悶悶地。頦：音ㄏㄞˊ。

3 軟兀剌：無力、乏勁。兀剌：語助詞，無義。

4 旦：元雜劇腳色，此劇扮演楊貴妃。

5 貴妃：女官名，僅次於皇后。

6 正末：元雜劇腳色，此劇扮演唐玄宗。

7 青衣：青色或黑色的衣服。漢以後，多為地位低下者所穿。此指宮女。

8 太真妃：指楊貴妃（七一九～七五六），曉音律，善歌舞。天寶年間深得玄宗寵幸。

9 長生殿：唐代宮中的寢殿。

10 梨園子弟：唐玄宗時梨園宮廷歌舞藝人的統稱，亦稱「梨園弟子」。

11 斜嚲翠鸞翹：狀似翠鳥尾上的長羽飾物，偏斜地插在髮髻上。斜嚲：偏斜。嚲：音ㄉㄨㄛˇ，同「嚲」。翠鸞翹：即「翠翹」。翹：音ㄑㄧㄠˊ。

12 渾一似：完全像。

13 風標：絕美的姿容神態。

14 雲屏：用雲母裝飾的屏風。

15 鮫綃：指薄絹、絲綢的衣服，音ㄐㄧㄠ ㄒㄧㄠ。

【蠻姑兒】懊惱，窨約[16]。「驚我來的又不是樓頭過雁，砌下寒蛩[17]，簷前玉馬[18]，架上金雞[19]。」是兀那[20]窗兒外梧桐[21]上雨瀟瀟，一聲聲灑殘葉，一點點滴寒梢，會把愁人定虐[22]。

【滾繡球】〔這雨呵！〕又不是救旱苗，潤枯草，灑開花蕚，誰望道秋雨如膏[23]。向青翠條，碧玉梢，碎聲兒必剝[24]，增百十倍歇和芭蕉[25]。子管裏[26]珠連玉散飄千顆，平白地瀽甕番盆下一宵[27]，惹的人心焦。

【叨叨令】〔一會價[28]緊呵！〕似玉盤中萬顆珍珠落；〔一會價響呵！〕似玳筵[29]前幾簇[30]笙歌鬧；〔一會價清呵！〕似翠岩頭一派寒泉瀑[31]；〔一會價猛呵！〕似繡旗下數面征鼙操[32]。兀的不惱殺人也麼哥！兀的不惱殺人也麼哥！則被他諸般兒雨聲相聒噪。

16 窨約：心中思忖。窨：音ㄧㄣˋ，暗地裡。

17 寒蛩：蟋蟀。蛩：音ㄑㄩㄥˊ。

18 玉馬：屋檐頭懸掛的玉片，能於風中撞擊發聲，用以驚鳥雀。

19 金雞：錦雞，形如小雉。雄鳥頭上有金色冠毛，可供玩賞。

20 兀那：指示代詞，那個。

21 梧桐：木名，木質輕韌，古代認為是鳳凰棲息的樹木。

22 定虐：擾人甚苦。

23 誰望道秋雨如膏：誰指望秋雨是滋潤作物的甘雨。

24 必剝：象聲詞，辟啪之聲。

25 增百十倍歇和芭蕉：雨打梧桐和芭蕉的聲音相和，更增百倍的聲響。歇和：聲音相和。

26 子管裏：只管的。

27 瀽甕番盆下一宵：雨勢好像倒甕翻盆一整夜的水。瀽：音ㄐㄧㄢˇ，傾倒。甕：音ㄨㄥˋ，盛水的陶器。番：同「翻」。

28 一會價：一會兒。價：語尾助詞，無義。

29 玳筵：玳瑁筵，比喻豐盛的筵席。玳：「玳瑁」的簡稱，音ㄉㄞˋ ㄇㄟˋ，爬行動物，形似龜，甲殼可做裝飾品。

30 幾簇：幾組。

31 一派寒泉瀑：一片清泉飛濺的聲音。瀑：音ㄅㄠˋ，水飛濺。

32 征鼙操：敲打出征的戰鼓。鼙：音ㄆㄧˊ，古代軍中所用的一種小鼓。

【倘秀才】這雨一陣陣打梧桐葉凋，一點點滴人心碎了。枉着金井銀牀緊圍繞[33]，只好把潑枝葉[34]，做柴燒，鋸倒。

〔帶云〕當初妃子舞翠盤[35]時，在此樹下；寡人與妃子盟誓時，亦對此樹。今日夢境相尋，又被他驚覺了。〔唱〕

【滾繡球】（長生殿）那一宵，（轉迴廊）說誓約[36]。不合[37]對梧桐並肩斜靠，儘言詞絮絮叨叨[38]。（沉香亭）[39]那一朝，（按霓裳）[40]舞六么[41]，紅牙筯[42]擊成腔調，亂宮商鬧鬧炒

33 枉着金井銀牀緊圍繞：枉自用金井銀牀圍繞保護梧桐樹。金井、銀牀：指維護梧桐的精緻欄杆。

34 潑枝葉：破爛的梧桐枝葉。潑：厭惡、可惡。

35 翠盤：提供舞蹈用的圓形設施。

36 轉迴廊說誓約：《梧桐雨》第一折，唐玄宗在長生殿對楊貴妃盟誓：「朕與卿儘今生偕老，百年以後，世世永為夫婦。」

37 不合：不停地。

38 絮絮叨叨：反覆訴說濃情密語。

39 沉香亭：唐代長安城興慶宮內一座名亭，用沉香木建成。

40 按霓裳：彈奏〈霓裳羽衣曲〉。按：彈奏。霓裳：唐代著名的法曲（佛教或道教法會時所奏的樂曲。原為含有外來音樂成分的西域各族音樂，後與漢族的清商樂結合，逐漸成為隋朝的法曲；唐朝又攙雜道曲而極盛發展。）唐開元間，河西節度使楊敬述向玄宗進獻了〈婆羅門曲〉，天寶間改編為〈霓裳羽衣曲〉。這首舞曲被賦予神話情節，〈楊太真外傳〉注明該曲是玄宗登三鄉驛時，望傳說中的仙山女几山所作；又描述玄宗冊立太真宮女道士楊氏為貴妃，進見之日彈奏此曲。霓裳：音ㄋㄧˊ ㄔㄤˊ。

41 舞六么：即〈綠腰舞〉，以舞袖動作為主，舞姿輕盈柔美，飄然有翔雲飛鶴之勢。舞態繁複，有急促、有慢緩、有輕捷、有飛旋，是唐代著名的軟舞。六么：同「六幺」，又名「錄要、樂世」。

炒[43]。是兀那當時歡會栽排下，今日凄涼廝輳[44]着，暗地量度[45]。

〔高力士云[46]〕主上！這諸樣草木，皆有雨聲，豈獨梧桐？

〔正末云〕你那裏知道？我說與你聽者。〔唱〕

【三煞】「潤濛濛楊柳雨」，凄凄院宇侵簾幕[47]。「細絲絲梅子雨」[48]，粧點江干滿樓閣[49]。（杏花雨）紅濕闌干[50]，（梨花雨）玉容寂寞[51]，（荷花雨）翠蓋翩翻[52]，（豆花雨）[53]綠葉瀟條[54]。都不似你驚魂破夢，助恨添愁，徹夜連宵。莫不是水仙弄嬌，蘸楊柳灑風飄[55]？

42 紅牙筯：檀木製的拍板，用以調節樂曲的節拍。筯：音ㄓㄨˋ，同「箸」。

43 亂宮商鬧鬧炒炒：亂嘈嘈不成曲調。宮商：指樂曲。炒：同「吵」。

44 廝輳：聚集。輳：音ㄘㄡˋ。

45 量度：揣度。

46 高力士：唐代宦官（六八四～七六二），深受玄宗寵信。安史之亂，隨玄宗避難西蜀。

47 凄凄院宇侵簾幕：雨水沾濕院牆的屋宇，侵入到門窗的簾子與帷幕。凄凄：沾濕貌。

48 梅子雨：即梅雨，每年農曆四、五月間，江淮流域持續陰雨連綿的天氣。

49 粧點江干滿樓閣：雨水渲染江畔，布滿於亭臺樓閣。

50 闌干：縱橫散亂貌。

51 玉容寂寞：梨花潔白如玉的容顏，彷彿蘊含孤寂幽怨之情。

52 翠蓋翩翻：亭亭如傘蓋的荷葉，呈現飄忽搖曳的樣子。

53 豆花雨：滴在豆花上的雨珠。農曆八月後，幾乎所有的花皆已凋謝，只有豆子仍然開花，故稱為豆花雨。

54 瀟條：凄清寂寥。

55 莫不是水仙弄嬌，蘸楊柳灑風飄：莫非是水中神仙施展神威，將楊柳蘸著神水潑灑空中而隨風飄散？嬌：通「驕」。蘸：音ㄓㄢˋ，將物體浸入水中。

【二煞】⿰口床⿰口床似噴泉瑞獸臨雙沼56，刷刷似食葉春蠶散滿箔57。亂灑瓊堦，水傳宮漏58，飛上雕簷，酒滴新槽59。直下的更殘漏斷60，枕冷衾寒，燭滅香消。可知道夏天不覺，把高鳳麥來漂61。

56 ⿰口床⿰口床似噴泉瑞獸臨雙沼：雨水⿰口床⿰口床之聲，好像從石獸的口中噴湧而出，臨下流入兩邊的水池。⿰口床：音ㄔㄨㄤˊ，狀聲詞，用於雨聲或射箭聲。沼：音ㄓㄠˇ，水池。

57 刷刷似食葉春蠶散滿箔：雨水刷刷之聲，好像散布滿箔的春蠶吃桑葉的聲音。刷刷：象聲詞，形容落葉聲或雨聲。箔：音ㄅㄛˊ，指蠶箔，養蠶器具。

58 亂灑瓊堦，水傳宮漏：雨水飄灑在玉石雕砌的臺階，好似宮廷的漏壺中傳出滴漏之聲。堦：同「階」。宮漏：宮中計時器，用銅壺滴漏。

59 飛上雕簷，酒滴新槽：雨水飛上雕鏤彩繪的宮殿屋簷，好似剛過濾的酒滴在新的酒槽，聲音更響亮、更清晰。酒槽：釀酒的器具。

60 更殘漏斷：夜闌更盡。更殘：即殘更，舊時將一夜分為五更，第五更稱為「殘更」。漏斷：銅壺滴漏的聲音已經停止，指夜深。

61 可知道夏天不覺，把高鳳麥來漂：難怪高鳳沒有察覺那一場夏天的暴雨，竟然沖走庭院的麥子，飄流各處。漂：通「飄」，飄流。後漢時代，高鳳專心誦讀，晝夜不停。其妻叮嚀看管雞群，不要讓雞群啄食曝晒於庭院的麥子。豈料，忽下暴雨，高鳳持竿專心誦讀，不知潦水沖走麥子。元曲習用「高鳳流麥」的典故，暗喻困頓失志。

【黃鍾煞】

順[62]西風低把紗窗哨[63]，送寒氣頻將繡戶敲。莫不是天故將人愁悶攪？度鈴聲響棧道[64]。似花奴[65]羯鼓調[66]，如伯牙水仙操[67]。洗黃花潤籬落[68]，漬蒼苔倒牆角[69]。渲湖山漱石竅[70]，浸枯荷溢池沼。沾殘蝶粉漸消[71]，灑流螢燄不着[72]。綠

62 黃鍾煞：又名「黃鍾尾、煞尾、尾聲」等，是「煞」與「尾聲」的結合體，故稱「煞尾」。

63 哨：同「潲」，音ㄕㄠˋ，雨水因風向而斜落。

64 度鈴聲響棧道：安史之亂，玄宗倉皇避難，途中經過四川棧道。如今夜聽雨聲高響低鳴，彷彿伴隨蜀中棧道上的鈴聲傳送而來。度：傳送。棧道：在險絕之處，傍鑿山巖凌空架設的道路。

65 花奴：唐汝陽王李璡，小字花奴，姿容妍美，善擊羯鼓，玄宗特為鍾愛。

66 羯鼓調：雨聲好似花奴擊羯鼓調那般繁雜驟急。羯鼓：西域打擊樂器，形狀如漆桶，兩頭均可敲擊。羯：音ㄐㄧㄝˊ。

67 伯牙水仙操：雨聲好似伯牙的水仙操那般哀婉悽惻。伯牙：春秋時善鼓琴者。水仙操：琴曲名，伯牙所作。

68 洗黃花潤籬落：雨水沖洗菊花，潤濕籬笆。籬落：籬笆。

69 漬蒼苔倒牆角：雨水浸潤蒼苔，流注到牆角。漬：音ㄗˋ，浸潤。倒：倒臥，引申流注。

70 渲湖山漱石竅：雨水傾注太湖石堆疊的假山，沖刷大小的石孔。

71 沾殘蝶粉漸消：生命將盡的蝴蝶被雨水沖洗而難以展翅飛舞。粉漸消：因為蝶身有粉，被雨水沖洗，故難以展翅飛舞。

72 灑流螢燄不着：飛動的流螢被雨淋得發不出光亮。

窗前促織叫[73]，聲相近雁影高[74]。催鄰砧處處搗，助新涼分外早[75]。斟量來這一宵，雨和人緊廝熬[76]。伴銅壺點點敲[77]，雨更多淚不少。雨濕寒梢[78]，淚染龍袍，不肯相饒，共隔着一樹梧桐直滴到曉。

題目　安祿山反叛兵戈舉[79]

陳玄禮拆散鸞凰侶[80]

正名　楊貴妃曉日[81]荔枝香

唐明皇[82]秋夜梧桐雨

73 綠窗前促織叫：蟋蟀從草間、石縫躲到窗前鳴叫。促織：蟋蟀的別名。

74 聲相近雁影高：雁聲彷彿在近處，其實是高飛雲層之上。

75 催鄰砧處處搗，助新涼分外早：這是倒裝句法，梧桐雨增添涼意，好像秋天來得分外早，催促家家搗寒砧。砧：音ㄓㄣ，搗衣石。

76 雨和人緊廝熬：雨水和人心緊密無間，相互煎熬。形容雨聲攪亂人心。緊：密接無間。廝：相互。

77 伴銅壺點點敲：陪伴著銅壺滴漏，點點敲打。銅壺：即漏壺，古代計時器以刻漏報更。

78 雨濕寒梢：雨水打濕了深秋的樹梢。

79 安祿山反叛兵戈舉：天寶十四載（七五五）十一月，安祿山在范陽起兵，與平盧節度都知兵馬使史思明發動叛亂，挾三鎮兵力，先後攻陷洛陽、長安，史稱「安史之亂」。

80 陳玄禮拆散鸞凰侶：陳玄禮發動兵變，誅殺楊貴妃，拆散恩愛情深的夫妻。鸞凰：鸞凰配對，比喻夫妻或情侶。

81 曉日：清晨。

82 唐明皇：李隆基（六八五～七六二），開元時期文治武功鼎盛，史稱「開元之治」。天寶年間，寵愛楊貴妃，用李林甫、楊國忠為相，導致安史之亂。在位四十四年，死後廟號「玄宗」。

參．可以這樣讀

詩人和劇作家用不同的觀點書寫故事

唐玄宗和楊貴妃離合生死的遭遇，是家喻戶曉的故事。玄宗喜愛歌舞音樂，曾於梨園教歌舞，後世尊為伶人祖師爺。開元二十三年（七三五），玄宗冊封故蜀州司戶楊玄琰的女兒楊玉環，成為兒子壽王李瑁的妃子。五年後出家為女道士，號太真。天寶四載*（七四五），玄宗立為貴妃。因為通曉音律，善於歌舞，深得玄宗寵幸。天寶十五載（七五六），安祿山進逼西京長安，玄宗奔蜀避難。行至馬嵬驛（今陝西興平），六軍發動兵變，要求誅殺楊貴妃，歷史稱為「馬嵬之變」。

唐代白居易根據這段歷史而創作敘事詩〈長恨歌〉，這首膾炙人口的古典詩歌，大約涵蓋「帝妃歡情、馬嵬離恨、梧桐相思、求索芳魂、遺恨綿綿」五段情節，足可演繹為一齣精采的戲曲。歷經亡國之痛的白樸，賦予這首傳統詩歌新生命，使之成功躍上元代戲曲舞臺，成為璀璨耀眼的經典劇作。

〈長恨歌〉以「漢皇重色思傾國，御宇多年求不得」起筆，描述楊玉環從「養在深閨人未識」的楊家女，搖身一變成為「三千寵愛在一身」的楊貴妃。然而好景不常，後來歷經馬嵬之變，只能落得在天上追憶長生殿的盟約。最後以「天長地久有時盡，此恨綿綿無絕期」結尾，強化人間天上，綿綿的遺恨永無盡期。詩中勾勒貴妃的命運，可說是建構在君王的權勢和情色欲求之上，讓她逐漸喪失楊家女兒的純樸本質，導致一代紅顏為君盡的憾恨。不過，白居易僅用「重

*《新唐書》記載，天寶三載正月丙申（初一），改「年」為「載」。

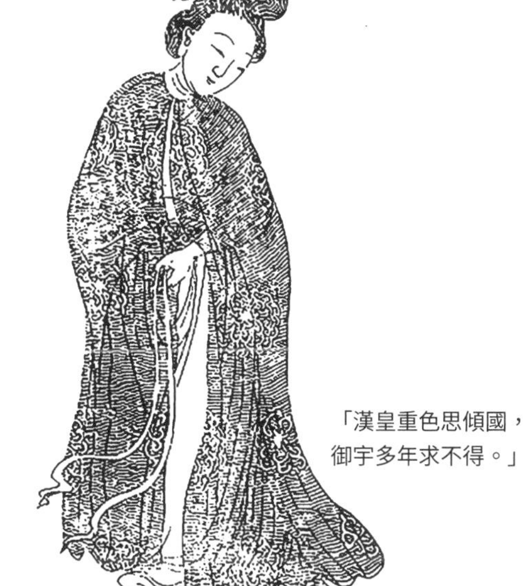
「漢皇重色思傾國，御宇多年求不得。」

色」二字，輕筆含蓄地書寫玄宗的荒淫誤國，可見詩人的寬容與同情。

白樸主要汲取了〈長恨歌〉的前三段，鎔鑄史實並改編成為元雜劇的《梧桐雨》，詩歌和雜劇的表現方式，當然有很大的不同。

《梧桐雨》由玄宗獨唱全本，可見白樸刻意以玄宗作為敘事視角。劇中，楊貴妃沒有唱詞，賓白也偏少，然而劇中鋪陳玄宗「君奪子媳」的真實事件，並點染楊貴妃與安祿山醉後私通的穢亂（依據《古名家雜劇》）；又增添貴妃自白：「哥哥楊國忠看出破綻，奏准天子，封他為漁陽節度使，送上邊庭。妾心中懷想，不能再見，好是煩惱人也。」再加上安祿山揚言叛變奪妃的野心等等，透過這些對劇中主人翁淫心慝行的烙印與細節描述，可見白樸本意不在於歌頌君妃愛情；而是藉一齣歷史劇，透過玄宗與貴妃的離合之情，寄寓人事無常之感、物是人非之傷、繁華消歇之慨、家國興亡之痛。正因說故事的觀點不同，所以兩篇作品的主題意蘊也不同。

雜劇演繹詩歌的藝術特質

儘管敘事觀點引導主題意蘊，但從故事原型的單元情節而言，白樸往往演繹〈長恨歌〉膾炙人口的詩句，將之鋪陳為一折戲，很能凸顯編劇的功力。元雜劇各折沒有齣目，可自擬標題，畫龍點睛，掌握劇情。本選文節錄的是《梧桐雨》第四折後半段的曲文，但以下先略述整本雜劇的情節概要。

楔子：縱虎歸山

楔子是說安祿山出兵敗北，張守珪將他送往京師問罪。玄宗赦免了安祿山，先賜給楊貴妃作為義子，後來又封為漁陽節度使。看似尋常無關緊要，其實埋下「安史之亂」的禍根，成為唐代由盛而衰的轉捩點。

第一折：七夕盟誓

七夕，貴妃在長生殿設宴，玄宗賞賜金釵鈿盒，立下盟約。這折戲演繹〈長恨歌〉「七月七日長生殿，夜半無人私語時。在天願作比翼鳥，在地願為連理枝」的情境。開頭的山盟海誓，看似浪漫美好，讓讀者和觀眾誤以為這是一齣愛情戲，其實不然！

第二折：小宴驚變

安祿山調兵遣將，企圖搶貴妃、奪江山。劇中，先鋪陳出一幅「緩歌慢舞凝絲竹，盡日君王看不足」的歡情。此時，君妃尚不知山雨欲來，猶在御園沉香亭畔賞景把盞，寫盡宮廷之聲色沉迷。繼而酒酣耳熱之際，忽然驚傳安祿山兵進長安，鼙鼙戰鼓中，玄宗偕貴妃倉皇奔往四川避難——「漁陽鼙鼓動地來，驚破霓裳羽衣曲」，侈靡宴遊與戰亂倉皇的對比，令人唏噓。

第三折：馬嵬之死

這是令玄宗傷痛而讀者和觀眾駭然的一折。劇寫大駕暫幸蜀川，途中採納

傳為唐・李昭道的〈明皇幸蜀圖〉
國立故宮博物院藏

父老忠言，命太子回長安，統兵抗敵。豈料眾軍不行，群情激憤中，陳玄禮先殺楊國忠，再逼君王割愛貴妃，向天下謝罪。玄宗無奈，賜貴妃白練自縊。這折戲展演馬嵬之變、賜死貴妃、馬踏其屍，戲劇張力十足，遠甚於白居易詩歌描寫「六軍不發無奈何，宛轉蛾眉馬前死。花鈿委地無人收，翠翹金雀玉搔頭」的平面敘事。

第四折：秋雨梧桐

這是雜劇命名為《梧桐雨》的由來。當玄宗重返長安，退居西宮時，他非常想念楊貴妃，夜聽秋雨梧桐，哀感悽愴。全折以高度抒情寫景的技巧，抒發「春風桃李花開日，秋雨梧桐葉落時」的語境。

細讀《梧桐雨》有兩處細節是詩歌所無：其一，御園小宴時，穿插四川使臣進貢荔枝，滿足貴妃品嘗新鮮荔枝的嗜好。其二，六軍不發之際，玄宗命高力士引貴妃到佛堂，讓她自盡。從驕奢淫逸、悅好女色，到迫於情勢、白綾賜死，須臾變故，玄宗焉能不嗟嘆？此時此刻，玄宗或已驚覺寵幸奸佞、耽溺聲色導致安史兵亂之過，佛堂賜死貴妃象徵愛妃代其受死，或有懺悔之情，這是從〈長恨歌〉到《梧桐雨》，也是第四折中具有重要指標意義的劇情鋪陳。

詩歌只能閱讀吟誦，戲曲則兼具案頭閱讀與場上表演。《梧桐雨》情節起伏跌宕，尤其貴妃登盤表演霓裳羽衣曲的舞蹈、梨園子弟奏樂的技藝表演、玄宗親自撫琴的音樂，在在都是融合歌、舞、樂的極致演出，印證元雜劇已是體製成熟的「大戲」，並體現了十個要素：搬演曲折引人入勝的「故事」，以「詩歌」為本質，融合「音樂」和「舞蹈」，加上「雜技」，以「講唱文學」的敘述方式，通過「演員」（俳優）充任「腳色」妝扮人物，運用「代言體」，在「劇場」上綜合表現的戲曲藝術。其中，「講唱文學」更可說是戲曲文學和舞臺表演的核心元素。不過，元雜劇雖然每折都由樂曲聯套（歌唱）和人物賓白（講述）組成，其實詩歌才是文本與表演的靈魂。因為主要以樂曲搬演故事，所以稱為「戲曲」，而不稱「戲劇」。

梧桐雨第四折的排場藝術

第三折歷經生死巨變，貴妃死亡是「情節高潮」，第四折其實已經無戲可做。然而白樸卻從「情感高潮」著墨，翻出另一重高峰。這一折的對白很少，幾乎是玄宗獨唱獨做的戲。白樸破例地運用了惆悵雄壯的【正宮】樂調，選擇蕭豪韻（韻腳都以幺音收尾），創作長達二十三支曲文。聯套規模在元雜劇中極為罕見，充分體現出戲曲「詩樂」融合的文學性、音樂性、抒情性。

元雜劇每一折，隨著情節的推展，會有人物上場或下場，有時也會轉換場景，曲牌的運用也隨之變化。閱讀元雜劇必須依據這些原則，再自擬小標題，以便於掌握每一折的排場藝術。《梧桐雨》第四折主要以玄宗的心緒變化而轉換場景：

第一場「喚真容雨淚嚎咷」：場景在寢宮，貴為帝王的玄宗，呼喚貴妃畫像，竟是「雨淚嚎咷」，照應梧桐雨的意象。

唐玄宗(即唐明皇)畫像

安祿山畫像

第二場「步亭皋觸景傷情」：玄宗越看越傷心，於是步出寢宮，到亭皋（平皋，水邊的平地）閒步，彷彿重回沉香亭畔，惹得千愁萬恨。

第三場「夢貴妃邀請宴樂」：玄宗百無聊賴，再回寢殿，「玉漏迢迢，才是初更報」，這會兒不過是晚上七時至九時，卻覺得長夜漫漫。期盼夢裏相逢，於是和衣而臥，果然夢見了貴妃邀請他到長生殿赴席。但「分明夢見妃子，卻又不見了」，對玄宗而言，不見妃子固然是因情生夢，其內心深處更悵然失落的是：往昔盛年、掌中權勢、無限江山、至上榮耀，如今都一一消逝了。

西安郊外楊貴妃墓雕像

第四場「梧桐雨直滴到曉」：【雙鴛鴦】起始，玄宗驚夢傷情。回想夢境中的貴妃，半掩雲屏的嬌媚之態，完全像昔日華清池（今陝西省臨潼縣城南驪山麓）出浴時一般，不減其絕美的姿容神態。寢殿驚夢的玄宗，滿襟情淚濕透衣衫。經由哭像、觸景、夢境，萬般愁緒的堆疊，終於迸發這一場抒情寫意的秋雨梧桐。

秋雨梧桐，藉物托思的文學意象

梧桐是鳳凰棲息之木，若將鳳凰比喻楊貴妃，梧桐則是比喻唐玄宗。白樸刻意以梧桐穿針引線，誠如玄宗的獨白：「妃子舞翠盤時，在此樹下；寡人與妃子盟誓時，亦對此樹。今日夢境相尋，又被他驚覺了。」如今翠盤中荒草遍佈，空對金井梧桐，不見傾城佳人。梧桐樹下曾有許多濃情歡愛的回憶，如今物在人亡。這一場秋雨梧桐共有八支曲文，又可分為兩個小場次。第一場「雨打梧桐殘葉凋」，前四支曲文一氣呵成，沒有獨白，精彩、遞進地渲染玄宗「聽雨、怨雨、惱雨、恨雨」的心理變化。「只說雨聲，而愁恨千端，如飛泉噴瀑，一時傾瀉。」明代戲曲家孟稱舜這段評論非常精闢。

【蠻姑兒】的本格只有六句，「驚我來的又不是樓頭過雁」以下四句是白樸增添的句子。該曲尋聲破題，在排除了「樓頭過雁、砌下寒蛩、簷前玉馬、架上金雞」等四種聲音後，才知道原來驚醒玄宗好夢的，竟是窗外的梧桐雨瀟瀟。繼而描寫雨聲擾人甚苦，「一聲聲灑殘葉，一點點滴寒梢」，這裏雖然化用溫庭筠【更漏子】的「梧桐樹，三更雨，不道離情正苦。一葉葉，一聲聲，空階滴到明。」但曲辭中運用了「灑、滴」等動詞，更細膩地區別雨灑樹葉和雨滴樹梢的聲音。

【滾繡球】前八句分為兩段，句法相同，所以稱為「滾繡球」。原本是三、三、七、七的句式，這首曲文則變化為三、三、四、七，用以鋪排對稱的曲意。此曲先用倒裝句法，以嗔怒的口吻，埋怨秋雨並非救旱苗、潤枯草、灑花蕚等可以滋潤萬物的甘雨。接著又用狀聲法，怨懟秋雨㓖㓖剝剝，一勁兒拍打梧桐青翠的枝條和碧綠的樹梢，尤其和雨打芭蕉的聲音相和，更增百倍十倍的聲響。最後用兩句對偶「子管裏珠連玉散飄千顆，平白地瀽甕番盆下一宵」收束，形容雨勢似千萬顆相連的珠玉散落滿地，又似一整夜的水接連倒甕翻盆。

已經如此曲盡其妙了，白樸卻嫌這兩句還不足以盡意，再發揮【叨叨令】連續四個七字句的格律，加上使用附著於唱詞而帶有語氣性質的「帶白」作為領句：「一會價緊呵！一會價響呵！一會價清呵！一會價猛呵！」又借「玉盤萬顆珍珠落，玳筵幾簇笙歌鬧，岩頭一派寒泉瀑，繡旗數面征鼙操」四種物體的聲音，比喻雨勢之驟急，好似玉盤中落下千萬顆的珍珠。雨勢之喧鬧，好似幾組笙樂在酒席筵前奏樂喧嘩。雨勢之清幽，好似從長滿翠綠樹木的山岩頂上直洩一片清泉飛濺的聲音。雨勢之猛烈，好似繡著圖案的戰旗下無數面戰鼓一齊敲響。這四句精雕細琢的對偶，比附設喻，彷彿珠連玉疊。堆積雨聲的符碼，最後又聚焦於後面疊句「惱殺人也麼哥」的定格，如萬馬奔騰後的精疲力盡。鎔鑄聲音與畫面，聲情並茂，令人心駭神移。

這秋雨啊，
「一會價緊呵！一會價響呵！
一會價清呵！一會價猛呵！」

這一整夜的秋雨，不忍卒聽，從客體的「一聲聲灑殘葉，一點點滴寒梢」，移情到主體的「這雨一陣陣打梧桐葉凋，一點點滴人心碎了」，樹猶如此，人何以堪？梧桐雨，猶如千針萬刺痛徹心腑，從「愁人定虐」、「惹人心焦」，到「惱殺人」，描繪雨聲磨蝕人心循序漸深，猶如積累千鈞之重的愁恨，終於迸發出【倘秀才】結尾對梧桐的憤怒：「潑枝葉，做柴燒，鋸倒」，恨不得鋸掉那些破爛的梧桐枝葉，取來當做柴燒。活靈活現的遷怒之情，真是傳神的寫照。

但是才剛說要鋸倒梧桐，卻又轉念不忍。白樸遂再揮灑【滾繡球】前兩段各四句相同的句法，增字成為六、六、七、七的句式，第一句的「（長生殿）那一宵」和第五句的「（沉香亭）那一朝」遙遙對偶，點出思憶貴妃的空間場域，映襯著梧桐下「（轉迴廊）說誓約」、「（按霓裳）舞六么」，凸顯「當時歡會、今日淒涼」的對比。至此，梧桐由君妃賞心樂事的意象，轉為物是人非的象徵，再轉為玄宗孤獨寂寞的化身。

梧桐秋雨第二個小場次是「雨打萬物盡凋傷」，高力士問：「主上！這諸樣草木，皆有雨聲，豈獨梧桐？」接續玄宗連唱三曲，回應高力士「萬物皆有雨聲」。通常【煞】曲照例緊接聯套尾聲之前，可連用若干支，以數目字逆數標出。此處用三支，因此稱為「三煞、二煞、一煞」。

【三煞】第一句「潤濛濛楊柳雨」和第三句「細絲絲梅子雨」是增句的對偶；第二句「淒淒院宇侵簾幕」和第四句「粧點江干滿樓閣」是正句的對偶，這是「隔句對」的技巧，分別刻畫楊柳雨和梅子雨滲透的景觀：籠罩在楊柳樹

▶▶明《古雜劇》本《梧桐雨》插圖，描繪唐明皇寵愛楊貴妃，醉生夢死，不理朝政，楊貴妃能歌善舞，唐明皇時常與其作樂。

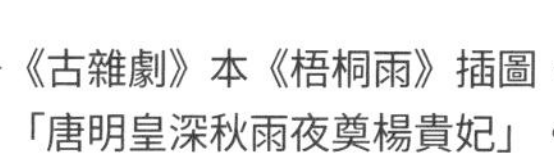

▶《古雜劇》本《梧桐雨》插圖，「唐明皇深秋雨夜奠楊貴妃」。

上的濛濛潤雨，乃至沾濕院牆的屋宇，侵入到門窗的簾子與帷幕。飄拂在梅樹間的絲絲細雨，渲染江畔，乃至布滿亭臺樓閣。接續將各種雨增為七字句，以擬人法形容每一種花雨的神態：落在杏花上的雨滴，如同少女傷心的淚水，在胭脂般的容顏流下縱橫散亂的痕跡；滴在梨花上的雨珠，潔白如玉的容顏，彷彿蘊含孤寂幽怨之情；滴在亭亭如傘蓋的荷花，呈現飄忽搖曳的樣子；滴在豆花上的雨珠，讓綠葉顯得淒然寂寥的模樣。以上並列各種花雨，猶如排山倒海，無論是春天的楊柳雨、杏花雨、梨花雨；夏天的荷花雨、梅子雨；秋天的豆花雨，都遠遠不及這場深秋的梧桐雨，如此「驚魂破夢，助恨添愁，徹夜連宵。」曲尾好像天外飛來一問：莫非是水中神仙施展神威，將楊柳蘸神水潑灑空中而隨風飄散？神話奇想，精采絕倫！

【二煞】描寫雨聲無所不在，從遠處聲響的石獸噴泉、聲幽的春蠶食葉；近處聲細的銅壺滴漏、洒滴新槽。藉遠近空間的聲音變化，順勢點出時間的流轉，這場雨徹夜不停，直到「更殘漏斷，枕冷衾寒，燭滅香消。」曲尾又橫空一筆，以「高鳳流麥」的典故，暗喻玄宗沉湎聲色、誤用奸佞，毫無警覺將會變成一場夏天的暴雨猛水，沖走已經豐收的麥子，如今陷入困頓失志的處境。

【黃鍾煞】的前兩句是對偶破題，寫雨水從紗窗、繡戶無孔不入。第三句彷彿天問：「莫不是天故將人愁悶攪？」繼而補述攪人愁悶的雨聲——以棧道聞鈴形容雨聲高響低鳴、以花奴善擊羯鼓形容雨聲繁雜驟急、以伯牙水仙操形容雨聲哀婉悽惻。繫聯三個不同時空的樂音和典故，以強化雨聲擾人之跨越古今。

接著是長達十四個句子，都是三、三的六字句式，用一連串的單式音節，節奏流利快速的「聲情」，映襯雨水漫衍、無邊無際的「詞情」，相得益彰。這樣的格式只見於《梧桐雨》，堪稱空前絕後。曲文中，不論植物如菊花、枯荷、蒼苔；或動物如殘蝶、流螢、促織、飛雁；以及無生命的湖山、石竅，都足見雨水凋傷萬物、煎熬人心，無一倖免。白樸大量使用錘鍊的動詞：「攪、洗、潤、漬、倒、渲、漱、浸、溢、消、熬、敲」等，字字扣緊雨水之盛和摧毀的力道。最後將雨水和眼淚融合：「伴銅壺點點敲，雨更多淚不少。雨濕寒梢，淚染龍袍。」原來雨水一聲聲灑遍梧桐殘葉，就是一點點滴穿玄宗殘軀；原來梧桐雨，就是玄宗嚎咷的眼淚，「不肯相饒，共隔着一樹梧桐直滴到曉」，可想而知，天地與玄宗同聲哭泣，不會只有這一夜的梧桐秋雨，橫跨時空而連綿不絕……。

無論是春天的楊柳雨、杏花雨、梨花雨；
夏天的荷花雨、梅子雨；秋天的豆花雨，
都遠遠不及這場深秋的梧桐雨，
如此「驚魂破夢，助恨添愁，徹夜連宵。」

傳為唐朝畫家周昉所繪之〈簪花仕女圖〉，
遼寧省博物館藏。

連續三支煞尾，彷彿音樂會的謝幕曲，一而再、再而三，嬝繞不散。裊裊的樂曲餘音，迴腸盪氣，亦如那不止不盡的雨水漫漫。三支煞尾生動細膩，曲折委婉，完全抽離了對貴妃的緬懷意緒，顯見梧桐象徵國祚江山，成為《梧桐雨》最深層的意象。梧桐雨不止凋傷萬物，更如風狂雨驟的安史之亂，摧毀了國祚命運，驚天地而泣鬼神。這齣戲明寫玄宗思憶貴妃，同時暗寫盛世遠去之悲。秋雨梧桐，真正磨蝕人心的，是永不復還的熱鬧繁華，是盛世已頹的國勢。

肆・再做點補充

唐代陳鴻〈長恨歌傳〉小說，也曾借玄宗寵幸楊貴妃釀禍的歷史，開悟唐憲宗，意在懲戒尤物，堵塞禍亂。清代洪昇（一六四五～一七〇四）再以相同題材撰寫《長生殿》傳奇戲曲，篇幅結構、剪裁情節與白樸大不相同。洪昇強調戲曲要具有風俗教化的作用，因此貴妃穢亂的事件，絕不攙雜進去，使這段傳誦已久的愛情故事，具有較純正的基礎。然而帝王后妃的奢華淫靡不僅僅是兩個人的事，洪昇汲取《梧桐雨》進貢荔枝情節，其中〈進果〉一齣演述南海使臣為趕送新鮮荔枝，途中不惜踐踏民間禾苗、踏死眼盲的算命先生，連年騎死驛馬，更導致驛中沒有分文錢糧，只剩瘦馬一匹。當君王寵幸愛妃需要用民脂民膏妝點時，意味君妃的愛情已經腐朽。玄宗應料想不到變質的愛情竟使江山社稷陷入存亡之秋。

《元曲選》本《梧桐雨》插圖，「楊貴妃曉日荔枝香」。

《長生殿》共五十齣，上卷二十五齣鋪敘玄宗與貴妃在現象界的愛情，以楊貴妃死於馬嵬坡為小收煞。下卷二十五齣汲取〈長恨歌〉第四、五段，以宗教和神話為框架，鋪排天人永隔之後，兩人情悔悟識與補恨團圓的情節。最後玉帝命二人居住「忉利天宮」，永為夫婦。明代湯顯祖（一五五〇～一六一六）《南柯記》說：「忉利天夫妻，就是人間，則是空來，並無雲雨。若到以上幾層天去，那夫妻就不交體了。情起之時，或是抱一抱儿、或笑一笑儿、或嗅一嗅儿。」這個結局寄託「情緣總歸虛幻」的主題。

每個作者皆因其獨特際遇而各有悲感遺恨，文學家情動於中而形於言，因其敘事觀點的運用、審視觀照的態度、情節事件的選擇、人物形象的塑造，而折射出創作的立言初意。白居易為楊貴妃寫含情凝睇之恨，陳鴻〈長恨歌傳〉直寫淫亂誤國之恨，白樸為玄宗寫盛衰滄桑之恨，洪昇雙寫君妃生死離合之恨，轉而了悟情緣虛幻。唐玄宗與楊貴妃的故事題材，不在其愛情之扣人心弦，而在作者的靈視洞徹，及其創作文學作品引起讀者的興味感發與美學觀照。

（李惠綿）◆

7 鵝湖之會：〈格致補傳〉、〈象山語錄〉節選

宋明理學是中國哲學的另一個巔峰，以道德形上學為主軸；在發展過程中大抵形成程朱、陸王兩派，前者強調即物窮理的「性即理」，後者強調反求本心的「心即理」。南宋淳熙二年，朱熹和陸九淵遂在江西鉛山的鵝湖寺，就道德涵養應「由博反約」還是「先立大本」展開了一場辯論。這可能是兩千年來最精彩、最具學術深度的思想交鋒，「鵝湖之會」也成為我國文化史上最美麗的典故之一。

壹．作者與出處

朱熹，字元晦，號晦庵、考亭，晚號晦翁，又稱紫陽先生，諡文，又稱朱文公，明代嘉靖之後，世人通稱朱子。南宋徽州婺源人（今江西省婺源縣），生於南宋高宗建炎四年（西元一一三〇年），卒於寧宗慶元六年（西元一二〇〇年），年七十一歲。

朱子自少穎悟好學，性情則沉雄剛毅，深知人性的矛盾駁雜，需要以正確的認知、懇切的反省、堅持的意志才能漸漸釐清，有效克治，以歸於健康正常、充實飽滿。所以為學偏重博覽，善於分析，

朱熹像　國立故宮博物院藏

而聚焦於格物。由此凝結為可供日常生活遵循參考的一一道德觀念或道理，如仁義禮智等等。而且可以由生活中的散殊之理追溯到根源處的總體之理（天理），以作為人道德生活的總依據、總信念。朱子一生就據此自我修養，也據此針砭時弊，常常上書君王，以道德相規勉；有時讓帝王感動，也有時招奸臣攻訐，在韓侂胄當政時甚至被貼上偽學、偽黨的標籤予以查禁。

朱子在宋明新儒學可謂地位崇隆，他承接北宋五子（周敦頤、邵雍、張載、程顥、程頤）的餘緒，號稱集理學之大成。他讀書廣博，著作閎富，為儒學史上前所未有（後世也只有王夫之堪與相比）。他的著作中最重要的就是《四書集註》，可說是他畢生學問的總結。將《大學》、《中庸》從《禮記》抽出來，與《論語》、《孟子》合稱為四書，是從朱子開始，之後也就成為儒學最重要也最通行的寶典。

而在四書中，朱子特別關注的毋寧是《大學》，因為朱子正是借《大學》表述了他的為學宗旨，就是格物致知。朱子因此不滿意《禮記》中的《大學》原文，而特別加以重新編改，分為經一章與傳十章。尤其在檢視以傳解經的過程中，發現獨缺詮釋「格物、致知」的一章，遂自作一章以為補足，這補作的一章後人即稱為〈格致補傳〉。這可算是朱子在眾多論格物的文字中，最為精要的一段。所以我們就選這一章來作為本選文，以為朱子論格物的總代表。

至於陸象山又是如何人品？

陸九淵，字子靜，號存齋，南宋江南西道金谿縣（今江西省金谿縣）人。因晚年曾在貴州龍虎山聚徒講學，以山形似象，自號象山翁，世稱象山先生。生於南宋高宗紹興九年（西元一一三九年），卒於光宗紹熙三年（西元一一九二年），年五十四歲。

象山在陸家是六兄弟的老么；六兄弟中的後面三位，即老四九韶（號梭山）、老五九齡（號復齋）以及老么象山，都深於儒學，時人稱為三陸；當然三陸中最精深的還是象山，那麼象山到底是一個怎樣的人呢？

如果說朱子的性情是沈雄剛毅，那麼象山的人格形態則是儷雅純淨，卓然不群。也可以說他是生命哲學的天才，亦即根器清高。他從小就與一般小孩不同，是不愛玩耍的；他的鞋子從來只有穿舊而不破不髒，用書也從來整潔完好，書角不捲不摺。四歲就儀態端莊從容，站在門外，來往的人見到都忍不住停步讚歎。十歲時一位老先生見到，就和同行的吳茂榮先生（象山後來的岳父）說：「你不是有一個女兒嗎？趕快去陸家提親，世上再也不可能有比陸家這孩子更出色的人了！」

象山因為根器高，善能直見生命的本源，而少卻許多摸索試誤、左衝右突的曲折歷程。他四歲時曾問父親天地有邊際嗎？父親不能答，他竟因此深思宇宙問題，至於廢寢忘食。因此發端，後來才有「宇宙即吾心，吾心即宇宙」的開悟。

因此，象山的為學路數，便不是如朱子從生命氣質的駁雜體驗、勉力分析以克治私心人欲入手；而是直探人生意義價值之源，就在內在本心的覺醒與創造，因而挺立人格的自尊，奠定內在無條件的自信，當下掃清障蔽，活出真我。如果用禪宗的南宗慧能、北宗神秀來比喻，朱子好比是北宗的漸修，象山則好比是南宗的頓悟。

象山不但內心清澈，接引眾生也感應敏銳，常常三言兩語，便能把對方掩藏的心跡點出，讓人汗流浹背而去。四十三歲時到白鹿洞書院拜訪朱子，應朱子邀登壇為諸生講《論語》「君子喻於義，小人喻於利」一章，剖析深刻，言談微中，令聽者感動流淚，連朱子大儒，都在初春微寒的天氣中，不免汗下揮扇，乃因切中隱微，中心有愧之故。象山人格的光明俊朗，由此可見一斑。在宋明新儒學遂開心學一派，與明代王陽明並稱陸王，與程（程頤）朱（朱熹）並稱的理學同為宋明新儒學的主要流派。

象山一生，講學不輟，聽者常至千人，但著書甚少，多屬書信語錄，後人編輯為《陸象山集》三十六卷。本文所選，即出自此書的三十四、三十五卷〈語錄〉。

貳．選文與注釋

一、〈格致補傳〉——朱熹

所謂致知在格物者[1]，言欲致吾之知[2]，在即物而窮其理[3]也。蓋人心之靈，莫不有知；而天下之物，莫不有理。惟於理有未窮，故其知有不盡也。是以大學始教[4]，必使學者即凡天下之物，莫不因其已知之理而益窮之，以求至乎其極[5]。至於用力之久，而一旦豁然貫通焉；則眾物之表裏精粗無不到[6]，而吾心之全體大用無不明矣[7]。此謂知之至也。

1 致知在格物：想要認識事物乃至終極真理，就要親近生活中的事物，並探究其所蘊含之理。《大學》經一章談到「古之欲明明德於天下者，先治其國；欲治其國者，先齊其家」，一路推論下來，到最後的基礎就是格物，故曰「致知在格物」。格物：格，至也。物指心所對的一切對象物或外物。格物就是接近外物、觀察外物的意思。是《大學》首章列舉為學次序八條目即「格物、致知、誠意、正心、修身、齊家、治國、平天下」的第一項。

2 知：這裏所說的知，包括對個別事物的認識到對終極真理的認識，但始終是環繞人的行為孰是孰非的道德之知或實踐之知，而不是科學領域對客觀事物的認知。

3 理：這裏所說的理，不是指涉及客觀事物的科學知識，而是指涉及怎樣的行為才是好的或價值上是善的，亦即所謂道理。這也包括個別行為的準則以至所有行為準則所共同依據的終極真理。

4 大學始教：《大學》所論修養程序八條目的開始第一步，即格物。

5 至乎其極：是指所有格物之道，都一定是由個別事物入手（即物），然後由個別事物之理漸漸透達於終極真理，才算是致知的完成。

6 眾物之表裏精粗無不到：凡物都有科學層面（表）和道德層面（裏）兩面；只認識其表層之理（較接近科學知識）為粗，能透到終極的道德真理為精。而科學知識與道德真理是表裏相連為一體的，故曰「無不到」。

二、〈象山語錄〉——陸九淵

之一：某[8]嘗問：「先生之學亦有所受乎？」曰：「因讀《孟子》而自得之。」

之二：學苟知本，《六經》皆我注腳[9]。

之三：或問：「先生何不著書？」對曰：「《六經》注我，我注《六經》[10]。」

之四：宇宙[11]不曾限隔人，人自限隔宇宙。

之五：若某[12]則不識一個字，亦須還我堂堂地做個人。

之六：千虛[13]不博一實[14]，吾平生學問無他，只是一實。

之七：萬物森然於方寸[15]之間，滿心而發，充塞宇宙，無非此理[16]。

7 吾心之全體大用無不明：心之知有針對事物表象的科學認知和涉及人的道德生活的善惡判斷兩層，兩層兼顧謂之全體，兩種知互相成全謂之大用。這時的心才是充分明朗的心，故曰「無不明」。

8 某：指不特定的他人。

9 注腳：附在正文下面的註解。

10 六經注我，我注六經：以經典所說的義理說明我的為人，也用我的言行賦予經典新的涵義，經典與我互相印證的意思。六經原指詩、書、禮、樂、易、春秋，此處泛指一切經典。

11 宇宙：全世界，與「天地」涵義相當。宇：空間。宙：時間。

12 某：這裏的某是自我的謙稱。

13 虛：此處意指各種抽象知識，包括科學知識與道德知識，而尤指後者。

14 實：此處指發自本心的道德行為。意謂這才是真實的道德，依道德教條照做的其實只是虛假的道德。

15 方寸：指人的心靈。

16 此理：指一切道德行為的終極根源。但象山所說的理卻和朱子不同，朱子是指客觀的道德真理，象山卻是指主觀的本心創造。

參．可以這樣讀

回顧朱陸之前的儒學歷史

朱陸鵝湖之會是儒學史乃至整個中國哲學史上的指標性事件，開啟了之後理學、心學的分途與會通的長期論辯。其實在中國生命哲學的長期發展中，這種內外分途的爭論是一直不斷的，這也彰顯了生命哲學是一種動態發展的實踐之學。而發展的型態，則一定是相反兩端（如偏內與偏外）的辯證互動，逐漸相融為一。

這樣長期辯證發展的開端，可以設定在春秋戰國，這是中國歷史上第一個大亂世，卻也是中國文化的黃金時代，便因諸子並立，百家爭鳴，幾乎所有的思想芽苗都出現了。就中最足為代表的是墨、儒、道三家，墨家是外向，道家是內斂，儒家是兩端兼顧平衡的中庸派。兩種極端的主張，當然色彩鮮明動人，被吸引的徒眾粉絲也更多，正孟子所謂「天下之言，不歸楊（朱）則歸墨（翟）」。但要說周到統整，可大可久，畢竟是中庸的儒，也就是由孔、孟所代表的中華文化主流。

雖說三家鼎立，構成了思想與文化體系的完整結構與均衡流動；但中國歷史文化的其後發展，卻是由儒道兩家的互動交流先行，墨家則被暫時冷落乃至存檔，要等後世遇到恰當機緣時才會解凍啟封，再被重用。所以，我們討論其後中國文化的發展，為了簡明，也可以暫時放下那繁複的三家互動結構（例如：儒家居中，但對更外向的墨家而言，算內傾；但對更內斂的道家而言，卻算外傾。）而單就

武梁祠畫像之一，
〈孔子見老子畫像〉（拓本局部），
今藏於濟寧博物館。

儒道的辯證互動來討論（這樣，儒屬外、道屬內就很清楚穩定了）。

那麼我們就直接從儒、道兩家的並立說起罷。在此由老子開宗的道家重在掌握內在心靈的自由（偏內），由孔子規定的儒家重在掌握人我關係的道德和諧與仁愛（偏外）。而兩者如何互動相即為一體（儒中有道，道中有儒，儒道一體）？便成為中國文化史、哲學史上的長久母題。

其後的發展，在魏晉有孔老以誰更為根本之辨（結論是儒才是本，才是主流中的主流）。當儒道關係獲得定位，新的課題又產生了，就是佛教西來，以更深入的生命內部探討主導了中國人的人生思考；到中唐之後，遂有長期的儒佛之辨。受到佛家（號稱內學）的刺激，儒家自己的工夫論也有了新的發展與新的內外之辨。而處理這個大課題的程序，就是先由和佛家比較接近的道家去和佛家磨合，等兩家水乳交融，合為一體，並稱佛老的時候，（佛教到中國發展出教外別傳，不立文字的禪宗，的確和道家的莊子境界接近）才由儒家出面，去和佛老磨合。這就是中唐之後，由韓愈發端的儒佛之辨，也就是宋明新儒學的潮流。這一方面促使了佛家更中國化，一方面也促使宋明新儒學的蓬勃發展，其內容就是工夫論上的內外之辨。在此，陸王心學屬內，程朱理學屬外，到底是陸王太往內心探索，不免「淫（按：深度濡染）於佛老」而失去儒家的中道呢？還是程朱從生命的創傷習氣（「今日格一物，明日格一物」）入手再繞回來，更接近佛家的從煩惱苦業入手而有違儒家及物潤物的宗旨呢？這真是當時一個難解的課題呀！

鵝湖之會也是個感人的故事

朱子、陸象山當時所處的環境，就大局來說是儒與佛老的對話，在此佛偏內儒偏外。但就儒家內部的內聖外王格局而言，宋明新儒學的課題是因著佛家的刺激要重新疏通道德的內在根源（內聖學、心性學），所以位置偏內。然後再縮小範圍僅就內聖學心性學而言，則是陸象山偏內在本心的豁醒，朱子偏外在行為的漸修。用當時學界的語言來分判，是借用《中庸》「尊德性而道問學」一語，說象山是偏於尊德性，朱子則偏於道問學。後世學者則進一步詮釋說：其實朱陸（乃至整個理學和心學）的共同課題都是尊德性（探討道德的內在根源），只是象山是尊德性中的尊德性（內中之內），朱子則是尊德性中的道問學（內中之外）罷了！真的，一層套一層的內外之辨，真讓人頭大呀！

既然異中有同，在朱陸對立的當時，自然也就會有想要調和雙方的中間派，（於是左右二分的格局又可以變成左中右三分的格局了，各位還記得前文提到的墨、儒、道三分嗎？）其代表人物就是呂祖謙（號東萊）。呂祖謙深覺得朱陸不必各執一端，很想邀他們見面談談，好化解彼此的可能誤解與實際差異，以歸於一體，於是有了這一次膾炙人口的鵝湖之會。

為什麼叫鵝湖之會呢？原來鵝湖是一座山的名字，此山座落在江西省鉛山縣的北邊。因為山上有一個滿佈荷花的湖泊，名為荷湖，所以此山原名就叫荷湖山。是到了晉朝末年，有一位姓龔的人喜歡這片湖光山色，乃在湖中養了許

江西鉛山縣鵝湖山麓的鵝湖書院。

多白鵝，從此綠荷映白羽，紅掌翻碧波，益增勝景風姿。於是湖、山都順理成章地改名為鵝湖與鵝湖山了！

到了宋代，這片勝景又被一些方外人士看中，在山上興建了一座佛寺，落成之後，很自然地也就名為鵝湖寺。然後因緣際會，竟成了朱陸會談之所，從此名留青史，堪稱佳話。

這次由呂東萊邀集的鵝湖之會，時間是在南宋孝宗淳熙二年的四月，當年朱子四十六歲，象山三十七歲，東萊不止立場，年齡也是介於兩人之間的三十九歲，至於跟象山一起出席的五哥復齋，則是四十四歲。四人都是人生歷練與學問涵養達到成熟的年紀。

當然在與會對談的過程中，雙方都是忠於自己的所見，充分表述自己的義理，也表達了對對方的質疑，可算激烈又精采。大體說來，朱子主張為學應該由博返約，象山兄弟則認為應該先立大本。各以己見去衡量對方的結果，則是象山批評朱子的教法分析太過，不見大體；朱子則認為象山所提太抽象空泛，難以把握。結果雖然在態度上雙方都真誠坦率，互相敬重；但在思想溝通上卻仍不免各說各話，不算成功。當然我們也要明白，朱陸會通本來就是一件大事業，那可能一次就成功呢？能有一個互相敬重的開端就已經是成功的第一步了！

這成功的第一步，不妨就用雙方互相唱和的三首律詩來作為表徵：

第一首是復齋在出發到鵝湖之前作的，其中著名的兩句也就是第三聯是：

江西鉛山縣鵝湖山麓鵝湖書院內的石牌坊。

> 留情傳注翻榛塞，著意精微轉陸沈。

復齋的意思是過度把注意力放在經典文字的解釋之上，恐怕反而會堵塞了本心直覺的靈智；而不免陷溺於精微小節，反而錯失了大體罷！這明顯是批評朱子之學，有因小失大的危險。

然後在赴鵝湖的路上，象山也和韻了一首，其中位置相同的兩句是：

> 易簡工夫終久大，支離事業竟浮沈。

象山之意，豁醒真心的本質工夫，就如同《易經》的原理就在〈乾卦〉、〈坤卦〉的易、簡之上，是真正能透徹根源，可大可久的。至於從經典文字的枝節分析中去求解，亦即所謂格物，恐怕終究是隨人腳跟，無功而返的徒勞罷！象山對朱子的質疑，可以說和復齋完全一致，而用語則更為坦直顯豁，不留餘地。

那麼朱子讀到這樣的詩句會有怎樣的反應呢？朱子當然是不能同意，甚至自尊心上難免多少有被刺傷的，所以讀後臉上不免變色，也沒能立即回應，乃至經過三年之久，他的和詩才做出來，寄給象山兄弟。和詩的後四句是這樣說的：

> 舊學商量加邃密，新知培養轉深沉。
> 卻愁說到無言處，不信人間有古今。

朱子的回應說，生命的發展是有歷史性的，我們應該正視生命的歷史紀錄，從中反復斟酌，後先承傳，才能對生命存在獲得更完整周密的了解。同時也讓當前生命的新經驗，能在這歷史基礎上獲得更深刻渾厚的意義啊！否則，像你們單究心於不可言說的超越境界，就算再玄奧絕美，也不是真實的人生。這樣耽溺於虛無，恐怕會有否定真實的人生歷史的危險呢！

朱子在深思熟慮後作如此回應，一方面當然是自我辯護，強調格物工夫、知識累積的重要；同時卻也在暗諷象山之學，有偏於佛老，跡近禪學之嫌，話也是說得滿重的呢！

「鵝湖之會」辯什麼？——同樣德性關懷下的不同進路

朱子和象山的共同關懷，都是人如何才能真正安身立命，也就是所言所行都恰當良善，問心無愧，對人有益。這可以說是自古以來，中華文化的核心關懷。但自從孔子用一個仁字點出這點道德精神之後，在修養途徑上就一直有內外兩途的差異分化。如顏淵和曾子、孟子和荀子，就都相對地有偏內、偏外之分。宋明的新儒學也一樣有偏內的陸（九淵）王（守仁）心學和偏外的程（頤）朱（熹）理學兩路。在此不妨就以朱、陸的比較為例加以說明。

大體言之，朱子的身心修養是從外部的行為考察（考察其合不合理）開始，而漸漸繞回內心的；象山則是從內在的本心覺醒（自問其動機是否光明無私）發端，以貫注到所有言行的。

朱子為什麼要從外部言行的考察開始呢？原因之一是內心有受傷未癒的陰影乃至黑洞，讓人忙於自我防衛而無暇行善愛人，這在朱子即稱為「氣稟之

江西鵝湖書院內的「鵝湖之會」塑像。

雜」；原因之二則是關聯到行為的道德效果，須要通過公認（或由先行的聖賢所肯認）的行為準則來規範。而二者結合，我們依據理義（朱子常以仁義禮智四項道德觀念為代表）所表現的行為，便一方面是合理可信的行為，同時也有了自我人品校正、病痛療癒的功效。這就是道德修養要從格物開始的用意所在。

當然，格物是一個身心修養的漫長歷程，在這歷程中也就有了生命成長、境界提升、自我完成的變化。這變化大體是由每個人自己的心來負責，一方面探討所認知的道德之理如何才能更完善（由個別的行動準則透至終極真理）？一方面也考察自己生命內部還有那些駁雜成分有待汰濾療癒？於是一方面以性理治情，一方面也通過治情的經驗讓道德之理在自己心裏更為明白。這樣性情互動的結果，心知與性理就會愈來愈成熟到位。到最後就可能出現心從偏於向外認知完全恢復為內在自由創造的道德本心（全體大用無不明），而表現出來的言行也自然合於天理，而無須再通過與種種道德觀念、行動準則比對的程序了（表裏精粗無不到）！

總之，通過這樣的格物歷程，朱子的心是可能與象山的本心相符的。只是這歷程畢竟漫長辛苦，也並不保證必然能透達到至理，恢復為本心罷了！

但象山乃至整個陸王心學，其身心修養的工夫卻大大不同，而是直接從豁醒每個人內在本具的創造性本心開始的。怎樣豁醒？首先就是在觀念上肯定人人都有這與生俱來，先天本具的本心。如孟子肯定「人之性善」，說「人之異於禽獸者幾希」，就在人有這一顆良心。象山所以能同樣有這一點根本上的自

朱熹《四書集注》，
明朝成化十六年吉府刻本，
藏於山東博物館

我肯定，正是由讀《孟子》而獲得這一點基本觀念的啟發。莫輕看這區區一個觀念，所謂靈光一閃，往往就是人生脫胎換骨的開始。

當然，觀念的肯定只是一個開端，下面就要從自己的言行中去體會。象山首先就體會到自我內在的本心真的就是自己所有生活言行的價值根源，或生命存在的意義、價值、尊嚴的創造者，根本不必處處以經典所記載的義理為行動準則去一一比對，反而是可以直接以自己的道德言行為主體，經典義理則退居為我的道德行為的詮釋工具（以《六經》為我注腳），或者不妨說是互相發明，後先輝映（《六經》注我、我注《六經》）罷了！

象山於是從這樣的親切體會中，肯定這是每一個人都能實現的本性良能，呼應了孔子說的「我欲仁斯仁至矣」，也呼應了孟子說的「求則得之，舍則失之」。因此說出「宇宙不限隔人，人自限隔宇宙」的感慨。

象山因此建立了內在的根本自信，昂然表現了我雖一無所有（連字也認不得一個），依然可以頂天立地的氣概，真與孟子養浩然正氣同調。這就是不假虛文，但憑實踐的修養正途，正所謂「千虛不博一實」，一切意義價值，都從自己內心自然流出。工夫簡捷明暢，直通於終極天理，貫注於大宇長宙。充實飽滿，當下即是。真可說是孔孟正傳的根本工夫所在。

不過，這工夫雖然簡捷正大，卻有一個根本前提，就是須得其人生命健康，署無幽暗才行，亦即所謂根器須高。而絕大多數人事實上是生命創傷不免，氣質多有駁雜的。因此遂亦當有程朱理學的迂迴工夫為輔助了！

陸象山先生全集，陸九淵撰
清道光三年金溪槐堂書屋刻本。

的風範與影響。

鵝湖之會留下的意義與影響

這次鵝湖之會，粗看好像是一場無功而返的失敗聚會（在鵝湖會十年之後，朱陸兩方又曾以書信來往論辯過一次，但還是沒有談出結果）。但餘波蕩漾，其實留下很好的風範與影響。

首先就是朱陸兩人的互相敬重，情誼不但沒有因爭辯而產生裂痕，反而更惺惺相惜。兩人常有書信來往，私下雖仍互有批評，但同時也有由衷的稱許。如象山雖可惜朱子「學不見道」，但仍尊其人為「泰山喬嶽」。朱子雖私下對學生評論象山，說「子靜千般萬般病，在不知氣稟之雜」，但對象山接引後學的感召力也極欽佩，說象山門人「氣象皆好」、「多持守可觀」、「類能卓然自立」。這種真誠互重的論學態度，正是人與人間一切互動的道德基礎，也是儒學忠己信人的根本精神，能如此相待，一時的意見不同又有什麼關係呢？交給時間，早晚總會發展出合理圓滿的結果的。

由鵝湖之會引發的朱陸異同、朱陸會通課題，果然在此後數百年，成為儒學發展史上的一根主線，投入這課題的學者可說不計其數。

關於這根宋明新儒學的發展主線，大致可以分成三個階段來扼要表述：就是宋代的理學（以程朱為代表）、明代的心學（以陸王為代表）和晚明清初的氣學（以王夫之最為代表）。他們的共同課題都是探討道德價值的終極根源，但在初探的第一階段，道還是高懸在天上，人只能向上去摸索追尋，因此稱為理學，亦即「道在超越的理」的意思。

程顥畫像 清宮殿藏畫本

到了第二階段，摸索已經漸漸有了結果，人對道也有更親切的內在體會，於是高懸在上的理，便內在於人而成人的本心良知，因此稱為心學，亦即「道在內在的心」的意思。

然後到了第三階段，這作為創造性動力根源的真心良知，已經更能發揮他的創造力去賦予生活中的事事物物以存在的意義與價值了！於是全體生活都被道所貫注充滿，形成孟子所說的「浩然之氣」，所以這階段的主流儒學就被稱為氣學，氣者，全體實存的意思，這時道便不止在天上、在心裏，更存在於全體生活之中了！

全體實存就是身心合一、物我合一、人我合一，最終是天人合一的整體和諧，這是儒學乃至中華文化一以貫之的道德理想所在，所謂「天下歸仁」（孔子語）、「上下與天地同流」（孟子語）、「仁者以天地萬物為一體」（程明道語），乃至陸象山的「吾心即宇宙」，都是這個意思。這不但是所有人共同的人性理想，也是所有人該共同努力的永恆方向。

在這三階段的發展中，心學無疑是一個核心，它承先啟後，上通於天的究極真理，外貫注於生活的全面細節。如果呼應孟子的義理規模，前者就是「盡心知性知天」，後者就是「養氣知言」，而都是從心出發的向上、向外全面打通的學問，也就是「下學上達」、「內聖外王」的全體表述。

而在這整體和諧的道德實踐歷程中，為什麼朱陸會通會成為一個代表性母題？也就不難了解了！心學的大成者王陽明因此發心寫「朱子晚年定論」一文，

王安石畫像 江西博物館藏

明白表示想會通心學理學的心意。至於氣學的巨擘王夫之（號船山），在朱子學、陽明學之間，如何去取貫通，更是煞費苦心，用力甚勤，也的確獲得了重大的成果。都因實現天人合一、整體和諧正是儒學乃至中華文化的根本精神所在罷了！

也就是說，朱陸異同與會通的課題，經過後人五百年的努力，終於至少在向內疏通價值根源的層面上，獲得了實踐乃至理論上的可貴成果。我們得從這整體大格局回過頭來看這次鵝湖之會，才會恍然明白它為什麼會是一個儒學發展史上的指標性事件，具有如此重要的歷史意義。

肆．再做點補充

先回到道、儒、墨三家鼎立的大格局去考察

朱陸會通的課題，僅就儒家內聖學，也就是疏通價值根源的工夫修養這一層而言，到晚明氣學已可算告一段落。但如果放大格局，就內聖外王的儒學全面而言，卻還有進一步的課題要去開發與完成，這就是如何才能從內聖成功地或有效地開出外王事業來的問題。

還記得我們在前文有談到春秋戰國時的墨、儒、道三家鼎立的格局嗎？我們曾說為了表述的簡明方便，不妨先把沒用到的墨家歸檔封存，等遇到有用的機緣再予以啟封。現在這個機緣到了。

這一方面是當內在的價值根源（本心良知）得到充分的實踐性證明，就應該進一步發揮他的創造力去推己及人，乃至博愛眾生，乃至為有效地博愛眾生而

去建構一個能有效運作的社會體制、禮樂文明；讓生活在這文明體制中的人，自然就能夠活得健康而且優美。這才是合理或者說道德的充分實現。另一方面則是在近代，一個善於建構並有效操作體制的文明正在對我們造成衝擊，這就是近代西方文化；這逼使我們必須有所回應。但怎樣才是有效的回應呢？這就須要回到內、中、外三方兼顧的大格局去考察了！

內、中、外的大格局在春秋戰國的初步呈現就是道、儒、墨三家鼎立。道代表內在的心靈自由，墨代表外在的體制效率，儒居中，代表道德生活的整體實現。原來道德生活就是儒家的核心關懷，他的表現就可以用倫理或「親愛的人際關係」（如父慈子孝、兄友弟恭）來表示。但所謂倫理、道德、親愛是如何構成的呢？卻有內外兩端，就是自由與合理，用孔子的話來講就是仁和禮。當然這內外兩端是一體的，不自由的合理就是威權宰制而實屬不合理；不合理的自由則是任性放蕩而不是真自由。所以道家就專講明自由以檢驗或補足儒家的道德倫理，也預防其變假（同時儒家也用道德的合理規範自由以防淫濫）；墨家則專強調體制的合理運作以補儒家禮樂的不足，也預防其失效（同時儒家也用道德的自由平衡合理以防威權）。換言之，這就是儒家中庸（執兩用中）的道德理想所在。

當然這只是一個原則性的理想或文化發展方向，落實下來還有很長的摸索實踐、創造發明之路要走。在過去兩三千年，先落實去走的就是儒家和道家以及更內傾的佛家的磨合或融合之路，所以暫時用不上的墨家才會先被歸檔封存。

但現在中華文化發展史要開始面對另一端的融合課題了！於是墨家也被人

從塵封的倉庫中找出來。

墨家經典重新被國人注意有兩次，第一次是明末清初（代表人物是畢沅和孫詒讓，他們首先致力於整理已讓人讀不懂的經典原文），機緣是在氣學盛行的氛圍下自然會去注意外在客觀面的事物。第二次是在清末民初（代表人物是梁啟超和胡適，他們研究的重心開始轉移到思想層面），背景則是西學的衝擊。這很像魏晉隋唐時為了回應佛學的衝擊，先找性格比較相近的道家去對話。這都是中華文化面對外來衝擊時的回應之道，就是不採硬碰硬的對抗，而用接觸、溝通、了解、融合的柔道。

藉朱子格物與清代考據學去接近西方科學

當然動用墨家只是一種態度上的自我調整，實際出面進行對話的還是儒家，這就是百年來不斷發生的中西文化論戰，包括中體西用論、全盤西化論、主動開出科學民主論、中華文化復興論等等，可說到現在都還在聚訟紛紜的階段。

除了正視物質世界的存在、體制運作的效率這一態度與原則（即所謂客觀）之外，在經驗層面，儒家是根據什麼來對話的呢？這其實就是在清代蔚為主流的考據學（或稱樸學）。考據學重視客觀事實（雖聚焦於經典文字的客觀事實），可說是一種類科學；對西方正牌科學的引進與嘗試理解，是一個不錯的橋樑。（正如嘗試理解印度傳來的佛學，中國人態度與原則上根據道家，在經驗上則是根據魏晉新道家的清談與玄學。）但清代考據學的興起，卻和朱子的格物有非常密切的關係。

原來朱子的格物致知，雖然原先的關懷是在道德心性的層面（為疏通道德行

孫詒讓（左）和畢沅（右），皆曾致力於墨家經典研究。《清代學者象傳》

為的內在心性根源），但既然相對於象山的直從內在立本（尊德性中的尊德性），朱子是從外部的行為切入漸漸繞回本心（尊德性中的道問學），則朱子的格物致知，也很容易就可以從道德的（涉及價值）客觀層面過渡到物質的（價值中立）客觀層面。於是格物就接近科學對外物的觀察（而非反省自己的倫理行為），致知也就接近掌握事物的客觀知識（而非價值的根源、道德的天理）了！於是通過考據學這類科學去接近西學，的確就可以算是由儒家出面去和西學對話。如物理學早年被翻譯為「格致學」，乃至政治（正己以治民）、經濟（經世濟民）等譯名其實也都是儒家的用語呢！

而既然使用了儒家的詞語和觀念，便無可避免地會牽涉到儒學的核心與整體。其核心關懷就是道德，其整體格局就是內聖外王。正如同朱陸的一外一內必須求其會通，中西文化的一外（西方的科學民主）一內（儒家的道德關懷、價值創造）也必須求其會通。這在儒學和中華文化，就是外王事業的開出（包括心性學的概念系統化和仁政德治的體制運作化），亦不妨即統稱為客觀化、現代化。在西方文化，則是科學民主的道德化（如道德的物理學、道德的政治學等等）或中國化；以促使科學的知識、民主的制度在付諸實施的時候，不致被誤用而反成為邪惡勢力的工具。

這些中西文化會通的觀念，初聽可能會覺得陌生乃至不可思議，正如同朱陸鵝湖之會的對話也是不能互相理解；但假以時日（朱陸會通的大體完成竟須在五百年後），終會逐漸互相滲透、互相成全而完成其一體兩面的整體和諧。若然，則朱陸鵝湖之會的象徵意義與指標性地位就更顯明而重要了！（曾昭旭）◆

胡適（左）和梁啟超（右），轉從思想層面研究墨家經典。

8 徬徨少年時 節選

一九四六年諾貝爾文學獎得主赫曼赫塞是堅定的人道主義者，也是一個持續關心青少年成長與體制衝突議題的作家。他的許多重要作品，例如《徬徨少年時》、《車輪下》或者《鄉愁》，都聚焦於「困惑少年」這一主題，並有許多深刻而富同理心的探討，獲得許多年輕讀者的喜愛與共鳴。其實，在人生的道路上摸索，我們都是永遠的徬徨少年。

壹・作者與出處

赫曼・赫塞，（Hermann Hesse）。一八七七年七月二日出生於德國符騰堡卡爾夫市，父親約翰那斯・赫塞是宗教哲學作家，母親瑪莉是知名語言學家之女，赫曼曾就讀過神學院，但因天生不受拘束的性格，始終無法安於神學院的學習，最終輟學。之後赫曼前往工廠從事學徒的工作，輾轉進入書店成為職員。他年輕時就展現出桀傲與叛逆的性格，就學期間赫曼曾經一度逃學，隻身躲避在距離學校幾公里以外的荒涼野地，直到校方發動全鎮搜索，才在火車站找到幾乎凍僵的少年赫曼。他對於當時學校體制充滿抗拒，多年後

回顧，赫曼語重心長地指出，一般學校教育並未深刻理解處在青春期孩子的艱難，也因為這樣，赫曼往後的寫作生涯中，作品中經常出現「困惑少年」，諸如《徬徨少年時》的辛克萊、《車輪下》的漢斯和《鄉愁》中的彼得。這不只是他個人的經歷，同時也是對體制內教育的反思。

赫曼的作品彰顯出寬厚的人道主義精神，這樣一位具有同理心與社會關懷的作家，儘管受到廣大同胞的喜愛，但有生之年始終不見容於德國當權者，無論是一次大戰前的德意志共和國，或是二次大戰時期的納粹當權者，赫曼的作品經常被政治劃界為「非我族類」。一九一九年赫曼因對德國政治環境日益險峻感到失望，因而舉家移居瑞士，但遲至一九二三年才歸化瑞士國籍。

二次世界大戰期間，赫曼對納粹的暴行多有譴責，因而招致攻擊，德國境內隸屬政府的報刊機構拒絕刊登他的文章，並視他為叛國者，大加撻伐。赫曼在德國出版社的友人甚至因出版他的書籍而被捕入獄，遭到蓋世太保的囚禁。然而他卻並未因此退縮，每每設法營救身陷囹圄的猶太人或德國親友，接待無數與納粹政權為敵的自由派作家。二次大戰結束後，德國戰敗，他基於人道，為當年傷害與責難他的國家挺身發言：「許多人憤怒的指責德國，彷彿集中營的恐慌是整個德國造成的，他們卻閉口不談成千上萬名受難者與沒沒無聞的英雄，那些人堅持和積極的作為，哪怕自由和生命受到威脅，在最艱難的歲月中用最崇高的方式代表了德國人民。」

赫曼於一九四六年獲頒法蘭克福歌德獎，並於同年取得文學界的桂冠——瑞典皇家學院諾貝爾文學獎。然而赫曼生性低調，並未出席頒獎典禮，只請人代為朗讀謝詞：「藝術要從民族主義超越到國際主義，且不是為了戰爭和毀滅而存在，是為了和平和融合。」這篇宣言無疑證明了赫曼始終不願隨俗與創作的堅持，對赫曼而言，寫作既無關乎他人給予的評價，也無關乎政治立場，而是個人良知。赫曼的作品風格多樣化，擅長以不同體裁的文類進行創作，舉凡詩歌、散文、小說、童話，他都信手捻來，遊刃有餘。他的文學背景並非出自傳統學院，而是積累大量的自學經驗與百科式閱讀。無論是印度、中國乃至歐洲或埃及的古文明，皆可得見他巧思運用在作品中。赫曼一生著作頗豐，作品曾被翻譯成二十多國不同語言，一九〇四年發表小說成名作《鄉愁》（或譯為《彼得．卡門青》），在德國一連再版印刷五次，自此取得文壇重要地位。代表作有《鄉愁》、《車輪下》、《彷徨少年時》、《荒野之狼》、《流浪者之歌》、《玻璃珠遊戲》、《知識與愛情》、《東方之旅》等。

《徬徨少年時》最初曾以《德密安》的名稱在德國《新評論報》上刊登連載，以「辛克萊」筆名發表，沒有人知道這部作品出自赫曼，就連他的好友托馬斯．曼也被蒙在鼓裏，甚至一度因為驚訝於作者的才氣，寫信給報社好奇詢問「辛克萊」究竟是何方神聖。《徬徨少年時》通篇以第一人稱的口吻寫作，用近乎自傳的形式講述辛克萊前半生的故事。故事中的馬克斯．德密安是辛克萊的摯友，始終扮演著辛克萊的心靈導師，在辛克萊迷惘而困頓之時，給予他真切的友誼與人生思考方向。本文選自《徬徨少年時》，赫曼．赫塞著，林倩葦譯，遠流出版事業股份有限公司出版，二〇二〇年十一月。

《德米安》又譯為《彷徨少年時》，德文初版封面。

貳·選文與注釋

我對馬克斯·德密安的思念再度變得強烈。我已經好幾年沒有他的消息了。假期中只跟他碰過一次面。這一刻，我才發現我略過了這次短暫的相遇，也知道是因為羞愧和虛榮心作祟。我必須把它補回來。

那是在假期中，有一次我在鎮上閒逛，端著酒館時期那張驕傲自大、宿醉未醒的臉，揮著散步用的手杖，一副憤世嫉俗的神情，這時，我的老朋友正好迎面走過來，一看到他，我立刻倒退了幾步，我不由得想起法蘭茲·克洛摩。但願德密安已經把這件事給忘了！欠他一份人情實在很不好受——雖然那只不過是童騃時期的一段插曲，但對我而言，畢竟是一種負擔……

他似乎在等待我是否會跟他打招呼，當我盡可能沉著地面對他時，他走上前來跟我握手。這又是他一貫的握手方式！堅定、溫暖，卻又冷靜、充滿男人氣概！他端詳我的臉，然後說：「你長大了，辛克萊。」他看起來絲毫沒有改變，和以前一樣老，也一樣年輕。

我們一起散步，閒聊起一些無關緊要的事，一字未提當年。我突然想起我寫了幾封信給他，卻沒有收到他的回音。啊，但願他也忘了那些愚蠢的信！對此他什麼都沒講。當時我還沒遇到碧翠絲，也還沒開始畫畫，還處於放蕩階段。走到了郊外，我邀他一起上酒館，他答應了，一到了酒館，我便賣弄起來，點了一整瓶酒。我把酒杯斟滿，跟他一起乾杯。我完全一副對學生飲酒習慣很在行的樣子，一口氣喝下第一杯酒。

「你常常上酒館？」他問我。

「啊，是的。」我懶散地說：「要不然該做什麼？這終究還是最好玩的。」

「你真這麼覺得？也許是吧。這種醉意，偶爾學學酒神巴克斯，的確不錯！但我認為，經常膩在酒館的人，通常已經失去飲酒的真正樂趣。我覺得出沒酒館的人，簡直是迂腐。沒錯，找個夜晚，點著熊熊火炬，好好給它喝個痛快，大醉一場，是很棒！但一再如此，一杯接一杯地喝，這樣不對吧？你可以想像浮士德夜夜坐在酒館裡的情形嗎？」

我繼續喝著酒，滿懷敵意地看著他。

「對，不是每個人都是浮士德。」我沒好氣地回答。

他顯得有些吃驚，凝視著我。

然後，是他那一向的活力充沛、又充滿優越感的笑容。

「好吧，我們別為這種事情爭論了，酒鬼和浪子的生活，或許比標準國民守成來得精采，我還曾讀到一句話：浪子生涯是成為神秘主義者的最佳準備。畢竟，這個世界上像聖奧古斯丁[1]一樣成為先知的人不少，最初他也是如花花公子般享

1 奧古斯丁（St. Augustine of Canterbury）：年輕時生活放蕩，中年後幡然悔悟，撰寫《懺悔錄》、《天主之城》等，被天主教派與東正教奉為聖人。

樂。」

我不相信他的話，我不想讓自己被他掌控，於是傲慢地說：「是啊，人各所好！不過，我倒是一點也不想成為先知那一類的傢伙。」德密安瞇起眼睛會意地看著我。

「親愛的辛克萊，」他慢慢地說：「我不是故意說些不好聽的。你現在為什麼要在這裡喝酒，這點我們倆都不清楚。但創造你生命的自我會是明瞭的。真好，我們之中有一人知道自己的想望，並把一切做得比我們還好。不過，抱歉，我該回家了。」

我們簡短道別。我悶悶不樂地留下來，把瓶裡所有的酒喝得精光。離開時，這才發現德密安已經付了錢，這讓我更生氣了。

我的思緒又回到這件小小的事上。我沒辦法忘掉德密安。他在那家酒館裡講的話，再度浮現我腦海裡，清晰且永恆——「真好，我們之中有一人知道自己的想望！」

我望著這幅掛在窗櫺上的畫。四周已經黯淡下來，但還能看到畫裡的眼睛依舊燃燒著。這是德密安的眼神。或者，這是我內心裡的那個人的眼神。那個知道一切的人。

我是多麼思念德密安啊！我沒有他的消息，我找不到他。我只知道他大概在某所大學讀書。他中學畢業後，就跟著母親搬離了我們的城鎮。

我試著回憶，回溯到我和克洛摩的事件，回想馬克斯・德密安在我心中的所有記憶。我的耳邊再度響起許多他告訴我的事，有多少至今仍有著意義，實質的意義，仍然和我切身相關！就連我們上一次不怎麼愉快的聚會中，他講到有關浪子和聖者的片段，也突然清晰地浮現眼前。我的情況不正是如此嗎？我不也是活在爛醉和汙穢之中、在渾噩和無望之中，直到我身上的另一面被某種新的動力點燃，獲得重生，因而盼望起純潔，渴望神聖？

我繼續探索這些回憶。夜早已降臨，外頭下著雨。我在回憶中也聽到雨聲，那時是在栗樹下，當時他正在探問我法蘭茲・克洛摩的事，並猜出我的秘密。記憶一件件接踵而來，我想到了上學途中的對話，想到了堅信禮課。最後，我突然想起我和馬克斯・德密安的第一次碰面。當時是為了什麼事？我一時想不起來，但我給自己時間慢慢回想，我完全陷入思考中，現在，它又回來了。他告訴我他對該隱[2]的看法，之後，我們站在我家前面。他提到我家門拱上的那個古老、斑駁的徽章。他說他對它很感興趣，他覺得人們應該多注意這類事物。

那夜，我夢見德密安和這枚徽章。德密安把徽章拿在手上，徽章的樣子不斷變換，一下子變得很小，灰色的，一下子又變得很大，色彩繽紛，但德密安卻對我說這是同一個徽章。最後，他逼我吃下這個徽章。我一口吞下，卻無比驚恐地

2 該隱：出自《聖經》中該隱殺死亞伯的故事，相傳該隱因為忌妒上帝選中弟弟亞伯的祭物，因此憤而殺死亞伯。

感覺到，這枚鳥形徽章在體內活了過來，不斷成長起來，填滿我的身體，並由裡而外吞噬著我，我從極度恐懼中驚醒過來。

醒來的時候已經半夜了，雨水打進房間，我起來把窗戶關上，不小心踩到地板上的某個東西，只覺得它在黑暗裡發亮。隔天早上，我發現夜裡踩到的原來是我畫的畫像。它掉在地上，被雨水浸濕，紙張變得扭曲不平。我把畫攤開來，覆蓋上吸水紙，然後夾進一本厚厚的書裡晾乾。再次拿起來查看，畫已經乾了，畫面卻變了樣。紅色的嘴唇褪了色，變得更狹長些。現在，它十足是德密安的嘴了。

我重新動手畫另一張畫，是那個鳥形徽章。它的樣子我早已記不得了。印象當中，即使靠近觀察它，有些細節還是模糊難辨，因為年代久了，何況還多次被重新上色。這隻鳥可能是站著或停棲在某個東西上，也許是在一朵花上面，也許是在一個籃子或鳥巢，也可能是樹冠。我並不在意這些細節，直接從記得的部分著手。一股莫名的動力，驅使我用鮮豔的顏料；這隻鳥的頭是金黃色的。我順著心情繼續作畫，花了幾天完成了這幅畫。

現在，牠是一隻猛禽，有著輪廓分明、雄霸四方的雀鷹頭[3]。襯著藍天的背景，牠半個軀體藏在一個陰暗的球體裡，彷彿正要從一顆巨蛋當中掙脫出來。我觀察著這幅畫，愈看愈覺得它像出現在我夢中的那個彩色徽章。

即使我知道德密安人在何處，也不可能寫信給他。但是，隨著當時行事的衝

3 雀鷹：「鷂鷹」的別名，常棲息山林，獵捕小鳥為食。

動，我決定把這幅畫寄給他，也許他會收到，也許不會。除了畫，我沒有任何話語，也沒有寫上我的名字，我小心翼翼把圖畫修邊，買了一個大型信封，寫上我朋友從前的地址，然後寄出去。

考試將近，我必須比平常更努力用功。自從突然改變我那可鄙的放浪之後，老師們再度仁慈地接受我。我還算不上是個好學生，但不管是我自己還是任何人，誰都無法想像，半年前的我還處於勒令退學的邊緣。

父親寫給我的信不再是先前的口吻，沒有責備，也沒有威脅。但我也沒有興致向父親或任何人解釋我的轉變。這個轉變正好符合父母和師長對我的期望，不過純粹只是巧合罷了。這個轉變沒有把我帶向任何人，也沒有讓他人因此接近我，只是把我變得更孤單、寂寞。它的目標朝向某個地方、朝向德密安身邊、朝向一個遙遠的命運。

參・可以這樣讀

青春倖存者的故事：《徬徨少年時》

想像一位正值青春的少年，他的心靈多愁善感，對於一切的事物觀察都充滿洞見。他喜歡大自然的綠蔭成林，也能敏銳嗅出春天中微風挾帶的綠葉氣息，他愛獨自在秋天的樹林裏慢步，花一整天待在閃著夏日金光的池塘旁釣魚。他擁有音樂的天分，喜歡聆聽美妙的音符，在悠揚的樂聲中感受演奏者與音樂的奇妙合一。他還喜歡繪畫，每每下筆的時刻，總能聽見曲直交錯的線條與五彩顏料彷彿在傾訴，眼前空白的畫布上早就佈滿腦海裏預先編排好的各種故事，這是他與藝術世界的秘密，只有他懂得。還有，他非常喜歡寫作，經常有出人意料的想法。他總是對世界上發生的一切都相當好奇，心中有滿腹的疑問。他是如此熱切希望得到一切問題的答案，並且每日瘋狂的在腦海塗鴉，關於動物的、人類的，以及人間各種奇妙的故事。

儘管他才華洋溢，但現實中他沒有自由。他困在學校制式的科目裏，被迫只能在考試的壓力中努力證明自己：無論是拉丁文、哲學、宗教學、德文和法文。他無法外出散步，只因為每日課後的作業仍相當繁重。他的朋友也和他一樣被關在寄宿學校中，一天十小時為自己不確定的未來奮鬥。他的教師不太清楚年輕人的想法，只希望他們安於學習，不要花太多時間胡思亂想。因為想要進入更高的學府就讀必須專心致志，不容許與課業無關的言談。另外，父母的期望當然也很重要，像他們這樣的小康家庭沒有談論自由的條件。因為如果不像父親一樣當考上神學院，謀得職務，就無法使父母感到驕傲。

他終於選擇為了前途放棄一切，不再試圖抵抗現階段的命運，他逐漸不再親近大自然，撫摸他最鍾愛的那棵樹，也不再到池畔與日光和釣竿鎮日為伍，他常把自己囚禁在宿舍裏練習外語文法，在天剛破曉的微寒早晨書寫與演算。他愈來愈抑鬱，陰霾的臉龐佈滿了疲憊，他愈來愈煩躁，無法集中精神，最後在某堂課裏與教師起了語言衝突。沒有人知道，他朝著課堂裏大吼的原因，其實只是因為看見了自己在玻璃窗上的倒影：那個神采奕奕的少年如今已然死去，取而代之的是灰濁的眼眸，不知身在何處的荒涼悽楚，形銷骨立，如同荒野中無家可歸的孤獨之狼。

他不想再使父母或周遭的人失望，一心想要離開這個世界。黑夜中，他偷走宿舍室友的錢，在一家不知名的店舖買了手槍。然而，就在他站在空曠原野朝自己的太陽穴開槍時，赫然發現，子彈並未爆炸。他陰錯陽差地活了下來，出乎自己意料之外。

多年以後，他終於明白父母的憂心，也明白自己此生的意義，他的青春是一則「倖存者」的故事，因此，他必須寫作。這就是他的生命召喚，也是他生而為人的意義與價值。

這位少年正是赫曼．赫塞。

《徬徨少年時》是一部講述青春「倖存者」的故事，這則故事其實也與赫曼自己有關。當他以誠實的文字為主角「辛克萊」寫下種種年少的磨難與青春時期的困惑，他所書寫的不只是辛克萊，更是自己。因為如果不是親身經歷，赫曼也無法如此生動刻劃困在青春迷惘中的徬徨少年。《徬徨少年時》中的辛克萊和所有的年輕人一樣，在追尋夢想和成長的同時，經歷了重重艱難，甚至是自我放逐。童年階段的他曾經有過一件不為人知的秘密：辛克萊曾經認識一個名叫克洛摩的青少年，這位克洛摩在「吹噓比賽」中設下陷阱，引誘辛克萊講述自己「做過最壞的事情」，作為取得同儕認同的「條件」。辛克萊為了得到其他青少年的尊敬，撒謊自己曾經行竊的「豐功偉業」，自此以後，辛克萊便難逃被邪惡之人操控的命運。

克洛摩以辛克萊親口所說的謊言要脅他，命令辛克萊去做更多的壞事：諸如偷父母的東西、女傭的零錢等等。克洛摩甚至還折磨辛克萊，一次又一次命他完成不合理的「任務」：用一條腿跳著走十分鐘、對路人惡作劇。直到遇見了德密安，辛克萊的遭遇才得到救贖。德密安在辛克萊最徬徨無助時曾經引導過他，要他不畏懼克洛摩，坦然面對自己。另一方面德密安也告誡克洛摩，要他正直行事，停止對辛克萊的欺負。

選文開始辛克萊已來到了大學階段，他再度陷入青春的迷惘與憂鬱，經常突如其來的悲傷。他與周遭的同儕格格不入，無法和他們推心置腹。就在此時，辛克萊因空虛而染上了酗酒的惡習，藉由酒精的麻痺，他暫時使自己遠離人生

◀德密安曾勸辛克萊：「你能想像天天耗在酒館裡的浮士德嗎？」人生當然有痛苦不堪的時刻，但是要決定活著的品質，其實是自己的責任。

的痛苦。當辛克萊日日沉湎流連於酒吧時，恰巧此時又與德密安重逢，這位朋友的出現，無疑是迷惘少年辛克萊最重要的禮物。

德密安以平等的姿態與辛克萊對話，提醒辛克萊是否真正理解「生活的樂趣」與逃避人生的差異，對酒當歌與夜夜酩酊聽起來非常浪漫，但是如果天天如此，只會離「真實的生活」愈來愈遠。德密安勸諫辛克萊：「你能想像天天耗在酒館裡的浮士德嗎？」人生當然有痛苦不堪的時刻，但是要決定活著的品質，其實是自己的責任。生命的延續並不等於「活著」，用酒精麻痺人生的一切「感覺」，也不等於「快意人生」，因為辛克萊喝酒的目的根本不是為了浪漫或享受，而是逃避。德密安刻意提起浮士德的故事，實際上是以幽默的口吻勸說辛克萊，浮士德與魔鬼梅菲斯特之間的約定是要證明自己重返青春後絕不會迷失在「享樂」之中，但辛克萊的酗酒甚至與享樂無關，純粹是逃避，這是一則「沒了下文」的浮士德故事，只有苦杯滿溢，根本沒有放浪的痛快。

德密安的誠實使得仍舊困於內心掙扎的辛克萊對他產生了敵意，因為辛克萊還沒有準備好面對自己，辛克萊帶著些許的羞赧回應德密安，使後者敏銳的覺察到辛克萊此刻需要的也許不是評斷，而是接納。德密安轉而以「理解」的態度對待這位童年摯友，溫柔接納他此刻的憤怒與痛苦。德密安對辛克萊說出了至關重要的話：「你現在為什麼要在這裡喝酒，這點我們倆都不清楚。但創造你生命的自我會是明瞭的」。德密安要辛克萊記住，你我心中有這樣一個人：懂得生命來到此處的真實「意義」與「目的」，無所不知，無所不願，一切都

做得比我們更好，這就是每個人澄淨無暇的本來面目。

徬徨少年的覺醒

多數的時候，人們難免用自己的標準去評斷或指責他人的行為，受限於個人偏見與好惡評斷。然而一個人的「行為」好壞，實際上不應當等於這個人的價值。每個人都是如此特別，是世上獨一無二的存在。生而為人，我們都可能經歷迷惘或懊喪，也可能犯下錯誤，甚至興起自我放棄的念頭。成長的過程中，要能有覺察意識和時刻反省自己的行為，並從中得到教訓，努力變成更好的人，是件非常不容易的事。德密安從理解的角度全然接納眼前酗酒失志的辛克萊，給予他如同兄長般的叮囑與祝福，他深信辛克萊與自己心中都有這樣一個人：無所不知，無所不曉，明白自己來到世上的終極意義。德密安的話像是一道智慧之光，開啟辛克萊截然不同的自我認識，並且使他明白，有一個更好的自己在生命未來的不遠處，不管怎樣，辛克萊終究會成熟，只不過目前的他正被痛苦的慣性惡習支配。德密安沒有「拋棄」因迷惘而走上歧途的辛克萊，他的話帶給了辛克萊勇氣，這正是接納與同理的力量，因為要做到全然的「接納」並不容易，必須擁有一顆柔軟的心與對人深刻的理解。每個人最終只能自己選擇自己的人生，旁人無法替代。但對另一個被困住的靈魂而言，沒有比全然的理解或陪伴來得更可貴。

儘管辛克萊還未真正準備好面對生活失序的狀態，但卻能隱約覺察自己也

一個人的「行為」好壞，實際上不應當等於這個人的價值。每個人都是如此特別，是世上獨一無二的存在。

具備了清醒的睿智，他突然明白中學時期的一段往事：他和德密安曾討論過宗教話題，德密安引用《聖經》該隱殺死亞伯的故事，談浪子與聖人的分野。德密安對辛克萊訴說了另類版本的故事：該隱殺死亞伯並非出於忌妒，而是他不願意生活在傳統之中，因而起身反抗，最終出走。德密安希望辛克萊明白，每個人都有獨一無二的人生旅程，哪怕在別人眼中十惡不赦，終究要體驗屬於自己的生命意義。要成為成熟有智慧的人並沒有那麼簡單，唯有理解自身的人性枷鎖，體驗掙扎與困惑，才能為自己做出真正的「選擇」。至於良知與道德，應當是出於內在的勇氣，否則只會淪為僵化的教條形式，如同德密安所言「一味甜蜜虛偽的感傷教化套路」。

辛克萊此時回顧德密安多年以前的警語，對照他現階段以酒精自我麻痺的生命失序，突然了解到自己所處的困境，也不過是一念之間。辛克萊因懊悔而清醒，並且決定改變自己。這名原本「徬徨」不已的少年，此刻幡然醒悟，他的生命力量是來自真正的「覺醒」。他終於停止自我放逐，明白當年德密安那則該隱故事的隱喻：每個人都有自己人生的路，哪怕是錯誤的選擇，被迫付出高昂的代價，人終究只能靠自己重新站起來，明白這趟生命旅程的意義。

自由的象徵：雀鳥從黑色的蛋殼中破殼而出

選文最後，辛克萊回想起「雀鳥徽章」，這枚徽章在《徬徨少年時》中貫穿全文，是整部小說重要的象徵。最初出現在故事中辛克萊家的大門上方。「雀鳥」的姿態宛如空中的王者，目光炯炯有神，顧盼之間展現自信與無畏的英姿。雀鳥的形象美麗挺拔，在天際中展翅翱翔，自由自在，更貼合心靈完全擺脫束縛的隱喻，象徵生命獲得真正自由的狀態。在辛克萊心中，德密安的形象與這枚徽章近乎融合在一起，所以辛克萊的夢中才會出現德密安手上拿著那枚徽章。德密安與雀鳥形象之所以合而為一，是因為兩者同樣具備了敏銳與精準洞察的特質，充滿自由的力量。辛克萊夢中的「雀鳥徽章」，形狀不斷改變，忽地微小頹敗，忽地龐大逼人，色彩繽紛，這枚徽章是心靈的印記，是超越政治或宗教束縛的內在啟示，是人人皆有的內在追尋與生命召喚，是屬於野性與自由的原始力量。

事實上，辛克萊也和德密安一樣具備了這些特質，只是他從未真正理解或開啟內在的靈魂之眼。但在選文末，他隱約明白了此事。他以繪畫的方式將心中所嚮往的生命以彩筆渲染於紙上，這便是自由第一步。辛克萊的意念藉由繪畫一步步的具象化，像是雀鳥從黑色的蛋殼中破殼而出，誕生必須摧毀舊的世界，這種破壞性的力量有時難以掌控，但「成長」的隱喻也與此相關。只要永遠活在舊的世界觀中，人就無法真正自由，發展出更高的「視點」。多數人可能在成長的過程中被迫戴上與自己相違的人格面具，有些人選擇逃避，甚至以墮落叛逆的手段「回應」世界，但這恰恰會失掉我們最可貴的生命特質。如果沒有尋找到個人生命價值與生活實踐的平衡點，生命很可能陷入痛苦的自我扭曲。德密安提醒辛克萊不要忘了生命所為何來，要與自己同在，如同辛克萊在

夢中所經歷的一切。辛克萊可以像德密安一樣睿智清醒，也能如同雀鳥自由展翅，只要他願意，就可以隨時改變。選文最後辛克萊停止酗酒，也回歸正常的學校生活，但他卻以誠懇的獨白說道：他選擇的路途既非父母親眼中的「洗心革面」，也不是宗教回歸或社會生存法則，而是成為一個「離群者」。辛克萊終將朝向他自己的命運，接近德密安或「雀鳥徽章」的象徵意義：自由。

赫曼以自身經驗出發，為同樣尋找生命意義的德國人寫下《徬徨少年時》，除了傳達對青年追尋自我的成長歷程關懷，這本作品還反映屬於赫曼特有的時代個人反思，與當時德國的政治局勢發展息息相關。赫曼出生於十八世紀末，當時宗教逐漸式微，取而代之的是國家集體主義與強權政治。《徬徨少年時》最終的結局是德密安與辛克萊雙雙奔赴前線，兩人一度被迫在戰爭中失去了對方的音訊。辛克萊在戰爭中眼見一雙雙將自己獻祭給不知為何而戰「著了魔的眼神」，所有的人不明就裡為政治野心者的「理想」而赴死，但這「理想」根本不是出於個人選擇。小說結尾寫辛克萊因被砲彈炸傷入院，半夢半醒之際，忽然聽見德密安的聲音，這位老朋友以溫柔的口吻對他說：「你得傾聽自己的內心深處，到時你就會發現，我就在你的心裡。」對辛克萊而言，德密安從未離開，他帶給辛克萊的影響已不可磨滅，況且，他其實就是辛克來內心深處另一個「無所不知」的自己，只要他願意傾聽，就能穿越一切世俗的表象，明白隱藏在事物底下的「意義」。生命關乎他人，也關乎自己。每個人都應當牢牢記住身而為人的獨立價值與惻隱之心，成為「如其所是」的人。一如書中德密

▶雀鳥的形象美麗挺拔，顧盼之間展現自信與無畏的英姿，在天際中展翅翱翔，自由自在，更貼合心靈完全擺脫束縛的隱喻，象徵生命獲得真正自由的狀態。

安所言：「創造你生命的自我」，無所不知，無所不願，這就是靈性的成長與豐收之路。

肆・再做點補充

赫曼・赫塞的童年：古靈精怪的小赫曼

童年的小赫曼非常頑皮，曾經使父母親相當頭疼。赫曼的家庭成員眾多，除了父母，還有六個兄弟姊妹。從小赫曼便展現出驚人的好奇心與旺盛的精力，他的母親瑪莉曾在日記中寫道，赫曼喜歡提出各式各樣的問題，諸如彩虹是怎麼來的？花為何開得如此美麗？草地的顏色為何隨著季節不同而改變？太陽晚上都躲到哪裏去了？每當這個時候，赫曼的父親便會成為他的朋友與指導者，一方面用古希臘與羅馬的故事為他講述奇幻的世界，另一方面解釋簡單的科學。赫曼的博學與父母親從小的悉心教導頗有關聯，但他每事必問的強烈好奇心，也顯示出他喜歡探究知識的獨特性格。

小赫曼的腦袋非常聰明機靈，生性又活潑好動，經常做出令父母親出奇不意的事情。他拿石頭以鄰居家當作投擲目標，狠狠砸破對方的玻璃窗，總是趁母親未注意的時候到院子的草地上打滾，再一臉無辜狼狽與滿身稀泥回到家中。不只如此，他的父母還經常接到鄰居小孩的「投訴」：不是他拿石頭丟人，就是他又欺負了誰。他甚至還會逃學，上課時不見人影。他的母親描述有一天決心把逃學的小赫曼關在客房裏，一方面使自己冷靜下來，另一方面教訓這個叛逆古怪的兒子，希望他知錯能改。沒想到被關進去的赫曼，非但沒有表現出害怕的樣子，反而隔著門對母親大喊：「你把我關在這也是沒用的，我可以自己玩，也可以欣賞窗外的風景。」

天真爛漫的小赫曼，古靈精怪且異想天開，但也並非全然只是調皮搗蛋小男孩。他有善於觀察的天賦，可以長久浸淫在自己想像的世界，並且具有繪畫方面的天份。在他熱愛的藝術世界裏，小赫曼可以用鉛筆畫出美妙的畫作，也會寫作長韻的詩歌，而且對音樂的鑑賞也極也有天份，甚至可以一人獨自跑到教堂，一連聽好幾小時的管風琴音樂。《徬徨少年時》中曾出現主角辛克萊坐在教堂外的石階上聆聽管風琴，並且感受到彈奏者寄託在音樂中的情緒與渴望，以及音樂本身超越一切世間可描述文字的美妙。關於辛克來對音樂熱愛的描寫，實際上正是赫曼自己對音樂狂熱的寫照，也是他童年時期對音樂熱衷的記憶剪影。

流浪，是為了喚回心靈：《流浪者之歌》

在赫曼漫長的寫作生涯中，寫過許多關注年輕人內在生命追尋的文學作品，這與他所處的時代很有關聯。赫塞出生後沒多久，德國「漂鳥運動」開始興起，這個緣起於一八九六年的青年市民運動，主要是為了反抗十九世紀末德國社會的威權結構與保守社會氣氛。當時的發起人何曼．哈夫瑪（Hermann Hoffmann）在柏林成立了德國青年運動團體，強調擺脫中產階級或資本家的世

小赫曼曾因逃學被關在客房裏，他隔著門對母親大喊：「你把我關在這也是沒用的，我可以自己玩，也可以欣賞窗外的風景。」

俗價值觀，轉而走入自然，深入荒野，體會不同的生命意義，邁向真正獨立與自由的心靈之路。赫塞許多作品所追求的超越性，探究青春與成長的歷程，與德國當時興起的青年反思運動，頗能遙相呼應。

除此之外，赫曼也受到父親和祖父的影響，對於東方哲學深感興趣，成長期間閱讀過不少相關作品，諸如《薄伽梵歌》、《道德經》與《易經》等。在著名的小說《玻璃珠遊戲》中，赫曼曾說道，如果西方世界可以學習印度佛教哲學，那麼經典的智慧必能啟迪西方人，讓西方國家尋找到自我，而非以發動戰爭作為解決問題的唯一手段。赫曼將他對東方哲學的喜愛灌注在作品中，最具代表性的就是《流浪者之歌》（或譯作《悉達多求道記》）。這部作品曾經被台灣知名的舞蹈家林懷民改編為舞蹈，在全世界巡迴演出多達兩百多場，造成極大的迴響，其中最經典的橋段是一位扮演「僧侶」的舞者，九十分鐘全程站在舞台上直立不動，金色的稻穀從天而降，如瀑布不停飛流，如夢似幻，像極了記憶與光陰的隱喻。靜定安詳的僧人如如不動，低眉斂目，雙手合十，如同小說中多年後終於明白世事的悉達多，觀看自己河流般的一生，過往雲煙，歷歷在目，心中卻不再有任何恐懼，因為他終於成為了自己人生之河的擺渡人。

《流浪者之歌》是赫曼寫作生涯中非常重要的作品，最早刊登在一九二〇年的《新蘇黎世報》，這部小說的主角是一位貴族婆羅門之子，名叫悉達多，故事發生在尼泊爾的迦毗羅衛城。小說描寫悉達多為了找尋生命的意義，因而走上求道的旅程。他離開安逸舒適的家，與朋友喬文達結伴修行，成為一名苦

赫曼將他對東方哲學的喜愛灌注在作品中，
最具代表性的就是《流浪者之歌》。
德文初版封面。

行僧。他放棄現實世界中的金銀財寶，並且把世間看成充滿誘惑的邪惡場所，每日鍛鍊冥想與嚴格禁食，但最終卻發現苦修無法使人走上「覺醒」。悉達多開始遠行，如同孩子般重新凝視世界，他渡過河岸前往另一個城市，在城市裏經歷了種種世俗生活的美好，並與美麗的女子伽摩拉相愛。伽摩拉教導他如何經商，最終使悉達多成為成功的商人。但悉達多的內心卻從未真正快樂過，一日他來到河邊，準備投河自盡，卻在臨死前聽見河水潺潺的聲音，他的內心震顫不已，彷彿聽見流水訴說一則故事，如同「唵」的喃喃低語，像一個神聖的音符，完美無瑕。他突然驚覺，不該用自殺的方式摧毀自己。悉達多轉而追隨瓦蘇德瓦成為擺渡人，並在河畔度過餘生。《流浪者之歌》以極其優美的文字傳達了赫曼始終如一的主張：生命的答案從來沒有「標準」可言，再多別人口中的經驗或智慧，都無法取代個人真實「體驗」。小說雖名為《流浪者之歌》，但赫曼所欲揭示的「流浪」並非指「自我放逐」，反而是「回歸」。「流浪」是為了找回生命的意義，因而選擇出走，擺脫世俗框架的束縛。唯有誠實面對內心的召喚，才能與自己真正「同行」，走上屬於個人的靈性旅程。

（江江明）◆

9 秋日登洪府滕王閣餞別序

字字珠璣、文如織錦的〈滕王閣序〉，大概是以漢字寫出來最華麗的作品了，以致於千餘年後的現在，還有數十個我們耳熟能詳的典故或四字成語，來自這篇傳說中即席揮灑、一氣呵成的應用文。藉由〈滕王閣序〉的輝映，年輕早逝的王勃不但讓自己和江西的名樓被鑲嵌於文學史的星空，更激發後世讀者對於文采風流的文學盛世無限的嚮往。

壹．作者與出處

王勃，字子安，絳州龍門（今山西河津縣）人。生卒年頗多歧說，一般據其〈春思賦〉自序裡說的：「咸亨二年，余春秋二十有二。」當生於唐高宗永徽元年（西元六五〇年）；楊炯〈王勃集序〉說他卒於高宗上元三年（六七六年），得年二十七歲。

王勃與楊炯、盧照鄰、駱賓王並稱「初唐四傑」，活躍在高宗朝中晚期，是初唐崛起的文學家群體，都擅長駢賦，為當時駢文巨擘。「四傑」齊名，原先是指其文章而言；他們又以比興寄託融入

辭藻華靡的齊梁體，成為唐詩發展的先驅，並有傳世之作，其後兼指詩、文。

王勃先世是「以儒輔仁」的儒學世家，祖父王通就是隋末唐初創立「河汾之學」的北方大儒。王勃承傳的北方儒學是以經世致用、恢復王道為特徵，與南朝門閥士族所推尊的「衣冠禮樂」之儒是不同的。所以他從小就樹立了以道自任的人生理想，懷有積極進取的意識與救世的熱情。王通對易學是承漢易陰陽象數派，認為卦「著天下之時」，爻「效天下之動」，這一派獨特的宇宙觀和人生觀，也影響了王勃，他發揮這種易學思想，注《周易》，認為人稟陰陽二氣而生，是萬物之靈，足以雄眄一切，他以高視闊步的姿態，對自己的理想和前途充滿信心。被譽為「王、楊、盧、駱之濫觴，陳、杜、沈、宋之先鞭」的詩人王績，是他的叔祖。

據《舊唐書》記載：王勃早慧，六歲便能寫出流利的文章，九歲讀顏師古注的《漢書》，作《漢書指瑕》十卷指正其訛誤。十歲包綜六經，良好的經史修養奠定他一生的學術基礎。十六歲應幽素科（制科之一種。唐代科舉分常科與制科兩大類，制科是由皇帝下詔招納非常之才而舉辦的考試）及第，授職朝散郎，多次向朝廷進獻頌文。沛王（李賢）聽說他才華橫溢，召為沛王府修撰。王府的「修撰」職兼「侍讀」，是他積聚藝術素養的重要時期。其間奉命撰修〈平台秘略論〉，強調文學具有經世教化的功能，〈上吏部裴侍郎啟〉中，認為文章是「甄明大義，矯正末流，俗化資以興衰，家國繇其輕重」的不朽事業。這是弘揚儒家詩教強調文學「可以經夫婦、成孝敬、厚人倫」的社會功能。正在少年得志，前途似錦之時，卻因「檄雞文」事件（王勃代沛王作〈檄英王雞〉文，唐高宗怒其所為）被逐出沛王府。面對這沉重的打擊，他以「懷神仙」的「上策」，走出失意之境。

這得談到王勃除了受儒學熏染外，也受到道家的影響，他說：「早師《周禮》，偶愛儒宗，晚讀《老》《莊》，動諧真性，進非干物，自疏朝市之機；退不邀榮，誰是王侯之貴？」他寫過一隻自然、飄逸的鳶，遨遊於宇宙之間，超邁獨行，與天地精神相往來。他又描寫了一隻「天性不違」的孤鳥，表達他純任自然、矯厲不凡的人格追求。況且，自幼便「雅厭城闕，酷嗜江海」，認為自然山水是讓自己「絕視聽於寰中，置形骸於度外」最理想的場所。失意之餘，他漫遊巴蜀，啟發了創作靈感、以及更為積極的人生意識。蜀地山川的感召，使他的詩作充滿通達高遠的格調。

王勃才氣縱橫，文名早著，才華外露，加上不羈的作風，易為同僚嫉妒，回到長安後，求補得虢州參軍。參軍任內在僚吏構陷下，有獲罪官奴藏匿他家中，他怕走漏風聲，便私殺官奴，以求免禍。但殺人當誅，幸遇大赦免死，其父王福時連坐由雍州司功參軍左遷交趾令。父親受連累遠貶蠻荒，對他的打擊，遠超過朝廷對自己的懲罰，在〈上百里昌言疏〉中說：「辱親可謂深矣，誠宜灰身粉骨，以謝君父。」他遠赴南方省親，回程正值夏季，南海風高浪急礁多，渡海船沉溺水，被救後驚悸而死，年僅二十七歲。

王勃英年早逝，短暫的生命留給後人無限唏噓。著作雖豐，實未盡其才，有《漢書指瑕》、《周易發揮》、《次論語》等學術論著今已不存，現存《王子安集》十六卷，詩八十多首，以五絕、五律為多，是初盛唐詩歌革新的先驅。文章九十多篇，其中〈滕王閣序〉，是駢文發展到顛峰時期的代表作，傳誦千載而盛譽不衰，其創作背後的故事尤為人所津津樂道。

貳．選文與注釋

豫章故郡[1]，洪都新府[2]。星分翼軫[3]，地接衡廬[4]。襟三江[5]而帶五湖[6]，控蠻荊[7]而引甌越[8]。物華天寶[9]，龍光射牛、斗之墟[10]；人傑地靈，徐孺下陳蕃之榻[11]。雄州霧列[12]，俊彩星馳[13]。臺隍枕夷夏之交[14]，賓主盡東南之美。都督閻公之雅望[15]，棨戟遙臨[16]；宇文新州之懿範[17]，襜帷暫駐[18]。十旬休暇[19]，勝友如雲。千里逢迎[20]，高朋滿座。

1 豫章故郡：漢代的豫章郡城，治所在今江西南昌。故：從前。

2 洪都新府：現在的洪州都督府。唐代豫章郡改為洪州。

3 星分翼軫：指吳越揚州之地。翼軫，二星宿名。我國古代根據星宿的位置劃分地面相應的區域，稱為「分野」。豫章位於翼、軫的分野。軫：音ㄓㄣˇ。

4 地接衡廬：是衡山和廬山之間的地區。衡山：在今湖南。廬山：在今江西北部。

5 襟三江：以三江為衣襟。襟：衣襟，名詞轉為使動動詞，以……為衣襟。三江一般指太湖的支流松江、東江、婁江。洪州在三江的上游。

6 帶五湖：以五湖為衣帶。帶：衣帶，名詞轉為使動動詞，以……爲衣帶。五湖：鄱陽湖、太湖、丹陽湖、洞庭湖、青草湖。五湖環繞著豫章，如腰帶束身。

7 控蠻荊：控制湖南湖北一帶。蠻荊：古稱楚為蠻荊，即今湖北、湖南地區。

8 引甌越：連接浙江。引：連接。甌：甌江；越：越國。浙江古稱越國，境內有甌江，故稱甌越。甌：音ㄡ。

9 物華天寶：形容各種珍貴的寶物。

10 龍光射牛、斗之墟：寶劍的光芒，上通到天上斗、牛二星之間。龍光：寶劍的光芒。斗、牛：二星宿名。墟：所在的地域。據《晉書．張華傳》載：晉時在豐城（古屬豫章郡）牢獄地下，掘地四丈，得一石匣，內有龍泉、太阿二劍，後來這雙寶劍入水化為龍。

〈滕王閣圖〉是元代佚名創作的繪畫，現藏於國立故宮博物院。

11 徐孺下陳蕃之榻：陳蕃準備徐孺專用的臥榻。徐孺：名穉，字孺子，東晉時南昌名士。據《後漢書．徐穉傳》載：陳蕃任豫章太守時，不接待賓客，但特別為徐穉準備一臥塌，徐穉離開後便將臥塌掛起來不用。

12 雄州霧列：洪州很繁華，屋舍如霧般擴散羅列，廣大密集。雄州：大州，指洪州。霧列：如霧般羅列，形容繁華。

13 俊彩星馳：人才往來多如天上運行的眾星。俊彩：有才華的人士。星馳：如眾星運行。

14 臺隍枕夷夏之交：指滕王閣位於夷夏交接之地。臺隍：護城河。隍，無水的城壕。枕：靠，依傍，即「地處」之意。

15 閻公之雅望：閻公崇高的聲望。閻公：當時洪州的都督閻伯嶼。

16 棨戟：古時官吏出行時，前導的儀仗。棨：音ㄑㄧˇ，古時用木頭刻的符合，是通過關津時用的。戟：音ㄐㄧˇ，古時槍頭有枝狀利刃的兵器。

17 宇文新州之懿範：宇文新州刺史是美德的典範。宇文：複姓。新州：在今廣東境內。

18 襜帷：車上的帷幕，蔽前的叫襜，在旁的叫帷，這裏借指車駕。襜：音ㄔㄢ。

19 十旬休暇：唐代官員十天有一天假期，分別在上旬、中旬、與下旬，此指適逢十天的假期。

20 逢迎：迎接。

騰蛟起鳳[21]，孟學士之詞宗[22]；紫電青霜[23]，王將軍之武庫[24]。家君作宰[25]，路出名區[26]。童子[27]何知，躬逢勝餞[28]。

21 騰蛟起鳳：形容才華出眾，如蛟龍騰空，鳳凰起舞。

22 孟學士之詞宗：孟學士是文壇宗師。孟學士史無記載，名不詳。或疑即閻公女婿，或謂其婿並不姓孟。學士：朝廷掌管文學撰述的官員。

23 紫電青霜：古代二寶劍名。紫電：《古今注》說是孫權六寶劍之一。青霜：《西京雜記》說漢高祖劉邦斬白蛇的劍，刃上常帶青霜。

24 王將軍之武庫：王將軍將才出眾。王將軍史無記載，名不詳，當時在場的武將。武庫：本義為藏兵器的庫房。這裏比喻王將軍將才出眾。

25 家君作宰：自述家父在交趾（今越南河內西北）做縣令。

26 路出名區：路過名勝之地。出：經過。名區，指洪州。

27 童子：王勃自謙之稱。

28 勝餞：盛大的宴會。

29 時維九月：時序到了九月。

30 序屬三秋：正當秋天的第三個月。屬：當。三秋：秋天共三個月，孟秋、仲秋、季秋。九月是季秋，秋天第三個月。

31 潦水：雨後地上的積水。潦：音ㄌㄠˇ。

32 儼驂騑於上路：在高處駕著馬車。儼：通嚴，整治。驂騑：音ㄘㄢ ㄈㄟ，駕車的馬。上路：地勢高的路。

33 崇阿：高的山丘。

時維九月，序屬三秋[29]。潦水盡而寒潭清，煙光凝而暮山紫。儼驂騑於上路[32]，訪風景於崇阿[33]。臨帝子之長洲[34]，得仙人之舊館[35]。層臺聳翠[36]，上出重霄[37]。飛閣流丹[38]，下臨無地[39]。鶴汀鳧渚[40]，窮島嶼之縈迴[41]。桂殿蘭宮[42]，列岡巒之體勢[43]。披繡闥[44]，俯雕甍[45]。山原曠其盈視[46]，川澤盱[47]其駭矚[48]。閭閻撲地[49]，鐘鳴鼎食之家[50]，舸

34 臨帝子之長洲：抵達滕王閣所在之沙洲。帝子：指滕王李元嬰。長洲：滕王閣前面贛水的沙洲，即滕王閣所在地。

35 仙人之舊館：指滕王和滕王閣。

36 層臺聳翠：重疊的青翠山峰。

37 重霄：天空高處。

38 飛閣流丹：凌空的樓閣，彩繪的朱漆鮮豔欲滴。

39 下臨無地：往下看不到底。

40 鶴汀鳧渚：野鶴野鴨停息的小洲。汀：音ㄊㄧㄥ，水邊平地。鳧：音ㄈㄨˊ，野鴨。渚：水中的小陸地。

41 縈迴：紆曲回環。

42 桂殿蘭宮：形容殿閣的豪華、講究。

43 列岡巒之體勢：宮殿的建築高低排列，跟山巒的起伏配合有致。

44 披繡闥：打開華美的門。披：開。闥：音ㄊㄚˋ，門。

45 俯雕甍：下看雕飾美麗的屋脊。甍：音ㄇㄥˊ，屋脊。

46 山原曠其盈視：山川平原盡收眼底。其：語助詞，無義。盈視：盡收眼底。

47 盱：張開眼睛向上看，音ㄒㄩ。

48 駭矚：看得嚇了一跳。矚：音ㄓㄨˇ，注視。

49 閭閻撲地：遍地屋宇。閭閻：里門和巷門，這裏指房屋。撲地：遍地。

50 鐘鳴鼎食之家：富貴人家。古代富貴人家擊鐘列鼎而食。

艦迷津[51]，青雀黃龍之軸[52]。虹銷雨霽[53]，彩徹區明[54]。落霞與孤鶩[55]齊飛，秋水共長天一色，漁舟唱晚[56]，響窮彭蠡之濱[57]；雁陣驚寒，聲斷衡陽之浦[58]。

51 舸艦迷津：大船擠滿了渡口。舸艦：大船。舸：音ㄍㄜˇ。迷：通「彌」，充滿。

52 青雀黃龍之軸：船頭彩繪了青雀黃龍的大船。軸：通「舳」，本義是船尾把舵處，這裏代指船隻。

53 虹銷雨霽：彩虹消退，雨過天晴。銷：通「消」。霽：音ㄐㄧˋ，雨停。

54 彩徹區明：陽光普照，天空明朗。彩：陽光。區：天空。

55 鶩：野鴨的別名，音ㄨˋ。

56 漁舟唱晚：漁舟在傍晚傳唱漁歌。唱晚：晚唱。

57 響窮彭蠡之濱：響遍鄱陽湖畔。窮：盡，遍。彭蠡：鄱陽湖的古名。

58 聲斷衡陽之浦：雁群的鳴聲直到衡陽水邊為止。斷：終止。湖南境內衡陽有回雁峰，傳說北雁南飛避寒，飛到衡山之南就不再南飛，待春北回。

59 遙襟甫暢：放眼遠望，襟懷頓時舒暢。遙襟：遠懷。甫：立即、頓時。

60 逸興遄飛：超逸豪邁的意興勃發飛揚。遄：音ㄔㄨㄢˊ，急速。

61 爽籟：蕭管之聲清脆爽朗。籟：管子參差不齊的排簫。

62 纖歌凝：柔美的歌聲繚繞不絕。凝：這裏形容歌聲繚繞。

63 白雲遏：形容歌聲美妙，清越嘹亮直上天際，停駐行雲。語出《列子・湯問》，說音樂家秦青的歌聲：「聲振林木，響遏行雲。」遏：停駐。

遙襟甫暢[59]，逸興遄飛[60]。爽籟[61]發而清風生，纖歌凝[62]而白雲遏[63]。睢園綠竹[64]，氣凌彭澤之樽[65]，鄴水朱華[66]，光照臨川[67]之筆。四美[68]具，二難併[69]。窮睇眄[70]於中天[71]，極娛游[72]於暇日。天高地迥[73]，覺宇宙之無窮。興盡悲來，識盈虛之有數[74]。望長安於日下[75]，指吳會[76]於雲間。地勢極

64 睢園綠竹：睢園的竹林聚會。睢園：西漢梁孝王劉武在睢陽建造的菟園，園中多綠竹，常宴請文人飲酒賦詩。這裏借指滕王閣的宴會。

65 氣凌彭澤之樽：飲酒的豪氣勝過善飲的陶淵明。凌：勝過。彭澤：指陶淵明，他曾任彭澤令，世稱陶彭澤。樽：酒器。

66 鄴水朱華：曹植詠蓮花的詩。鄴：曹魏的都城。曹植曾在鄴水邊作〈公宴詩〉，詩中有：「秋蘭被長坂，朱華冒綠池」句。這裏借指這次宴集的作品。

67 臨川：今江西臨川一帶。山水詩人謝靈運曾任臨川內史，這裏指謝靈運。

68 四美：良辰、美景、賞心、樂事。謝靈運〈擬魏太子鄴中集詩八首序〉說：「天下良辰、美景、賞心、樂事，四者難并。」

69 二難并：賢主與嘉賓難得同時在一起。

70 窮睇眄：極目遠望。窮：盡。睇眄：音ㄉㄧˋ ㄇㄧㄢˇ，顧盼的樣子。

71 中天：天空中。

72 極娛游：盡情玩樂。

73 迥：遠。

74 識盈虛之有數：瞭然於萬事萬物興衰消長都有定數。盈虛：盛衰、成敗。數：定數、定命。

75 望長安於日下：往西可看見長安。日下：指夕陽西下的地方，也就是西方。

而南溟深[77]，天柱高而北辰遠[78]。關山難越，誰悲失路之人。萍水相逢，盡是他鄉之客。懷帝閽[79]而不見。奉宣室[80]以何年。

嗟乎！時運不齊[81]，命途多舛[82]。馮唐[83]易老，李廣[84]難封。屈賈誼[85]於長沙，非無聖主。竄梁

76 吳會：吳郡、會稽兩郡的合稱，在今江蘇南部和浙江西部一帶，唐時是國際都市，與長安齊名。

77 地勢極而南溟深：地勢往南的盡頭，看到大海深不可測。極：盡頭。南溟：南方的大海。

78 天柱高而北辰遠：天柱高不可攀，北斗星非常遙遠。天柱：傳說中擎天之柱，極言其高。北辰：北極星，比喻國君。《論語．為政》：「為政以德，譬如北辰，居其所而眾星共（拱）之。」

79 帝閽：神話中掌管天門的人，這裏借指朝廷。

80 奉宣室：入朝為官。宣室：漢代未央宮正殿，是帝王召見大臣議事的地方。這裏借指朝廷。

81 齊：通「濟」，順利。

82 舛：違背，音ㄔㄨㄢˇ。

83 馮唐：西漢人，有才能，文、景時不見用，武帝時廣求賢良，馮唐被推舉，但年已九十餘，不能任官。

84 李廣：西漢名將，身高過人，力大無窮，猿臂善射，為人廉潔，一生與匈奴交戰，往往身先士卒，屢立戰功，深得部下愛戴，但終生未曾封侯。文帝曾向他說：如果你在漢高祖爭天下時，封為萬戶侯又算什麼呢？引用這典故是說生不逢時。

85 屈賈誼：貶謫賈誼。屈：委屈，這裏說無罪獲貶。賈誼：西漢初的政論家、文學家，文帝很欣賞他，但受大臣排擠，貶為長沙王太傅。

鴻[86]於海曲[87]，豈乏明時。所賴[88]君子見機[89]，達人知命[90]。老當益壯，寧移白首之心。窮且益堅，不墜青雲之志[91]。酌貪泉[92]而覺爽，處涸轍[93]而猶懽。北海雖賒，扶搖可接[94]。東隅已逝，桑榆非晚[95]。孟嘗[96]高潔，空餘報國之情。阮籍[97]猖狂，豈效窮途之哭？

86 梁鴻：東漢隱士，曾作〈五噫歌〉諷刺朝廷，得罪漢章帝，逃於齊魯濱海一帶，傭耕維生。

87 海曲：海邊。

88 賴：依靠。

89 見機：洞察事物的進展方向。機：預兆。

90 達人知命：通達事理的人，安於命運。達人：心胸豁達的人。

91 不墜青雲之志：不放棄高尚的志向。墜：放棄。青雲之志：不圖富貴的高尚志向。

92 貪泉：在今廣州北二十里的石門，有一貪泉，傳說飲了這泉水會變得貪婪。但晉朝廉吏廣州刺史吳隱之，飲了此水，操守更廉潔。他有詩道：「古人飲此水，一飲懷千金。試使夷齊飲，終當不易心。」

93 涸轍：比喻窮困。《莊子・外物》記載莊子說了一個鮒魚困於乾涸車轍中求活的寓言，諷刺他的朋友監河侯婉拒貸粟。

94 北海雖賒，扶搖可接：北海雖然很遙遠，但是乘風就可以抵達。賒：音ㄕㄜ，路遠。扶搖：自下而上的暴風。接：到達。

95 東隅已逝，桑榆非晚：青春歲月雖已遠逝，珍惜未來光陰仍為時未晚。東隅：日出處，比喻早年的日子。桑榆：日落處，比喻未來的時光。

96 孟嘗：東漢時地方官吏，深得百姓愛戴，後因病辭官，隱居耕種。桓帝時尚書多次上書推薦，都未再任用。

97 阮籍：魏晉時人，不滿世事，狂放不羈，常駕車出遊，行不由徑，遇路不通，則大哭而返。

勃，三尺微命[98]，一介[99]書生。無路請纓[100]，等終軍之弱冠[101]。有懷投筆[102]，慕宗慤[103]之長風。舍簪笏[104]於百齡[105]，奉晨昏[106]於萬里。非謝家之寶樹[107]，接孟氏之芳鄰[108]。他日趨庭[109]，叨陪[110]鯉對。今晨捧袂[111]，喜託龍門[112]。楊意[113]不逢，撫凌雲[114]而自惜；鍾期[115]既遇，奏流水以何慚。嗚呼！勝地

98 三尺微命：地位卑微。三尺：在社會上屬於「士」的階級。古時服飾因地位不同而有區別，束在禮服上的紳帶，結餘下垂部分的長度，規定「士」，三尺。微命：一命，周代的官階分九命，一命是最低級的官階。

99 一介：一個。

100 請纓：請求賜給報國的機會。

101 等終軍之弱冠：相當於終軍二十歲的年齡。等：相當。終軍：西漢人，二十歲時自請出使南越，說只要一根長繩就能縛南越王到漢宮闕下，果然南越王被他說服歸漢。弱冠：二十歲左右。古代男子二十歲行冠禮，表示成年。所以二十歲左右的人稱弱冠。

102 投筆：棄文從軍以捍衛國家。用班超投筆從戎的故事。

103 宗慤：南朝劉宋的大將，從小就行俠好義，素懷大志，曾向叔父宗炳表示：「願乘長風破萬里浪」，是當時正義的代表。慤：音ㄑㄩㄝˋ。

104 舍簪笏：放棄功名、仕途。舍：同「捨」，放棄。簪：古時官員用來固定頂戴的長針，稱冠簪。笏：音ㄏㄨˋ，古代大臣上朝時所持的板子，用以記事。

105 百齡：一生。

106 奉晨昏：晨昏定省，是古時兒子侍奉父母的禮節，早晨向父母請安，晚上侍奉父母就寢。

現在的滕王閣是按照梁思成繪制的〈重建滕王閣計劃草圖〉建成。

107 謝家之寶樹：比喻佳子弟。據《晉書．謝安傳》載：謝安曾問子姪為什麼大家都希望有好的子弟？謝玄回答說：「譬如芝蘭玉樹，欲使其生於庭階耳。」

108 接孟氏之芳鄰：受母教，與有品德的人交往，用的是孟母三遷的故事。接：結交。

109 趨庭：受父教，知《詩》達禮。《論語．季氏》記載孔鯉「趨而過庭」和父親的一段對話。孔子問他「學詩乎？」「學禮乎？」告訴他：「不學詩，無以言。」「不學禮，無以立。」

110 叨陪：不敢比附，謙辭。叨：音ㄉㄠ，慚愧。

111 捧袂：舉起衣袖，向長者行最敬禮。

112 喜託龍門：高興得到您的接待。龍門：在黃河上游。古代傳說鯉魚越過龍門即化為龍，比喻考試及第或由微賤變顯貴。東漢名士李膺，名望很高，經他接待的士人，就名聲鵲起，稱為「登龍門」。

113 楊意：即楊得意，漢武帝時任狗監，曾向武帝推薦司馬相如。

114 凌雲：這裏指自己的才華。《史記．司馬相如傳》記載漢武帝讀了司馬相如寫的〈大人賦〉「飄飄然有凌雲之氣」。

115 鍾期：即樵夫鍾子期，善聽琴，是音樂家伯牙的知音。這裏王勃將閻公比作鍾子期，以伯牙自比，以賦詩作序比喻為彈奏「高山流水」。既然遇到知音閻公，自己樂意在宴會上賦詩作序。

不常，盛筵難再。蘭亭已矣[116]，梓澤坵墟[117]。臨別贈言[118]，幸承恩於偉餞。登高作賦，是所望於群公。敢竭鄙懷，恭疏短引[119]。一言均賦[120]，四韻[121]俱成。請灑潘江[122]，各傾陸海[123]云爾。

116 蘭亭已矣：蘭亭雅集已成過去。蘭亭：故址在今浙江紹興，東晉王羲之曾在此舉行文學盛會，「群賢畢至」，得詩三十七首，編成《蘭亭詩集》，王羲之親自作〈序〉，文筆流暢，結合駢散，靈活自如；其書法飄逸雄健，世稱行書第一。

117 梓澤丘墟：金谷園雅集已成陳跡。梓澤：西晉荊州刺史石崇的別墅金谷園的別稱，故址在今河南洛陽西北。當時金谷二十四友經常在此飲酒賦詩，結為詩集，石崇作序，該序今存於《世說新語・品藻》劉孝標注釋內。

118 贈言：指作序一事。

119 恭疏短引：恭敬地寫了這篇小序。疏：陳述。引：序。

120 一言均賦：每人作詩一首。

121 四韻：八句四韻詩。王勃所作的滕王閣八句四韻詩是：「滕王高閣臨江渚，佩玉鳴鸞罷歌舞。畫棟朝飛南浦雲，珠簾暮卷西山雨。閒雲潭影日悠悠，物換星移幾度秋。閣中帝子今何在？檻外長江空自流。」

122 潘江：潘岳像江河一樣的才華。鍾嶸《詩品》說：「潘才如江」。潘：潘岳，字安人，後世多稱潘安，西晉文學家，也是古代美男子。

123 陸海：陸機像海洋一樣的才華。鍾嶸《詩品》說：「陸才如海」。陸：陸機，字士衡，西晉文學家、書法家。鍾嶸的評語不但成了潘、陸兩人的定評，後來「潘江陸海」也成為比喻文才淵博的成語。

參．可以這樣讀

滕王閣，與黃鶴樓、岳陽樓並稱江南三大名樓，為唐高祖幼子、太宗弟李元嬰任洪都都督時始建。李元嬰政治上並無事功，但頗富藝術才情，精通歌舞，為了觀遊宴集之需修建滕王閣。閣成，剛好被封為滕王，因以此命名。二十多年後，當時洪州都督閻伯嶼首次重修，竣工後集文人雅士作文記此盛事。南下省親的王勃途經於此，躬逢盛宴，寫下傳世名文〈滕王閣序〉，讓該樓在三樓中最早名揚天下，至今不衰。

該樓屢毀屢建，在宋代重建的已非本來面目。今日的滕王閣於一九八九年第二十九次重建，仿宋代木結構建築，是江西省重要地標。

創作〈滕王閣序〉背後的故事

原題〈秋日登洪府滕王閣餞別序〉，一般簡稱為〈滕王閣序〉，王勃萬里省親，路過洪州，躬逢雅集，當眾揮毫，一氣呵成，寫就這篇千古名作，閻公嘆為天才。自始便有諸多傳說，彰顯作者出眾的才華。

洪州都督閻公新修成滕王閣，兼為宇文氏赴新州任刺史餞行，九月九日於閣上大宴群僚，令其婿孟學士預先構思，以備臨場作序記此盛事。閻公本意是要誇耀女婿的才學，不料客套謙讓間，不諳世故的王勃卻唐突的提筆疾書。閻公無奈地離開現場，著人逐一回報其行文，直至看到「落霞與孤鶩齊飛，秋水共長天一色」句，才驚呼「此真天才，可垂不朽矣！」立即出立王勃旁，待他

「落霞與孤鶩齊飛，秋水共長天一色。」

完成序文，賓主盡歡。辭別時還贈送一百匹縑，以示賞愛之意。

據說王勃辭別後，閻公展卷正欲讚美一番，忽見「檻外長江『　』自流」句空了一字，在座諸公琢磨再三，也補不上貼切之詞。閻公即命衙衛快馬加鞭直追至江邊，說明來意，王勃說：「我將那字寫在你手心，必須握緊拳頭，見到閻公才可以伸開手掌，不然的話，那字就不翼而飛囉。」衙衛回到閣上，當閻公面張開手掌，卻隻字未見，閻公喃喃自語說：「怎會空空如也呢？」說著說著，忽有所悟道：「莫非『空』字？這個『空』字用得妙，萬千感慨，盡在這『空』字上」。

還有續貂一說：據說孟學士有一目十行、過目不忘的本領。讀罷王〈序〉後說：是王勃抄襲了他的作品。於是提筆默寫全文，果然一字不差。眾人正疑惑間，王勃不慌不忙說道：「後面還有一首詩呢！」就把他八句四韻的〈滕王閣詩〉寫出來，孟學士才啞口無言。

至於該序的寫作時間，也有多種說法，一說是作於王勃十四歲，當時他父親是六合縣（今屬江蘇省）的縣令，他到六合探親，必經洪州，又有文中「童子何知」句作為佐證。

另一說是作於上元二年，王勃二十六歲，他前往交趾省親，路過洪州時作，較與內容相合。從序文中「無路請纓，等終軍之弱冠」、「舍簪笏於百齡，奉晨昏於萬里」等句，是成年的人生抉擇；「家君作宰」、「萬里」侍親，應是南下交趾無疑。自稱「童子」，可以是謙虛，不一定是未成年。

滕王閣位於江西省南昌市贛江畔。
屢毀屢建，今日之滕王閣為 1989 年重建。

滕王阁
東引甌越

膾炙人口的〈滕王閣序〉

傳統文人飲宴雅集，習慣作序記述當時盛況，屬於應酬題材，往往陳陳相因，華美文辭下內容空洞，可讀性不高。王勃為滕王閣飲宴作序，另闢蹊徑，以充滿詩情之筆寫臺閣周遭壯麗風光，匯入登望感懷豐富的內涵，脫略一般餞飲序記的窠臼，述志言情，興到筆隨，內容充實，深獲時人及後世推崇。

◎寫秋日流光溢彩的滕王閣，帶領讀者身臨其境

落筆先寫洪州雄偉的地理形勢：滕王閣的所在地洪州，坐落在翼軫的分野，衡山和廬山之間，在三江的上游，有五湖環繞，控荊引越。畫面吞吐大地，境界開闊。帶領讀者趨名樓，登閣臨遠，騁目八方所見：「山原曠其盈視，川澤盱其駭矚」，視野廣遠；寫樓閣高聳入雲的壯麗，他說：「層臺聳翠，上出重霄，飛閣流丹，下臨無地」氣勢不凡；寫三秋之景：「潦水盡而寒潭清，煙光凝而暮山紫。」道盡九月的特色；寫水天浩渺：「虹銷雨霽，彩徹區明。落霞與孤鶩齊飛，秋水共長天一色。」讀來頓覺心曠神怡。又借聽覺招來漁歌、雁聲，開拓讀者的視野，想像出目力難及之景，思通千里之外的「彭蠡之濱」、「衡陽之浦」。好一幅色彩絢麗、情景交融、境界開闊的全景圖。

◎言情述志言簡意豐

王勃本來就善於在賦中抒發感情，表達心志。寫這篇序，正值他理想受挫，仕途失意之時，筆下自然而然展現心中憂鬱憤懣、磊落不平之氣。面對開闊雄

偉的景象，當他「遙襟俯暢，逸興遄飛。」在「四美具，二難併。」的歌聲簫聲和詩酒暢懷中，陡然轉入自己不遇之悲、際遇坎坷的感慨。「天高地迥」，感嘆人力渺小；「盈虛有數」，悲悼自己只能屈服於命運的安排。「覺宇宙之無窮」，感傷人生苦短、功業難成。「望長安於日下」以下，抒寫遠離朝廷，失意流落之悲。

接著借歷代不遇的人物：屈原、賈誼、馮唐、李廣、梁鴻的故事，從各方面訴說自己的艱難困頓、志不得伸的悲憤。「時運不齊，命途多舛」，是對時代的控訴。英雄失路的況味，他是感真思深，以跌宕之筆展示這種懷才不遇的情懷，歷來不知引起了多少人的同情共感。

突然筆鋒一轉，「所賴」尚具見機知命的智慧，絕不會因為年華遠逝、處境困頓而「墜青雲之志」，用《莊子．逍遙遊》寓言，自比大鵬，有信心扶搖直上達成凌雲的壯志；用《後漢書．馮異傳》事，表示早年雖然失意，但在有生之年仍然會繼續努力，完成濟世功業。復用貪泉、涸轍的典故，強調雖處困境，志節仍然堅定不移。在失意中提振自勵的豪邁精神，在逆境中仍能積極奮進的意志，讀來令人感奮。王勃得心應手的驅遣歷史典故，披露內心複雜的感情，典故雖多，經他融化剪裁，使古事今意，並行不悖，貼切充暢地述志言情，把滿懷悲憤委婉含蓄的表露出來，詞簡而意豐，引發讀者豐富的聯想。

◎藝術成就斐然

〈滕王閣序〉是駢文中的精品，文采清麗，又富真情實感，興到筆隨，自然流動。既融對偶、詞藻、用典、聲調於一爐，又能在駢偶之中運以散文之氣，讀來嚴整有氣勢且順暢自然。連推動古文運動的韓愈，在〈新修滕王閣記〉中，也禁不住說：「太原王公（王仲舒，任江西觀察史時重修滕王閣，自己寫了〈修閣記〉）為御史中丞，以書命余記之，竊喜載名其上，詞列三王（王勃作〈序〉，王緒作〈賦〉，王仲舒作〈記〉，今僅存王〈序〉）之次，有榮譽焉。」可見這位古文大家對這篇駢文的推崇。

一般四六文為了遷就句式，往往割裂詞語，妨礙明確表達內容，不利敘事，但〈滕王閣序〉全文以記敘筆法進行，有條不紊，文思縝密，結構謹嚴。從所在的雄偉地勢說起，地靈則物產珍奇、人才傑出、賓主尊貴。從歷史人物到當代人物，從文臣到武將，一一羅列。回環鋪敘弦管、纖歌、美酒、佳文、良辰、美景、賞心、樂事，這是一個盛況空前的宴會。由極娛遊的逸興，因景生情，引發對人生的思索，發出深沉的感慨。最後歸結到自己的抱負，矢志不移的胸襟氣度，感謝主人的知遇，對盛宴的留戀，照應文章的開篇。步步遞進，層層扣題，首尾關聯，成為一個有機的整體。

詞采華美洗鍊，清麗可賞。六朝駢文一味追求文辭富贍，往往「揉之金玉龍鳳，亂之朱紫青黃」。王勃這篇序，文詞雖仍華麗豐富，但洗鍊乾淨，讀來

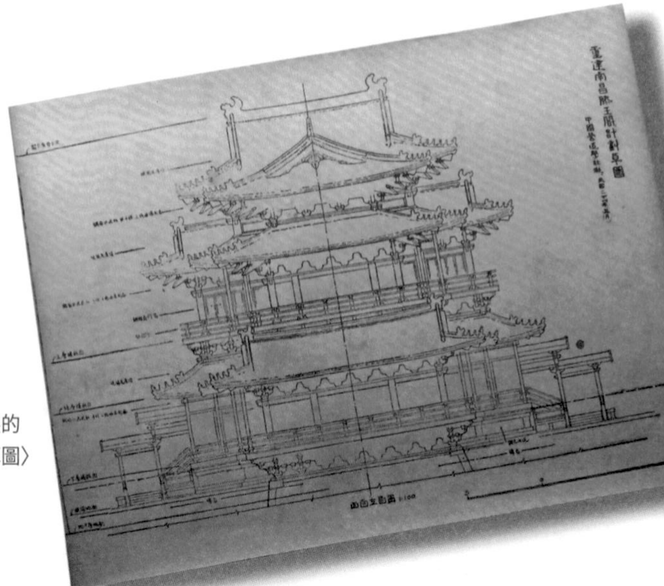

建築師梁思成所繪製的〈重建滕王閣計劃草圖〉

清麗流暢。例如「潦水盡而寒潭清，煙光凝而暮山紫」色彩在濃淡對比變幻中突出秋日景物的特徵，一點也不「亂」，雖然用了對偶綺麗的詞采，卻自然流利，並無綺靡之病。又如被驚為「真天才」的「落霞與孤鶩齊飛，秋水共長天一色。」兩句，青天碧水，水天相接，「紅」霞自上而下，「白」鶩自下而上，有生命的孤鶩與無生命的落霞並舉，使整個畫面都亮麗鮮活起來了。

上下輝映成趣的，還有：仰看「層臺聳翠」鑽出雲霄，俯瞰「飛閣流丹」深不見底，突出閣樓聳拔，視閾縱深；色彩對比映襯增輝，產生了鮮明曉暢的藝術效果。用了「聳、飛、流」等動詞，物態立即活化，巍峨的樓閣便飛動起來。登上滕王閣，騁目八方，王勃以靈活多變的手法，由近及遠依次鋪展，從周遭的「鶴汀鳧渚」、「桂殿蘭宮」，寫到廣闊的山巒、原野、湖泊，迂迴的川流，市井的繁華，舟舸的眾多，襯以水天一色曠遠浩渺的背景，諸般紛至沓來的勝景，被他很有層次的組織起來。

全文除了幾個感嘆詞、語助詞和自稱外，基本上都是對偶體的四、六句式，對偶精工又巧於變化，正面發揚了駢文藝術的優點，有本句對如：「襟三江而帶五湖」、「控蠻荊而引甌越」，有單句對如：「虹消雨霽，彩徹區明」、「落霞與孤鶩齊飛，秋水共長天一色」，複句對中還含有本句對的如：「物華天寶，龍光射牛斗之墟；人傑地靈，徐孺下陳蕃之榻」，「騰蛟起鳳，孟學士之詞宗；紫電清霜，王將軍之武庫」，又常以不同的手法處理前後兩個對偶句的關係，有的前後內容並列以增強語勢，如「睢園綠竹，氣凌彭澤之樽；鄴水朱華，光

層臺聳翠，上出重霄。
飛閣流丹，下臨無地。

照臨川之筆。」有的前後相對以收起伏錯落之效，如「孟嘗高潔，空餘報國之情；阮籍猖狂，豈效窮途之哭？」神韻靈動，使駢文寫作更上層樓。

文中除了前後對偶工整勻稱，錯綜多變外，還講究字詞的平仄關係，節奏明快，聲調和諧，讀起來琅琅上口，極富音樂美。

王勃是用典高手已如上述，文中典故經他妙手翻新，點鐵成金，恰當貼切，使文章顯得典雅委婉，情真意切，增強了表現力。

肆．再做點補充：認識駢文

駢文是從修辭手法發展形成的一種特殊體式，以不同的表達方式與散文相區別，產生於魏、晉，流行於齊、梁，當時並無固定和正式的名稱。

漢字單音孤立，調有四聲，在語法上不因格位、性別的不同而用不同的詞語；也不因數目、時間的不同而有詞尾的變化。而且詞性靈活，語彙豐富，具有構成對偶句所必需的條件，因此對偶是漢語修辭所獨有，是對客觀事物對稱關係精闢的概括。形式對稱整齊，符合美學上的審美要求，早為大家喜聞樂見。劉勰在《文心雕龍．儷辭》說：「造化賦形，支體必雙，神理為用，事不孤立。夫心生文辭，運裁百慮，高下相須，自然成雙。」先秦的六經諸子，在散行中往往出現偶句，如《周易》：「乾道成男，坤道成女；乾知大始，坤作成物；乾以易知，坤以簡能。」《尚書．大禹謨》：「滿招損，謙受益。」《孟子．梁惠王上》：「吾力足以舉百鈞，而不足以舉一羽；明足以察秋毫之末，而不

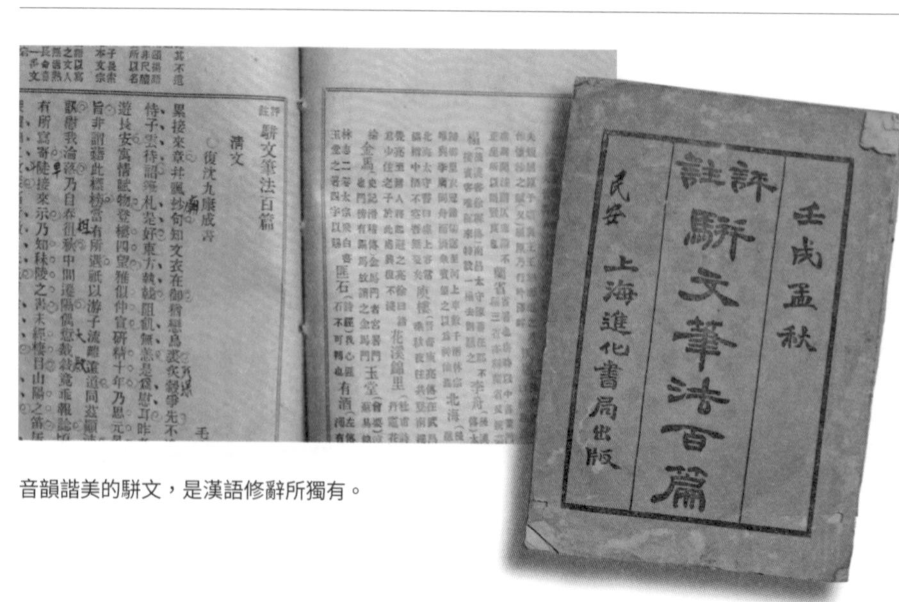

音韻諧美的駢文，是漢語修辭所獨有。

見輿薪。」《莊子．逍遙遊》：「鷦鷯巢林，不過一枝；偃鼠飲河，不過滿腹。」這些只是在文中偶而出現，是「高下相須，自然成對」，並非有意識的運用，而且要求並不嚴格。由於易記，有利於傳播，俚語也常用偶句，如：「路遙知馬力，日久見人心。」「明槍易擋，暗箭難防。」等，這些只是駢「句」，不是「駢文」。

文人自覺運用排比對偶的修辭手法始於漢賦。漢賦必須鋪敘內容，語句要求精煉，崇尚詞采，於是對偶句式廣泛流行起來。如西漢枚乘的〈七發〉，篇中大量出現排偶句；魏代曹植出而駢偶始工，如〈洛神賦〉：「翩若驚鴻，婉若游龍；榮曜秋菊，華茂青松。彷彿兮如青雲之蔽月，飄飄兮若流風之回雪。」文字力趨整齊，排比對偶，已開儷詞的先河。晉初出現了全用駢偶寫的賦，如陸機的〈文賦〉，裁對精工，文辭妍麗，措辭長短相間，是四六文的先聲，且首次提出聲韻之美的要求。自此以後，辭賦作品逐漸駢化，形成一種時代風氣。宋顏延之〈三月三日曲水詩序〉，用字避陳出新，遣詞縟麗競繁，開駢儷雕繪之習。至齊梁沈約有系統論述詩歌的聲律，提出四聲八病說，音調力求諧暢。其後經徐陵、庾信極力推揚聲律波瀾，以「馬蹄韻」（是對「對聯」格律最標準的形式。馬蹄是指馬蹄行進的規律，馬的行步，後蹄總是踏著前蹄的蹄印走，每個蹄印都要踏兩次。對聯平平仄仄交替變換的規律，其句腳節奏規律和聯內音節點規律，就像馬蹄行進的規律）行文，以四六句平仄相間作對，音節屬對皆美，世稱徐庾體，「集六朝之大成，導四傑之先路。」駢文至此逐漸定型。初唐四傑上承徐庾衣缽，研煉益精，聲調益暢，句法交錯運用，靈活生動，四六文體制於焉大定。

王勃的〈滕王閣序〉是六朝駢文的新變，袁行霈說：「唐代駢文也出現了一些新的變化，自初唐四傑始，不少作品已於工整的對偶，華麗的詞藻之外，展示了流走活潑的生氣和注重骨氣的剛健風格，如王勃的〈滕王閣序〉。」誠然，該文在內容上拓展了駢文的境界，在形式上運以散文之氣，讀來清麗流暢，創造出氣象高華，神韻靈動的時代風氣，達到內容美與形式美的統一。王勃主張創作本應「立言見志」，承認「文章經國之大業」，具有教化的功能，以「雄筆奇才」，寫其「高情壯思」，呈現出「氣凌雲漢，字挾風霜」的風格。

談到駢文的名稱，多得不勝枚舉，最通用的有四六文，簡稱四六；駢體文，簡稱駢文或駢體；駢儷文，簡稱駢儷。

柳宗元〈乞巧文〉中以「駢四儷六，錦口繡心。」首先以四六與駢儷並舉，概括了駢文講求儷句和錦繡雕飾華彩的特點。晚唐李商隱自定他的駢文集為《樊南四六甲乙集》，「四六」的名稱宣告確立，與之相對的是「散文」。

駢體文，因為篇中多作偶句，如二馬並馳，故名。清朝之前未見任何書、文用「駢體文」命名的，直到清代曾燠《駢體正宗》出，沿用者眾，名稱才確立，與之相對的是「散文」或「散體」。

駢儷文，兩匹馬並駕叫「駢」，夫妻成雙叫「儷」，「駢儷」這個複詞有並行對偶的意思，錢大昕說：「駢儷之文，宋人謂之四六。」在齊梁時又稱「今文」，唐、宋時稱「時文」，意思是「時下流行的文體」，是對「古文」說的。

駢文基本特徵是由對偶的文辭（對仗）組成，對偶文辭是說句子的字數、意

柳宗元〈永州八記〉駢散間行。

義、詞性、結構基本相對，這是駢文的本質。在駢文極盛時期，除了對偶精工外，還要求用典繁富、詞藻華麗、聲律諧美、句法靈動等從屬條件。

自從中唐韓、柳推行古文運動後，影響到駢文由美文蛻變為流利暢曉、切合實用的應用文。晚唐李商隱等英才挺出，以博麗為宗，雄厚過於六朝。兩宋詞人自出機軸，以流利氣勢運轉偶句，蕭疏雅淡，駢散二體，分鑣而並馳。元、明四百年間，駢文幾成絕響，有清一代，駢文又活躍文壇，頗有成果。可惜復興氣運，已是強弩之末，之後不再有振作餘地了。

從六朝到初唐，駢文馳騁文壇數百年，把對偶、用典、聲律、詞藻的寫作技巧發展到極致，甚至形式僵化，內容很難明確暢達，行文艱澀隱晦，不利敘事。儘管在古文興起後，駢文並未絕跡，但在文學史研究中不被重視，許多選本也很少選入。其實駢文有許多優點，偶語儷詞，可使文章產生整齊的美感，運用典故可使文章顯得精煉典雅，委婉含蓄，協調平仄可增強語言的音樂美。

唐宋八大家深受駢文的薰染，他們的古文往往駢散互相搭配，凝練婉雅，講究語調的陰陽頓挫，讀來聲情並茂，琅琅上口。反對駢文最力的韓愈，早已被人指出他的古文深得六朝駢文的神髓，柳宗元的〈永州八記〉，不就是駢散間行的嗎？還有范仲淹的〈岳陽樓記〉，都是駢散並存的。白話文如《紅樓夢》，除了書中韻文的對偶外，在敘述和談話的語言中，對偶句就用得爐火純青，不但使形式整齊，音韻朗暢，往往還收活潑、風趣之效。積蓄駢文的素養，寫起散文自然凝練深厚，對提升文章的藝術效果，必定大有裨益。　（何淑貞）◆

范仲淹〈岳陽樓記〉駢散並存。

10 新詩二首
之一・信鴿

被稱為「跨越語言的一代」重要代表者的前輩詩人陳千武，可能也是他那個世代詩藝成就最高者。這首廣為流傳的〈信鴿〉就是一個鮮明的例證。在這首回憶二戰期間被殖民者徵召至南洋當兵的作品中，帶著擬人化與後設趣味的「我底死，我忘記帶回來」，有如神來之筆，深刻地象徵了求生的意志，與某些過往記憶的埋藏，成為一首寓意深厚、耐人尋味的經典詩作。

壹・作者與出處

陳千武（一九二二年～二〇一二年），本名陳武雄，生於南投縣名間鄉。父親為名間庄役所農業技士，母親曾以《三字經》引導襁褓中的嬰兒接觸漢學，日後陳千武遂有詩句記載：「掙扎於斷臍的痛苦／我底歷史早已開始蠕動／哦，在母親的腹中」。十四歲進入臺中一中就讀，開始大量閱讀文學作品，一九三九年發表第一篇日文詩作〈夏の夜の一刻〉（〈夏深夜之一刻〉）於黃得時主編的《臺灣新民報．學藝欄》。臺中一中五年級時因反對日本皇民化運動改姓名政策，被校方處罰以「隔離監禁、操行丁、軍訓丙」，導致無法繼續升學。一九四一年自臺中一中畢業後擔任機械工，次年即被徵調為「臺灣特別志願兵」遠赴南洋，前後歷時四年，並在太平洋戰爭中

成為戰俘。戰爭結束後等待返臺期間，陳千武於雅加達集中營發起「明台會」，主編一共五期的《明台報》，成為戰後初期記載特別志願兵在南洋所思所聞的珍貴史料。這次戰爭在他的左手臂留下了永久傷痕，殖民地人民的痛苦更始終烙印在其心中。

一九四六年返臺後考入農委會林務局擔任人事工作，任職達二十六年之久。從熟悉的日文轉換到陌生的中文，被稱為「跨越語言的一代」重要代表人物陳千武，經歷了近十年的學習及煎熬，一九五八年終於開始用中文發表詩作於《公論報》的「藍星週刊」，此年他亦開始使用另一個筆名「桓夫」。但詩人認為自己第一首中文詩創作，應屬一九六一年的〈雨中行〉。該詩登載於杜國清主編之《臺大青年》上，與陳千武同一世代的詩人詹冰，曾準確指出〈雨中行〉不只是他「高度精神的結晶」，同時實現了「意圖拯救善良的意志與美」。正如該詩所寫：「一條蜘蛛絲　直下／二條蜘蛛絲　直下／三條蜘蛛絲　直下／千萬條蜘蛛絲　直下／包圍我於／——蜘蛛絲的檻中」，以雨絲跟蜘蛛絲兩相連結，寫活了囚禁檻中生活之無比難受；卻也有「被摔於地上的無數的蜘蛛／都來一個翻筋斗，表示一次反抗的姿勢」這種句子，暗示了無力者仍應積極反抗，不要認命屈服。這類從現實生活出發，轉化醜惡為美善的詩，此後便一直都是陳千武作品裏最動人的特質。

一九六四年吳濁流創刊《臺灣文藝》後約兩個月，陳千武鑒於臺灣新詩發表園地的匱乏，便與詹冰、林亨泰、趙天儀、錦連等人合力創設「笠詩社」，發行《笠詩刊》。他曾提出臺灣新詩發展有「兩個球根」：一個球根是紀弦從中國大陸帶來戴望舒、李金髮所提倡之「現代派」，一個球根是日治時期受日本文壇影響下矢野峰人等所實踐的近代新詩精神。兩相融合，方形成臺灣現代詩的主流。陳千武此說，可謂是率先釐清了臺灣現代詩的發展脈絡，饒富意義。除了寫詩、寫評論、寫小說，陳千武還致力於推展兒童文學及從事翻譯工作，有系統的介紹、整理日本近代詩發展，與再現日治時期臺灣新詩傳統。在文藝行政方面，一九七六年「臺中市立文化中心」在陳千武建議與努力下終於啟用，成為臺灣各地文化中心的濫觴。他榮膺文化中心主任，在該中心改稱「文英館」後仍擔任館長，至一九八七年退休。在文學傳播部分，他自一九六三年起陸續擔任《民聲日報・文藝雙周刊》、臺中縣《中堅》青年雜誌、《笠詩刊》、《小學生詩集》、《亞洲現代詩集》等主編。在文學跨國交流上，他策劃亞洲詩人會議並長期推動台日韓等地亞洲現代詩的互動。陳千武曾獲吳濁流文學獎、臺灣榮後詩人獎、洪醒夫小說獎、國家文藝獎等多項殊榮，這首〈信鴿〉原刊於一九六四年七月出版的《新象》第五期，後收入次年由笠詩社出版之個人詩集《不眠的眼》。

貳・選文與注釋

埋設在南洋
我底[1]死，我忘記帶回來
那裡有椰子樹繁茂的島嶼
蜿蜒的海濱，以及
海上，土人操櫓[2]的獨木舟……
我瞞過土人的懷疑
穿過並列的椰子樹
深入蒼鬱的密林
終於把我底死隱藏在密林的一隅
於是

1 底：自唐宋以來至一九四〇年代，皆可見將「底」字和其他語詞構成短語，相當於今日「的」字短語，亦即「底」字已變為「的」字來使用。

2 櫓：划水使船前進的器具，置於船邊，用於搖動。

在第二次激烈的世界大戰中
我悠然地活著
雖然我任過重機槍手
從這個島嶼轉戰到那個島嶼
沐浴過敵機十五厘的散彈
擔當過敵軍射擊的目標
聽過強敵動態的聲勢
但我仍未曾死去
因我底死早先隱藏在密林的一隅
一直到不義的軍閥投降
我回到了，祖國

我才想起

我底死，我忘記帶了回來

埋設在南洋島嶼的那唯一的我底死啊

我想總有一天，一定會像信鴿那樣

帶回一些南方的消息飛來——

參・可以這樣讀

一九四二年四月，二十一歲的陳千武被日本殖民政府徵選為「陸軍特別志願兵」。訓練結束後，先是返鄉擔任豐原街青年團教官，第二年便搭上運輸艦，從高雄港出發送至南洋前線部隊，正式投入殘酷戰爭之中。他參與了印尼的海上戰鬥，也在帝汶島濠北地區進行防衛戰，後又登陸瓜哇島直到日本宣布無條件投降。他曾因戰事負傷，被關進了雅加達跟新加坡的集中營；即便在艱困的集中營裏還是設法籌組「明台會」，藉主編《明台報》來抒發情感與表達理念。戰爭留下的肉體與心靈之雙重創傷，是許多殖民地下臺灣人的共同經驗。曾經參戰的他，離開戰場多年後終於提筆，記錄了瀕死之驚悸與倖存之啟示，以詩文轉化個人痛楚為時代證言。他從一九六七年起以南洋經驗陸續創作系列短篇小說，其中尤以一九七六年的〈獵女犯〉最具自傳性質。日軍為滿足赴南洋征戰的軍官及士兵之性慾望，強逼印尼當地女子為（美其名的）「慰安婦」，即受到非人道對待、鄙視及凌虐的戰時妓女。在部隊裏，性是日人所獨享之特權；像小說主角林逸平這樣的殖民地下臺灣人，當了（美其名的）「志願兵」，竟還被任命為押送女俘虜的隊長，「獵女犯」之名即由此而得。故事背景為臺籍士兵林逸平在帝汶島（Timor，處於南回歸線下的島嶼）解送印尼慰安婦賴莎琳，其中既可見戰場的殘酷，也反映了殖民地人民身為俘虜之悲劇。男主角從這群女俘虜身上，看到了身為慰安婦的悲哀與日軍的殘暴，字裏行間透露出身為殖民地

被日本殖民政府徵選為「陸軍特別志願兵」的臺籍青年發送至南洋前線部隊。

下士兵的種種無奈。日軍原以「大東亞共榮區」為號召，宣稱要解放被西方殖民的南洋各族，實際上卻化身為新的殖民者，不僅掠奪當地資源，還將魔爪伸向被俘虜的「慰安婦」。在盟軍掌握制空權下，帝汶島上的日軍無法真正遷移或收到補給，其實也類似一群被俘虜的囚犯。換言之，小說中每個人物都成為大歷史下的被囚禁者，面對著生命的無常、階級的壓迫與性的禁制，在在都成為人生中不堪回首的恐怖陰影。

以〈獵女犯〉為首的短篇小說，一九八四年集結為一冊小說集《獵女犯：臺灣特別志願兵的回憶》。一九九九年改版時，改題為《活著回來：日治時期臺灣特別志願兵的回憶》，允為陳千武一生重要代表作。一九六七年發表的短篇小說〈輸送船〉中，陳千武將早兩年創作的〈信鴿〉，援引為這部小說的序詩。〈輸送船〉寫第二次世界大戰後期日本的輸送船遭受美國潛水艇及飛機攻擊，同樣是基於作者在南洋的特別志願兵經驗，後亦收入小說集《活著回來》中。

這首〈信鴿〉完成於陳千武離開戰場廿多年後，可以說是槍砲口下歷劫餘生、「活著回來」的詩人，有所本而生之作。詩中所述「椰子樹繁茂的島嶼」、「土人操櫓的獨木舟」、「蒼鬱的密林」，皆為彼時南洋常見景象。陳千武在軍中亦確實「任過重機槍手」、「從這個島嶼轉戰到那個島嶼」，並且「擔當過敵軍射擊的目標／聽過強敵動態的聲勢」，更加說明都出自他親身經歷。但〈信鴿〉並未停留在以文字如實記載往事上，而是從「終於把我底死隱藏在密林的一隅」拉高層次，將不可見、不忍見、更不願見之「我底死」，鋪展蔓延

為全作核心。詩中寫道：「但我仍未曾死去／因我底死早先隱藏在密林的一隅」，這是預先埋藏，遂能不死？抑或其實心死，假託未亡？詩人戰後返鄉才發現「我底死」並未同行，因為「我忘記帶了回來」，讓它仍然「埋設在南洋島嶼」。虛實交錯，詩境遂顯，並將個人生命創傷，化為同時代臺灣「特別志願兵」的集體記憶——就算人歷劫平安歸臺，「死」卻還埋在南洋。詩末呼喚與期盼「那唯一的我底死啊」，終能像信鴿般，帶著南方消息飛回自己身邊。擇用「唯一」以彰顯其珍貴、不可取代，但來自南方的消息，對並非真心「志願」的臺人「特別志願兵」，將是美夢成真，抑或惡夢連連？答案恐怕也像詩云「隱藏在密林的一隅」，不宜也不堪考掘。無論是小說〈獵女犯〉、〈輸送船〉還是詩作〈信鴿〉，皆可從中看出戰場倖存者對死亡的恐懼以及對戰爭的記憶。

當代評論者對〈信鴿〉中「我底死」，各有不同詮釋：李魁賢指出詩人「在南洋把死隱藏在密林的一隅，顯然摒棄了『死』的召喚，反抗了為異國戰死的盲從」；趙天儀認為這首詩「意味著昨日之我已死的象徵，而同時宣告了今日之我的復活」；杜國清表示：「『我』的存在，總有一天會獲得自由意志」、「詩人對人性的信心，對個人終將獲得自由意志的信心，以『信鴿』象徵，而牠帶來的消息，將是南方的密林戰後恢復的自由風光吧」；陳千武的公子陳明台則說：「死的意志，已經宿命地成為強烈支撐著生的意志而永遠存在」；日本學者秋吉久紀夫，更找出〈信鴿〉裏「我底死」與日本「荒地」集團（二戰後日本現代詩發展重要的起點，以現代為荒地，追求新生，代表作家有田村隆一、鮎川信夫等）作品

柯太郎從戰場寄回的明信片，
正面印著一幅南洋建築的圖像，
是由 1937 年起，以陸軍報導班員身分
從軍的隨軍畫家向井潤吉所繪。
（國立臺灣歷史博物館藏）

間的相通處。以上皆可說明，陳千武此詩充滿了無窮暗示與眾多啟發。

一九四七年當他終於從南洋被遣送回基隆港，乘著火車返回豐原後，一下車便赴鎮公所詢問老家狀況。值班職員看到他時甚感驚訝，差一點說不出話來——原來是公所曾為殉難臺人辦過公祭，連家人都誤以為他早已在南洋陣亡。對一個曾經被宣告過死亡的「特別志願兵」而言，以詩寫戰爭恐怕正是面對死亡迫近、陰影縈繞的最好手段。從這個角度來看，〈信鴿〉可謂是一首鎮魂之詩。

肆・再做點補充

陳千武能編能譯，兼擅文藝行政跟國際交流，在文壇普遍被認為可以扮演好各種不同重要角色。但他個人最珍視的，應該還是寫作者中的詩人身分。就像他在〈鼓手〉中以「打鼓」作為「寫詩」之隱喻，如此說道：「時間。遴選我作一個鼓手／鼓面是用我的皮張的。／鼓的聲音很響亮／超越各種樂器的音響」、「鼓是我痛愛的生命／我是寂寞的鼓手」。身為一名時代的鼓手，他以寫作燭照現實，彰顯理想，雖然寂寞卻未曾懈怠，昂揚投入詩中，堅持不悔。他親歷被殖民統治下的苦悶，體驗二次世界大戰下的戰火，並克服由日文轉換成中文的書寫工具艱辛轉換，從各種意義上來看都是一名「倖存者」。這樣的身分背景，讓詩人筆下出現了不少剖視自我及省察生死的佳構，譬如〈指甲〉原先說：「我底指甲替我死過好幾次／每次剪指甲／我就追憶一次死……」，原來作戰前士兵會把剪下的指甲裝入信封，繳給上級。倘若戰死找不到屍體，這

少年時期的陳千武。

份指甲就能充當骨灰之用。

指甲好像是我底生命之外的
生物
長了就要我剪
每次剪下來的指甲
都活著　然後　慢慢地
替我死去

〈指甲〉以此段終篇，傳達了慘痛戰火下，生長與滅亡的無奈交替。指甲於詩中成為生命的象徵，日常反覆修剪指甲，即代表著不斷死而復生，生又逢死，在在都是痛苦的折磨。但剪了又長，豈止是指甲？還有敘述者的生存意志。〈指甲〉與〈信鴿〉一樣潛藏著詩人的精神密碼，處處充滿詮釋空間。

他還不吝批判生活周遭的權力壓迫及封建思想，譬如曾寫了十多首以「媽祖」為題的詩，讓被敕封為「天后」、「天上聖母」、「天后娘娘」的媽祖，從民間的保護神位置移了開來。〈媽祖生〉在寫蒼蠅如何「停泊在媽祖的鼻子上／非常詫異地搓揉著手／睥睨神桌」，將卑微與尊貴的位置對換，開頭便頗具諷刺意味。詩題「媽祖生」是臺語俗稱，指農曆三月二十三日媽祖誕辰，此時各地都會舉辦隆重祭典，遶境遊行，好不熱鬧。詩人卻批判這些活動僅是在「意圖吵醒神／獲得神的保佑」，並以「天這麼熱！／蒼蠅一匹／逃避在媽祖的鼻子上」作結，既揶揄了高高在上的媽祖，也嘲諷眾人不應耽溺於宗教迷信。詩長逾百行的〈媽祖祭典〉，寫上自縣官、下至百姓，都希冀「被薰香燻黑了臉的媽祖」保佑平安。詩人卻說這樣的儀式祭典「讓孩子們察覺恐怖的遊魂世界」，應該要破除迷信守舊的習慣。

更具代表性的是〈恕我冒昧〉，開篇直接呼籲：「媽祖喲／坐了那麼久你的腳／在歷史的檀木座上／早已麻木了吧」，要神明讓位外還指定接棒者：「這是非常冒昧的話／可是 你應該把你的神殿／那個位置／讓給年輕的姑娘吧／比起／人造衛星混飛的宇宙戰／你那個位置是……」，要求讓位給年輕女性，除了因應世代交替所需，也明白表示今日面臨「人造衛星混飛的宇宙戰」，太空世界何其遼闊，封建習俗與宗教迷信，終將被科技進步與科學文明擊敗。陳千武藉由詩寫媽祖，既批判民間信仰陋習，亦劍指權力交替與社會現實。試想在彼時戒嚴體制下，要冒著多大風險，才敢開口要求握有權力的偶像「讓位」？

（楊宗翰）◆

新詩二首

之二・貓

被視為現代詩甚至現代主義開創者的法國詩人波特萊爾，擁有許多先驅者的特質：對傳統信念的質疑、對世俗價值的批判、對既有成規的挑釁，以及對於感官經驗勇敢的探索與表達。透過創作、評論與自我實踐，他將自己顯現為現代都會心靈的原型，並引領出某種更為豐富、妖嬈、瑰麗的現代美學，從而影響了當時及後代許多文學藝術創作者。從這一首〈貓〉，我們就可以感受到那種官能之美驚人的魅力。

壹・作者與出處

波特萊爾（Charles Pierre Baudelaire，一八二一年～一八六七年）為法國著名詩人。波特萊爾年幼時受到父親弗朗索瓦・波德萊爾的影響，萌發藝術才華。波特萊爾的父親去世後，母親改嫁歐比克上校。一八三六年，十五歲的波特萊爾進入巴黎路易大帝中學，開始嘗試進行詩創作。一八四二年，波特萊爾繼承了繼父遺產，生活奢靡；在巴黎蒼白的生活中，也開始累積其影響後世深遠的《惡之華》之詩作。

一八五七年，三十六歲的波特萊爾正式出版《惡之華》。《惡之華》分為「憂鬱與理想」、「酒」、「惡之華」、「叛逆」、「死亡」五輯，其中代表詩作為〈信天翁〉、〈天鵝〉、〈貓〉、〈給交臂而過的一個女人〉等。波特萊爾對既有道德框架的冒犯，也遭到法院以「有傷風化」為由，勒令刪除《惡之華》中的六首詩。一八六一年《惡之華》再版，新收錄「巴黎即景」系列詩作，該年波特萊爾亦被提名法蘭西學士院院士。在《惡之華》外，波特萊爾亦創發「散文詩」寫作，收錄於其《巴黎的憂鬱》。

著名的耶魯大學歷史教授彼得・蓋伊（Peter Gay，一九二三～二〇一五）在在《現代主義異端的誘惑：從波特萊爾到貝克特及其他人》特別標舉波特萊爾在現代主義發展中的革命者位置，指出：「現代主義者是有一些顯赫遠祖的。在現代主義者看來，自我解剖和解剖題材都是他們反傳統大業的基本構成部分。這種趨勢在一八四〇年前後由波特萊爾發其端（雖然有許多可能選擇，但我個人認定波特萊爾是現代主義的第一個主角），愈到後來愈是大膽。因為藐視傳統的詩歌和正派題材，詩人開始實驗各種詩歌語言。」波特萊爾所以成為現代詩的開創引導者，乃在於他以浪漫派為基底，著重象徵，開展了現代感官象徵的書寫，除引領了西方詩潮，刺激了馬拉美、魏倫、藍波等詩人之創作，進而也影響了華語現代詩人李金髮、紀弦等。

比起詩創作，波特萊爾更早是以藝術評論聞世，其〈一八四五年的沙龍〉、〈一八四六年的沙龍〉、〈現代生活的畫家〉的論述，表達了他對是時巴黎的現代城市狀態與現代藝術的美學看法，鼓舞了馬內等藝術家。波特萊爾對現代城市的美學觀察，使得他成為思想家們反思現代性的重要文本據點，班雅明《發達資本主義時代的抒情詩人：論波特萊爾》即提取波特萊爾城市漫遊者的形象，探索第二帝國（法蘭西第二帝國之簡稱，一八五二～一八七〇年由拿破崙三世所建立之君主制政權）時期的巴黎。

貳・選文與注釋

來，美麗的貓，來到我愛的心上，
　把你腳上銳利的爪隱藏，
讓我沉浸在你美麗的眼眸中
　映出金屬與瑪瑙的亮光。

當我的手指，從容不迫地愛撫，
　你的頭和那彈性的背脊，
當我的手陶然感到興奮的滿足，
　一觸及你那帶電的嬌軀，

我就幻見我的女人，她的眼神，
和你一樣，可親的動物，
深邃冷澈，有如鏢槍尖銳刺人；
從她的腳尖到她的頭部，
一種微妙的氣色，危險的暗香，
在她褐色身旁漂浮蕩漾。（杜國清譯）

參・可以這樣讀

觸碰貓與妳：全詩核心隱喻

波特萊爾的〈貓〉全詩最核心的設喻，乃是將貓與女人的妳進行設喻，在交互疊合中，如貓輕盈的跳縱，跨越視覺、觸覺、嗅覺的感官，交織出帶情慾魅惑感的詩意情境。此詩收錄於波特萊爾代表詩集《惡之華》（Les Fleurs du mal），其中「華」為「花朵」之意，而「惡」，為法文mal之翻譯，並非全指罪惡之意，亦有痛楚、不適的意思。這也由《惡之華》詩集首頁之「獻上這些病弱的花朵。」一語，進行對所謂「惡」的闡釋。

〈貓〉所呈現的情慾魅惑感，同樣的也非要誘惑人犯罪，而是要呈現一種主體我，在所處法國第二帝國時期之時代邊緣角落，如陷溺在甜膩慾望的夢境般，難以翻身的複雜感覺。

貓的可愛，讓貓成為文學作家的良寵，以文字、意象疼惜著貓，進而以其為意象據點，另有所指。除了法文詩領域的波特萊爾〈貓〉，中文詩領域的蓉子〈我的粧鏡是一隻弓背的貓〉、陳黎〈貓對鏡〉、蘇紹連〈我們一直有一種貓〉亦可為代表。交相比較，都可以發現詩人如何讓貓都成為指涉女性主體與慾望的指標。

細加比較可以發現，波特萊爾顯然更注重於主體我與貓之間的觸碰，由此進一步觸及女性之妳的身體感官意象。

我們先看「觸碰」。詩人在第一段，首先邀請貓跳到自己的心上，在此為虛實之書寫，事實上貓無法真正地跳入我的心中，詩人乃藉此隱喻邀請貓進入我的意識之中，成為我體內牢靠的記憶。但，詩人又細寫請貓收起利爪，這有兩層意味：其一，請美麗的貓收起鋒利的防衛，安穩住進我的心中；其二，承接下面之詩行，請貓不再拒絕，讓我深入貓美麗的眼睛。這兩層意味，使得貓的意象，也融合了隱喻著愛情的玫瑰意象——以玫瑰隱喻愛情，一方面是因為玫瑰紅豔的花瓣，得以象徵愛情的熱情，另一方面玫瑰卻也擁有著帶刺的枝莖，象徵著愛情——特別是愛不得之際，那情感受傷的痛楚，以及戀人給你的距離感。

當玫瑰的愛情意象，渲染入貓的意象之時，貓比玫瑰所更具有動態性，更使得愛情給人若即若離的曖昧，深深地牽纏著人心。

詩人在第二段接續地讓這份在自我心上，讓已有著貓的形狀、重量的複雜感情，變得更有觸摸性。手指撫摸貓的頭與背，不只觸覺感官感受到貓以及互喻的女性之身體，更以「帶／觸電」感呈顯觸及女性身體的感受。誠如波特萊爾自言：「浪漫主義恰恰不在題材的選擇，也不在準確的真實，而在感受的方式。」詩人以「帶電」這個現代感受作為一個連結點，新穎地呈顯貓與女性身體給與詩人的撫觸震顫。相對於心之悸動，這帶電的觸摸，更有著身／實體上可具體感知的觸感。

當玫瑰的愛情意象，
渲染入貓的意象時，
貓比玫瑰更具動態性。

在那帶電卻又永恆的一瞬

日本小說家芥川龍之芥曾言：「人生不如一行波特萊爾。」言下之意，乃是說波特萊爾一行詩的內在寓意，可能比一般人的人生還要多情、多難。波特萊爾的詩行所以能啟動這樣的效果，主要乃是透過對多重感官，形構出所書寫對象之意象，多重疊加之書寫，產生一種對書寫對象的鏡頭特寫、聚焦的效果。如果這份對事物之特寫、聚焦，是涉及集體所普遍關注的事物，例如愛欲、美好、生存等，便更能召喚出集體意識，深入其中。

具體來看，在波特萊爾〈貓〉中貓與女性之疊加，乃是由第一段「讓我沉浸在你美麗的眼眸中／映出金屬與瑪瑙的亮光。」第二段「當我的手陶然感到興奮的滿足，／一觸及你那帶電的嬌軀，」第三段「我就幻見我的女人，她的眼神，」進行扣連。而在第三段中「她的眼神」則由貓之「鏢槍尖銳」賦予質感，這又呼應著首段的「腳上銳利的爪」，同時產生所謂的意象疊合。

在意象疊合上，詩人將她的眼神等同於貓的利爪，也將前兩段中關於愛情的傷害、帶電的感官感覺，帶入了詩人所鍾情的女人之中。如此在貓與女人間雜揉複雜情緒，可能受到影響波特萊爾至深的小說家愛倫坡（Edgar Allan Poe，一八〇九～一八四九）〈貓〉之影響。

愛倫坡〈貓〉由一個不穩定的敘事者「我」述說以下故事：「我」曾經與鍾愛的女人養了一隻貓，但某天「我」背叛了對貓的愛，殺了貓。後來「我」

為了精神贖罪，又重新養了一隻貓。可是「我」最後依舊因為疑神疑鬼，要舉斧砍死貓，卻不慎把要保護貓的女人也砍死了。「我」為了要掩藏罪行，把死去的貓與女人砌進地下室的牆中。最後在警察調查時，牆卻在「我」的觸碰下倒塌了，坦露了「我」一切關於貓關於愛人的愛欲、背叛、死亡、罪孽、悲劇。

波特萊爾生前致力於翻譯愛倫坡，面對愛倫坡小說〈貓〉的黑暗面，波特萊爾似乎也提取了其間的慾望以及殺傷力，以入其詩作〈貓〉之中。只是在詩作〈貓〉中，是以女人的目光去承襲那殺傷力，同時又複合了觸電的感覺。檢閱波特萊爾的詩作，可以發現對於女性書寫，詩人總不放過對女性眼睛的對焦。例如在〈給交臂而過的一個女人〉一詩中，詩人如此寫到：

街道在我的周圍震耳欲聾地吼叫著。
高挑、苗條，穿重孝，莊嚴的哀愁，
一個女人走過，伸出一隻闊綽的手
撩起、擺動她那有花綵邊飾的裙裾；
敏捷而高貴，露出雕像一般的小腿。
我呀，我緊張得全身痙攣有如發瘋；
從她的眼中，醞釀風暴的鉛色天空，
我狂飲著致命的快樂和消魂的甜美。

波特萊爾曾說：「在某些女人身上有一種人為的高尚，它取決於眼睛的活動、神情及走路的姿態……。」這首詩除了掌握了女性眼神的目光，以及給予詩人帶電的狂喜感受外，更要注意的是，這份複雜經驗僅僅只是在街頭兩人擦肩而過的瞬間發生的。詩人是以不斷回想的方式，去鋪展、綿長那電光火石的一瞬之間。這樣的寫法，也明顯影響到了戴望舒〈雨巷〉。戴望舒〈雨巷〉也是書寫在街巷與一女子相遇的經驗，只是轉以丁香作為象徵，以丁香之形色、香氣以喻女子，女性的目光則以嘆息表現，而相逢而來去的感覺，則以鋪排方式去綿長其時空感。從中，正可以看到波特萊爾的詩書寫，如何跨國地影響了二十世紀初期華語圈的詩人。

受苦的香氣，遊蕩的人

仔細閱讀〈貓〉的結尾，詩人所寫「從她的腳尖到她的頭部，／一種微妙的氣色，危險的暗香，」這以香氣為主體書寫，以及香氣所縈繞她的褐色迷人身軀，可以發現詩之言語，已從上一段之恍惚於愛人與貓間的朦朧邊界，而移轉至對她之女性身體。

香氣之蕩漾，帶有流動性。芬芳氣息的裊裊流動，一如貓在迷宮中的行徑，使得固狀化的迷宮空間，產生了與主體互動的複雜路徑——例如一見鍾情之後，我們之間的愛與不能愛。微妙幽香所傳達的危險，就正在如何誘我之心神，陷入愛情甜苦命運的精神史詩。

必須指出的是，探析波特萊爾的〈貓〉若只注意這幽幽的危險女人香，陷溺其美欲聲色，容易忽略其內在的城市歷史背景關係，亦即：女性面貌與城市面貌的互喻關係。從李延年〈佳人歌〉而起的「傾國傾城」，乃至於張愛玲的《傾城之戀》，從中女性身體與城市形體所存在著的關係，涉及了大時代政治者的情慾，如何地牽動著城市的命運，由此發展女性與國族政治的興亡關係。在此，波特萊爾的〈貓〉除有此對應關係，更加入了「現代」的城市特質。

誠如波特萊爾自言：「每個時代都有自己的儀態、眼神和微笑」回讀前引波特萊爾之〈給交臂而過的一個女人〉，詩人在隱微間暗示我們不只要提取女子之目光，也要提取了「路過」之同時，詩人在大時代巴黎的漫步姿態。詩人之漫步，與流動的女人香互喻，也與流動的城市現代性交相辯證。

「流動的香氣」寄寓著德國重要哲學家班雅明（Walter Benjamin，一八九二年七月十五日～一九四〇年九月二十七日）所指在第二帝國時期巴黎，波特萊爾在城市街道中流動著的「漫遊者」姿態。詩人在巴黎漫遊，邊走邊看，撿拾詩韻與題材。在散文詩集《巴黎的憂鬱》中的〈每人有他的妄想〉波特萊爾如此寫到：「他們每個人的背上揹著一隻巨大的怪獸。那怪獸和一袋煤炭或一個羅馬步兵的火藥囊一般沉重。……我向其中的人問了一個問題，問他正上那兒去。他回答我說不知道，他自己既不知道，其他的人也不知道……」這則散文詩倒轉了希臘薛西佛斯推石神話，就姿態上，薛西佛斯是推著石頭上山，而巴黎行人則彷彿揹著怪獸而行；就行動原因上，薛西佛斯是接受神的懲罰，儘管推石頭上山，

探析波特萊爾的〈貓〉，女性面貌與城市面貌具有互喻關係。

仍有著挑戰那石頭不斷落下的命運之挑戰意志，而巴黎行人則毫無動機，卻只是莫由自主地在巴黎街頭行走。

微末的巴黎行人所不知道自己何以陷入無意識在街頭行走的命運，要交由宏觀的歷史記憶回答——是十九世紀中期法國第二帝國的巴黎城市更新，讓置身其中的人，自然成為流動的行人，不易駐足沉思。

老巴黎的傳統街巷枝脈交錯，成為寓居期間的巴黎市民私下醞釀革命的溫床。經歷多次革命，至拿破崙三世治理法國的時代，由當時的巴黎首長奧斯曼（Baron G.E Haussmann，一八〇九年～一八九一年）男爵受命主持一八五二～一八七〇年間，巴黎的大型都市重建更新計畫。固然由此將巴黎建設為融合現代、藝術與文化形式的花都，但也有藉此拆毀人民累積革命氛圍的舊巷建設。因此巴黎的筆直寬敞出現了，並且導入了人身體動靜脈概念，使得城市街道促引著人流動，而不是停駐。巴黎從老舊帶遮掩性的空間，變得新穎寬敞，同時，也變成了一透明空間。在一覽無遺的空間，人彷彿不得有停留的時光，也不能有關於時間的心事。

飽涵感受能力的詩人，在過去／現代轉換的巴黎，是如此的受苦。因為他記憶過的往日，不斷以多重感官／感覺，時時刻刻告訴詩人：一切都已不再，難以尋回，儘管詩人不斷在巴黎漫遊，也只是在讓自我重複著在現實中尋索難得的失落感中。被現代城市空間所引導的流動者，成為在現實中無法落實記憶的老靈魂，成為持續不斷被記憶與現代感交互折騰的遊蕩者。詩人在老靈魂與遊蕩者的兩個身份，尋求昇華，以現代城市之記憶幻滅與階級苦惡感覺的土壤中，培育得能昇華的花朵。使惡之花朵，微妙地與巴黎的別稱——花都，擁有了微妙的辯證關係。

波特萊爾是真的在他的生活中喜愛貓，因而為貓賦詩，將貓透過多重感官與女性愛人相比附。這使得詩中的貓，其與女性間，以詩文字表現著感官感覺的流動，成為了一如改建後巴黎那帶豐富連結性的現代街道——連結著不同的困惑與魅惑，情感與情慾，甜蜜與甜膩感覺界域，而為流動的香氣所寄寓。正因為那香氣寄託著難以翻轉的寓意，使得那飄盪的香氣，也承擔背負著主體的精神重量，在流動中勞頓而受苦。這讓深入波特萊爾〈貓〉的讀者，在閱讀字句詩行時，也參與著詩人另一種語言文字流動的漫步，使自己也行徑於詩行其中那如迷宮般的感覺路徑，而不可自拔。

肆・再做點補充：以詩人與信天翁被囚禁互喻的巴黎現代性批判

波特萊爾擅長與城市的現代性辯證，除了熱愛在詩中寫貓，仰望天空的飛禽，思索何謂自由，也是他詩中常見的動物意象。〈信天翁〉一詩也正以海鳥為書寫對象，矛盾地書寫他所看見飛鳥在行船甲板上的尷尬處境，從中隱涉了詩人在現實俗世的處境。

〈信天翁〉以飛鳥在行船甲板上的尷尬處境，隱喻詩人的現實處境。因囚禁而只能在地上拖著雙翅「行走」的信天翁，雙翅象徵的正是詩人之想像力。

經常為了取樂，船上的水手
捕捉那巨大的海鳥，信天翁；
這些懶散的旅伴，跟在船後，
船在苦鹹的深淵上航行滑動。

當水手一把牠們放在甲板上，
這些蒼空王者，笨拙且蒙羞，
可憐地就讓巨大潔白的翅膀，
像兩支划槳拖展在牠們兩側。

這飛翔的旅者，多笨拙萎弱！
往昔多美，現在多滑稽醜惡！
一個水手用煙斗在牠嘴上戳，
另一個跛行學這翔天殘廢者！

「詩人」就像這個雲霄中的君王，
來往於暴風雨中且嗤笑弓手；
一旦流落在充滿叫罵的地上，
牠那巨大羽翼妨礙牠的行走。

（杜國清翻譯）

波特萊爾擅長與城市的現代性辯證，
他也經常仰望天空的飛禽，思索何謂自由？

波特萊爾〈信天翁〉的寓意，不在於表現柔美的抒情，而是表現詩人與「世俗」之間的對立與疏離。

波特萊爾〈信天翁〉這首詩的寓意，不在於表現柔美的抒情，而是表現詩人與「世俗」之間的對立與疏離。這首詩之為用處，十足體現出詩對於時代現實所能存在的批判性。

這首詩前兩段呈現一個原本應該天際遨翔的信天翁，卻被水手抓住鎖在船上，飽受水手嘲弄的狀態。第三段詩人以抒嘆語言介入，點出信天翁在生存意義上不得遨翔的囚禁困境。第四段詩人從被囚禁於船上的信天翁處境，具體反向書寫出詩人與信天翁互喻的姿態，完成了全詩的主題象徵。

詩人與信天翁間的互喻姿態，建立在「錯置感」與「批判人間世俗」兩個層面。

就「錯置感」來看，因囚禁不得飛，而只能在地上拖著雙翅「行走」的信天翁，其雙翅象徵的正是詩人之想像力。這正以原本能自由於天空飛翔的信天翁，卻錯置於地面的方式，點出錯置於改建後的巴黎城市恍若隔世的詩人，其在巴黎無法啟動自由想像，遊魂般地漫步姿態。這份錯置感，也延伸出「批判人間世俗」的層次。

何以新建的巴黎，反而囚禁了詩人的自由想像力？誠如波特萊爾寫給法國文豪雨果（Victor Marie Hugo，一八〇二～一八八五）的〈天鵝〉其中詩句：「老巴黎消失了／（一座城市的形體，唉，有著比人心還要更快的變化）。」、「巴黎變了！我的悒鬱沒變！／新的王宮，鷹架，建材，／舊郊區的一切對我都成了寓喻，／我珍貴回憶比岩石來得重。」說明了新變的巴黎，完全以空間轉變方式，暴力地切斷時間的連續性，記憶被割裂，彷彿過往活過／活著的都不算數，不能被新的城市容納。詩人正批判著，表面的新巴黎建設看似唯美，實則庸俗、缺乏之本質的偽美建設。而詩人在其間漫遊，實則如拖著巨大雙翼的信天翁，其在城市踽踽獨行，實則原地放逐，感受到華美新城市內在的蒼白，像是最後一個能擁有巴黎過往記憶的棄子。

（解昆樺）◆

11 紅嬰仔・彌月 節選

中文系畢業的簡禎有著紮實的文學素養、鮮明的個人風格。她以生動機智的文筆、忠於自我的表達，很早就成為受歡迎的散文作家。但是她的創作企圖不僅於此，始終在探索、觸及更多議題與方向，以展現當代散文更大的可能。

《紅嬰仔》是其中格局更為宏大的作品，透過身為人母的深刻體驗，雙線進行、多點切入，一方面作了深情動人的私密告白，一方面藉由育嬰細節的娓娓道來，讓我們凜然感受到一個主體鮮明的現代母親深厚、複雜的多重性。

壹・作者與出處

簡媜，本名為簡敏媜。一九六一年出生於臺灣宜蘭縣冬山鄉一個世代務農的貧寒家庭，排行老大。身為家中長女，簡媜從小即負擔細瑣的家事勞務，照顧弟妹，為長輩分憂解勞。家鄉的風土孕生對眾生悲憫與人世練達，宜蘭是一塊位處於太平洋與山巒之間的低窪平原，受山、海、風的擁抱及圍繞，形成特殊的「多雨」氣候特色。簡媜曾言，多雨、多水患的天災氣候，使蘭陽平原與「水」結下不

解之緣，因出生於大水災後第三日，更加深與水之間不可分割的連結，水的柔情與無常，滋潤著每個生命以更包容、寬廣的人文視野與悲憫情懷，形塑出面對人生風雨無所畏懼，堅忍不拔，且愈加奮發前進的生命基調及處世哲學。

簡媜認為童年的生活環境雖然困苦，然而與世無爭的平原鄉村生活卻是生命最活潑的時候，在這塊土地的潛移默化下獨立且堅毅地成長茁壯。直到十三歲的夏天，父親因車禍驟逝，面臨家庭頓失支柱，瓦解、失序的狀態。堅毅的母親及祖母一肩扛起家中的經濟重擔離家工作，盡心撫養五個子女長大成人，面對父親離世，失去依靠的簡媜被迫提早結束天真愜意的童年，堅強勇敢地開始思考自己未來的人生規劃、思索每個人的人生中必然要面對的生死課題。

高中時期與文字的相互依存，奠定了簡媜熱愛文學、致力寫作的生命基調。在大學一年級時憑〈竈〉一文獲得評審青睞，並以此為契機轉入中文系，由此與文學締下更深厚的緣分。椰影搖曳的大學校園豐厚其學養，求知若渴的她宛如遊牧民族一般，在不同院系的門外徘徊，成為了「逐水草而居」的流浪者。大學期間廣泛閱讀各色書刊與古籍經典，並從中汲取新知、錘鍊筆鋒，影響日後的行文風格帶有古典的雋永與清麗。

簡媜筆鋒一方面以有情關照世間，另一方面又知性問道，曾至佛光山釋義佛經的一段因緣，使其文字時常帶有哲思與機鋒。因工作之便大量研讀佛經及接觸佛學，至此深受開導，轉而探尋和反思自己的心態與方向。這段時間，以「簡媜」為筆名，在《普門雜誌》發表文章，時時抒發對人世之感懷。短暫數月，佛學便為簡媜拓展了胸懷，促使她以另一個角度思考、看待世界，因而得到許多未曾領受過的感悟與體驗，使其堅定邁向文學之路，也使之面對世事添了一分圓融與豁達。簡媜先後出任《聯合文學》雜誌編輯、大雁書店創辦人、遠流出版公司大眾讀物叢書副總編輯、實學社編輯總監等職務，最終回歸寫作，專事文學創作。

簡媜的作品文體多為散文，二十多本的散文集，展露驚人而豐沛的創作能量，其書寫涵蓋各類議題，屢獲各項文藝獎肯定及讀者喜愛。《女兒紅》深刻書寫女兒心事，筆下多位女子形象飽滿，豐贍多姿，警言麗句，文采燦然，允為當代散文經典。《紅嬰仔》以雙線敘事描寫女人成為母親的心路歷程，以及育嬰的種種甘苦，實為女性書寫重要的里程碑。《誰在銀閃閃的地方等你——老年書寫與凋零幻想》為老化的歷程，心路轉折，細細雕刻時光之語，預約一個老者安之，少者懷之的未來社會。《我為你灑下月光：獻給被愛神附身的人》從一個旁觀敘事的角度，既抒情又哲思般的戀人絮

語，開發情愛書寫的對話體系。在書寫過程中，她經常透過素材的排列與重組，整合出別於一般的敘事樣態，創發了多變且殊異的文章面貌，形成獨樹一幟的風格。另外，簡媜亦擅於觀察與重現生活中的細節和事件，描摹的主題不限於一角，乃全方位的展現。懷鄉情調、都市情調、人世關懷、社會批判、女性書寫與母職等題材，皆是其構思的主題。

累積多年散文及各類主題的探索，二〇二一年出版第一本小說集《十種寂寞》，以十種不同的敘事聲音，亦莊亦諧，在傷感孤寂的塵世，點一盞溫暖的心燈，照亮世間有情人，以文字陪伴傷逝，以敘事轉折訴情，在寫作企圖上尋求創作之自我突破與超越。總體而言，簡媜的筆觸時時熨貼人情世故，出神入化的文筆往往能融鑄各式題材，其文字脫胎古典詩詞且極具精巧意象，章句如詩化般流麗機敏，形塑出嫵媚鮮活的文風，再輔以敏銳宏闊的視野及時而切換敘事的筆法，皆昭示了行文時的靈動和獨特，使其在臺灣文壇具備極大的影響力。

本文選自印刻出版社《紅嬰仔——一個女人和她的育嬰史・彌月》。

貳・選文與注釋

彌月

人生中，大約只有「彌月」與「蜜月」可以理直氣壯地以一整個月來慶祝。然而，「蜜月」名過其實，婚姻之事到了今日，蜜個三、五天也就夠了，接著就是柴米油鹽。

誕生乃大難得，確實需要一個月時間調理身心，建立親子秩序。不獨嬰兒要適應新生活，大人更要拓寬軌道，以承接嬰兒所帶來的爆炸性喜悅及重擔。

對新手媽媽與爸爸而言，這個月頗似野戰部隊魔鬼訓練營，課程排得滿滿地，教官個個眼露凶光恐嚇著：「再不用點腦袋學，看你怎麼上戰場？你以為子彈長眼睛啊（等於：你以為嬰兒是芭比娃娃啊）！」於是，從換尿布、泡牛奶、洗澡、拍背、哄睡到研究口水鼻涕眼淚屎尿，處處皆需細心學習。要是夫妻兩人都好學，像同組的實驗夥伴，做起來便會喜悅加倍、勞累減半；若是全部扔給一人（通常是女人），大概沒多久就會出現陣前倒戈吧！雖然不必跟著流行到處嚷嚷「新好男人」這類浮誇名詞，但我著實認為，一個做了父親的現代男人若自動放棄褓抱經驗，確是遺憾。

這個月也是還願與祈福的月份。出生第十二日，母親做了麻油雞與油飯，禮拜神明、祖宗。我待產時，她們曾向神靈祈求，若我平安，即以雞酒、油飯答謝。

除此之外，又要我懷抱小傢伙向天三叩首，也是還願；母親另外備青果至住家附近的王爺廟致謝。我都糊塗了，兩老到底驚動多少尊神靈，求祂們趕至產檯邊為我助產？

較為特殊的是，為了小傢伙淺睡易醒、善哭愛鬧，母親依宜蘭鄉下習俗向家中供奉的關聖帝君祈求收他為義子，願出入相隨，多加護祐。她以紅線繫一枚仿古幣為信物，手持之於香爐上方繞三圈以薰染香煙，這幣便有了神的承諾。

將它放在小傢伙枕邊時，我想起小時候也有一條紅繩古幣，成天掛在脖子上，洗澡、睡覺都不取下；圓幣方孔，上頭有四字：「乾隆通寶」。大約是小學年紀，我把那「乾」字唸成「ㄍㄢ」。那是我這輩子第一條項鍊，也是第一筆財產！

原來，這古幣象徵另一種「通財」之義，世間父母怕自己的能力不夠，又給心肝寶貝找了一份天上的父慈母愛。

當然，再也沒有比這個月看到更多金銀財寶的了。金手鐲、手鍊、小戒指、項鍊，新潮的從十二生肖到十二星座都有，而鏤刻「長命富貴」、「吉祥如意」的金鎖片仍是主流。來看小娃兒的親戚好友，幾乎人手一小袋，袋內一絨面小盒，盒內置金飾另外摺有保單，載著品名及重量，幾兩幾錢幾分幾厘之類，單子底下還有一行十三級小字：「舊金翻造按照銀樓公會規定每錢貼耗五厘」，看這文字彷彿身在清末民初。

「給小寶寶平安長大、健康聰明，長大考狀元，做大官，發大財，娶漂亮老婆！」送禮的人這麼祝福。賀詞真是悅耳，充滿榮華富貴的派頭，也佈著成為貪官污吏的危險。然而，在這個月做媽媽的心裡沒存「救國救民」理想，也未動念要在孩兒背上刺「精忠報國」，一味只沈醉在「化權、化科、化祿[1]」的憧憬裡。

一床上的金飾，擺開來像銀樓櫃檯，一時興起，用相機拍了下來，留作紀念。遂玩興大發，幫小傢伙穿戴穿戴，嚇！好一隻金光閃閃的小潑猴！

有一條鍊子非得記一記不可！是遠流出版公司的姊妹淘合送的，重達一兩捌厘，這數字暗喻一百零八條好漢；純金圓牌，正面書「長命富貴」，背面就露了獠牙：「一而再再而三，再接再厲，六六大順」。這是什麼跟什麼呀？不明就裡的人看了，還以為是三千公尺接力賽金牌哩！

每一份禮物皆是祝福，從金玉美石至衣衫暖被、用品器具，無不包著世間的濃情蜜意。這是他的人情世故，來日應當禮尚往來。

說到禮數，我自小對阿嬤與母親凡事尚禮重情的作風習以為常，但真應在自己身上，還是感到新奇。她們在舉手投足之間，虔誠恭敬，彷彿剛剛與一神錯肩而過，其衣袂飄然。言談亦輕聲細語，如那神坐在沙發上，正與她們共話家常。她們是最後一代凡事遵循古禮的人，並且堅信，任何一個生命若誕生時沒走過這套禮儀，其福祿便嫌單薄。

1 化權、化科、化祿：化權、化科、化祿與化忌合稱為「四化星」，是紫微斗數的內容之一。「化」有改變、變化之意，四化星指的是人的一生中受時間更迭影響所產生的權、科、祿、忌的變化。「權」象徵權力；「科」象徵名聲；「祿」象徵財祿；「忌」則象徵麻煩。

……

滿月是一道門檻，對父母與嬰兒的意義遠超過他人，它意謂著：這個家確實存在，這個會打呵欠、吮小拳頭的嬰兒確實要喊我們：爸爸、媽媽。

收拾行李回自個兒家途中，我抱著小傢伙告訴他：「滿月了，我們要回家喲！」不知怎地，我的腦海浮現一輪明月躍出海面的景象，那柔潤的光芒宛若一道聖旨、一行情詩，我於是知道我會有好的開始。

【密語之七】

兒子！當我在心裡這麼喊你，仍不免一陣驚動。

我該如何描述這般前所未有的錯愕感？彷彿一個失意人，行路遇雨，索性彎入畫廊閒逛，隨意瀏覽並不想買什麼，忽見角落散置一排畫，其中一幅露了尖角，似乎不惡。隨手抽出，迎光欣賞畫中景致，覺得那蓮花池蕩漾得甚好，古樹濃蔭與拱橋倒影亦畫得十分淋漓[2]，遂忍不住伸手去摸，怎料一瞬間連人帶鞋墜入池裡，一隻小蛙還從我肩頭躍過。

雨天，消失了，行路的煩躁情緒也消散了。費力從蓮花池爬上來，脫鞋倒水，將擱淺在衣襟上的幾朵小浮萍還回去，四處望著，看見濃蔭深處有一幢屋，心想去問個明白也好。敲門，門應聲而開，一大一小兩個男人齊聲說：

「妳跑去哪裡了現在才回來？我們等妳好久哩！」

這是真的嗎？兒子，我們真的成為母子，成為血緣至親？

2 淋漓：形容氣勢充盛酣暢，音ㄌㄧㄣˊ ㄌㄧˊ。

是真的。你躺在我的臂彎裡安然而眠，輕淺的呼吸如春日湖水微微揚起波紋，顯然睡得十分香熟。你的小臉蛋貼著我的左胸，依隨我的呼吸而起伏，這兒是你最喜歡的枕，我那宛如擂鼓的心跳對你而言是一首天籟[3]。

窗外是盛夏，院子那叢綠竹藏了一鐔好蟬。我坐在這窗口聽蟬已聽了八年，淒淒切切也好，如泣如訴也罷，我依然記得自己的心情，每年沒什麼改變，如一個越獄的鬼趴在人世入口聽才子佳人故事，聽到傷心處，也跟著哭起來。想想跟自己實在無關，不禁笑了笑，嘆口氣，又踅[4]回鬼獄。我未曾想像有人陪我坐在這窗前聽蟬，而且一次來了兩人。

兒子，或許有一天你會了解你帶給我的轉變有多大？因著這一改變，我此時已在心裡感謝你了。

我時常想，我們的一生再怎麼漫長，若放在萬古以來奔流不息的生命海域觀之，也不過是一隻小小的蜉蝣[5]罷了。這短暫的蜉蝣生涯能否遇見幾位肝膽相照的人、成就幾件漂亮之事、砌築一個恩恩愛愛的家，竟不止需靠個人努力，更繫乎機運。

而機運無價，你散盡千金也買不到一個有情有義的人；你完全不知道誰是主宰，而祂又憑據什麼分配千載難逢的幸運。

我唯一可以分辨的是，若少了閃閃發亮的機運金粉，你與那人、那事需歷經掙扎、論辯、復合、撕裂，彼此以對方為石磨，日夜輪轉，即使終於成就了，也是脫去一層皮、留下一道瘀傷。如果飽含機運，人、事一拍即合，怎麼做怎麼對。

你父親與你，不是靠我的努力得來，是老天作媒。

3 天籟：自然界的聲響，如風、雨、禽、獸聲等。籟：音ㄌㄞˋ。

4 踅回：半路上拐回來。踅：音ㄒㄩㄝˊ。

5 蜉蝣：動物名，蟲類。長六、七分，頭似蜻蛉而略小，有四翅，體細而狹。夏秋之交，多近水而飛，往往數小時即死亡，音ㄈㄨˊ ㄧㄡˊ。

我原來努力要做的是把自己從情愛與婚姻的糾纏關係中解放出來，從惆悵與傷懷的淵藪攀爬而出，一個人躲得遠遠的，數路旁任何一棵大樹的葉子也行，就是不要去數還有幾款制度可以帶我找到幸福。

兒子，我現在稍微理解，是人使制度變得可行甚至帶來豐碩果實，而非制度能把人改造、捏塑使之發出光環。情愛之路尤其如此。一對從年輕走到白頭的恩愛眷屬，靠的是相互寶貴、同等付出的珍惜之心而非制度的保證。若他們婚配，便光耀了婚姻制度；若不婚，則照亮體制外的情愛關係，成為美談。實則對他們而言，婚或不婚皆無損於山盟海誓，不能稍減對對方的愛與敬。然而，如果碰錯了人，即使用最厲害的婚姻枷鎖，惡徒仍是惡徒，忘恩負義、始亂終棄本是他的愛情彈藥庫，遲早要掃射。

如此說來，婚姻，本無偉大之處，單身，也不是什麼可歌可泣的事，純粹只是個人選擇。不同的本領坐不同的椅子，若發覺那椅子扎肉，站起來走人也就是了。

不過，十幾年來在愛情大街閒逛，我不免有所感慨：有靈氣的愛情少了，刻骨銘心的婚姻寥[6]若晨星，願意共負一軛[7]努力建立現實或精神層次堡壘的情偶也不多見了。這情愛國度彷彿正經歷一場瘟疫，紅男綠女在黑街暗巷晃蕩，若不是揣著算盤，就是遊手好閒像個愛情吸血鬼。

我情願數任何一棵樹的葉子，也不要數算還有幾條路通往幸福。莎士比亞說的，真正的愛情道路從來沒有平坦過。

（然而，漫長的一生若未被真愛點燃，未被情投意合之人繫住腳踝，又是多麼暗鬱且漫長！）

6 寥：稀疏，音ㄌㄧㄠˊ。

7 軛：在車衡兩端扼住牛、馬等頸背上的曲木，音ㄜˋ。

直到你父親出現在我面前，我開始相信天作之合。

直到你出現了，我開始體會自己的生命與他人綰合[8]的重量感與難以形容的燦爛。是的，燦爛！對你父親與我而言，我們進入非常特殊的生命階段，心情時而忐忑時而春暖花開。

兒子，我不厭其煩地記述這些是為了讓你了解你是在愛情的喜悅與驚奇之中被孕育出來的。若有一天你對自己的生命感到困惑、鬱悶而憤憤然欲全盤推翻時，我希望你能再次讀一讀媽媽寫給你的文字，然後想像你帶給我們的影響與力量有多大。

這力量把你父親與我變成搬磚運瓦的世間夫妻，心甘情願地脫下流浪衣袍，彎下腰桿砌築自己的小小家園；這力量也使我們在等待你的微笑時，不禁望對方一眼，心內微微喟嘆著：

就這麼一路走到老吧！

8 綰合：互相結合。綰：音ㄨㄢˇ。

參・可以這樣讀

女性密語與育嬰紀錄的雙軌敘事

簡媜《紅嬰仔》有個知性的副標題「一個女人和她的育嬰史」，預告這本書的雙軌結構，一條結構線以時間軸為主從懷孕到育兒點點滴滴，如同特寫鏡頭貼近育嬰實況，彷若一部母嬰散文紀錄片，故事始於「一張喜帖」終章於「兩周歲」。另一條結構線以十八篇「密語」形式，在原書中用濃重標楷體呈現女人內在自我絮語、精神世界。兩條敘事結構互為交織，映照一位都會女子，原本抱持單身主義，然生命美好的意外，讓她遇見對的人，進而走入婚姻，成為人妻，成為一位母親。初為人母的驚喜，帶著忐忑不安，為守護初生兒的成長，遂連繫老一輩的育嬰智慧，又融入民俗為迎接新生兒的諸多儀式與護持寶物，詳實細膩地保存生命最初的紀錄。另一「密語」系列則刻劃女性內在私密話語，觀照女性在這段時光情感的流動，或抒情或辯證，見證女性在自我追尋與社會母職角色之間的糾結拉扯，思辨母者的意義與個人實踐之種種密語心事。

《紅嬰仔》的敘事方式將發生於生活平淡的點滴，化為個人獨特的省思，看似平凡無奇，然充滿屬於女性密語及經驗傳遞。從懷孕、生產、坐月子到育兒秘方，構築成一部女性育嬰史，內有民俗記事，亦有婆婆媽媽的經驗交流，是母女的傳承，也是每個新生兒誕生之初的重要歷史，填補女性敘寫母嬰經驗在文學上空白的一頁。此書運用雙軌敘事法，其一是貼近育嬰實況報導而寫就

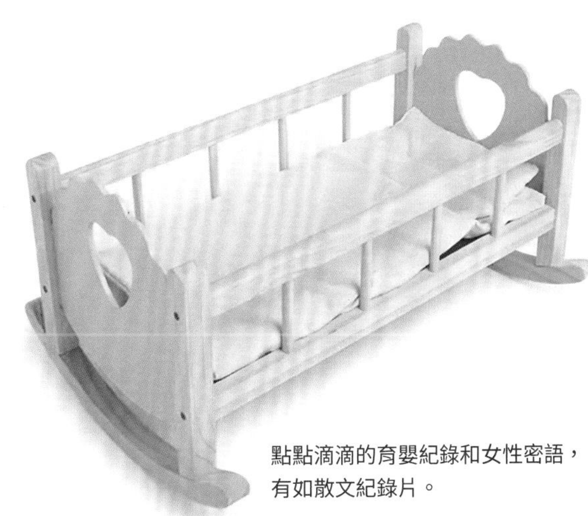

點點滴滴的育嬰紀錄和女性密語，有如散文紀錄片。

的紀錄型散文，另一敘事線則穿插十八個「密語」，在前面依照懷孕到育兒的敘事時間軸，插入女性內心密語，挖掘個人心靈、情感，偏向抒情散文的情思流洩。在面對社會角色的「初為人母」，內在那個尚待呵護的「女孩」似仍需多加撫慰，面對「安定／出走」、「母職／事業」等等自我矛盾與重塑，十八則密語以輕舞飛揚的語言，以深情溫柔的訴說，對於「母親／女兒／女性」的多重心靈自剖娓娓道來，展開一場自我的對話與自我的追尋。密語的文字扣問著今與昔，扣問女兒在成長中的第二性位置，扣問婚姻與單身究竟哪方略勝一籌，扣問育兒的勞累所加諸女性的身心疲憊有誰理解？這一則則密語，記錄成為母親之後，那個內在小女孩仍凝視著，對於社會對於人世對於過往的創傷，對於母職的貶抑，育兒的辛勞辛酸無人知，這些傷其實仍都在，只是為母則強，讓孩子能在親情織就的密網裏，得到充份的滋養。

〈彌月〉這一則通過滿月儀式祭告天地新生兒的誕生，在這個重要的時刻將父親、母親、小孩融成一個生命共同體，將一對伴侶「變成搬磚運瓦的世間夫妻」，縱然有知識分子豪情，所謂「橫眉冷對千夫指」，亦從此「俯首甘為孺子牛」。密語之七將天下父母心迎接新生兒的人倫之情，那種因緣遇合，誕生奧妙之動人處娓娓道來。當簡媜以母親視角觀察社會現況，觀察孩子即將生長的環境，產生諸多批判、焦慮，同時也轉化以往觀看事物的角度，對所關懷的議題有了更景深的擴展。除了密語所展現的女性心靈話語，詳述的育嬰生活彷若是散文紀錄片，涵蓋珍貴的傳統民俗文化傳承，舉凡孕婦禁忌、生產相關

〈彌月〉一文，照見天下父母心，「俯首甘為孺子牛」。

俗諺，老一輩對坐月子的重視，育嬰過程種種古老秘方，皆豐富了女性育嬰史。

從「母者」追尋到「母職」實踐，其所展現的女性力量，既是與重要他人結合的深切渴望，也是與更深刻之女性經驗相連結，面對任何新經驗，新生命向度的可能性開放自己，在現實情境中實現想像、參與自我創發的意義。《紅嬰仔》記錄懷孕、分娩、哺乳、育嬰的孕養過程，也同時重新喚醒「身體」感受。從懷孕到撫育，在「成長」的時間性中，「母體」這血肉之軀，正是胎中嬰孩的承載者，生產苦痛的直接承受者，初生兒的乳汁哺育者，以「母親肉身」參與新世界之旅，在一連串幽微變化與敏銳感知中，這個特殊生命階段母親的「身體」本身經歷了自身流動而且充滿可能性的女性經驗。簡媜即記錄下許多真切的身體經驗，成為「母者書寫」中極為重要而鮮明的一章。此種女性主觀經驗的敘寫與關注，走入初為人母的世界，既是物理性活生生的身體，也是內心因身體的變化所帶來的感官轉變，簡媜生動描述懷孕階段的產檢：「我從來不知道，當自己的靈魂擁抱自己的肉體時，那種孿生的感覺竟如此神秘且靜好。以前，看自己的身體像看一張土地所有權狀，現在，是遼闊的沃野美地。」身體由個人所有權，變成孕育的沃土，懷孕的過程，使女性的身體不再是個人所有，而是滋養他者的美地。

〈想像我們躺在暖暖的海洋裏〉一章，描繪生產的過程，身體所受承的疼痛與其所思所感。簡媜形容陣痛如同一股移山倒海的力量在身體內運作，陣痛感受在身體內形成一種規律，漸漸密集，終至強烈，彷彿像挺著渾圓大腹拉扯一條名為「母親」的軌鏈，希望能成為其中一員。在〈餵食困難〉、〈嬰兒崇拜〉、〈斷奶〉詳述女人親自哺乳的感官經驗，在母者的秘密花園，唯有孕育者知曉田園的美好景致，體驗過後才明白其中的奧秘與驚奇。隨著懷胎九月，生產陣痛，到產後坐月子，身軀日漸改變，過去身體習慣，身體邊界的連續性微妙地改變，對自我的感受轉變，女性主體性也產生變化。

母姨天下與蘭陽風土

簡媜幼時失怙，在母系家庭成長，自祖母與母親的身上，學得女性堅毅與達觀，即使他們未受過高等教育，卻能夠毫無保留給予子女無限的愛，簡媜將這本書獻給阿嬤、阿母——感謝她們即使日子苦得像飛砂走石，她們也未從「母親崗位」叛逃，一路以自己為餅為糧，哺育下一代，讓簡媜學習到如何「在湯裡放鹽，愛裡放責任」。簡媜雖對揹負家務責任的童年時光感到無奈，卻又不能忤逆大人的要求，只能吃苦當吃補般地為家庭付出，養成她刻苦耐勞、自勵自勉的性格，造就她毫無怨尤的、為人所稱讚的「老大形象」——時時刻刻盡老大該盡的責任。然，也因家中總有忙不完的農務，父母對於孩子採取的是較為放任的教育方式，使簡媜可以盡情地徜徉在大自然的懷抱中，日日與其相伴、對話，替自己構築一個又一個新奇的想像空間，開啟她對文學與知識的想望，催生出她欲擺脫貧苦、力爭上游的決心與信念，小學時期便養成早起閱讀的習慣。

對簡媜來說，生長在蘭陽廣闊且豐饒的風土中，不僅不會感到拘束封閉，觀察。在大自然對自己的啟蒙過程中，陶冶自身的人格、性情及尊嚴，以及對愛與美本質的追求，學習到如何以和平的善意去面對人生中的各種困境，認為這塊民風純樸、土地廣闊的蘭陽平原是孕育出她日後豐沛的文學創作能量的搖籃。與此同時，簡媜也面臨升學的壓力，早熟的她認為自己若是一味留在家鄉發展，很有可能步上祖母與母親的後塵，無法擺脫傳統女性只能進入底層勞動市場與婚姻的宿命，唯有離開這塊哺育她的農村，才有機會幫忙改善家中的生活。於是，簡媜毅然決然北上求學。就讀復興高中的她，因不適應台北的都市生活，興起濃厚的思鄉情緒，加上與同學間懸殊的成長背景、繁忙沉重的學業壓力，使原本勇敢、樂觀的簡媜自認活得極為孤單沉默。但自尊心強烈的簡媜不向鬱悶的高中生活低頭，轉而在閱讀與文字的世界裏，敞開心胸擁抱文學，與文學進行對話、抒解自己的千愁萬緒，並開啟她一生無悔的寫作之路，在寫作中為自己的生命情感找到寄託，藉以安頓、療癒自己徬徨寂寞的內心。

在母親、祖母身上，她看到傳統女性亦剛亦柔的一面，她們遞補家庭中的男性空位，順理成章的扛起一家老小所有責任，但基本上，她們的意識型態仍是傳統賢妻良母的延伸。簡媜生子之後，也與阿嬤、母親有更多的互動，開始理解，「傳承」必須靠時間促成，「即使親如母女，也得等待時間慢鋪出階梯，讓小女孩一階一階走成少女、女人，她才肯瞧一瞧母親交給她的那方不起眼的小木盒，看懂盒內皆是以女人的身軀、情感為柴薪，一點一滴提煉出的智慧香

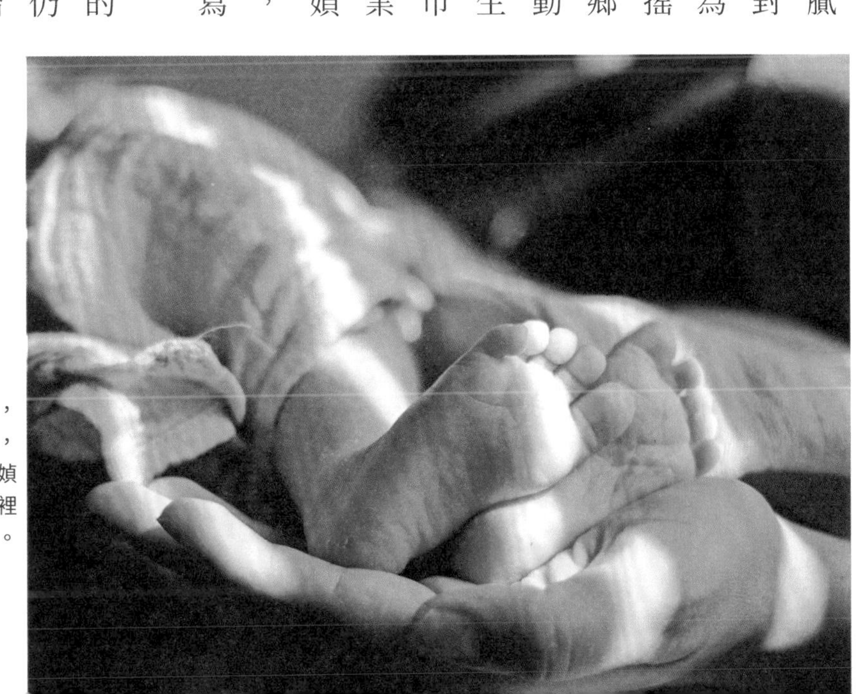

祖母與母親，
一路以自己為餅為糧，
哺育下一代，讓簡媜
學習到如何「在湯裡
放鹽，愛裡放責任」。

精。」在選文〈彌月〉這個段落，祖母依宜蘭習俗向神明祈求收新生兒當義子，並以紅線繫一枚仿古幣為信物，簡媜憶起小時候也有一條紅繩古幣，如今初為人母深刻了解那不僅是一枚仿古幣，也不只是鄉下習俗，更是天底下的母親想為孩子找一份來自天上的父慈母愛，共同守護孩子的一片痴心。祖母是凡事遵循古禮，這些慎重的儀式是為了讓新生命能夠得到祝福，因此文中描繪「做膽」、「敬神」、「拜天公」、「報酒」、「做滿月」、「收涎」、「剃頭」、「抓周」等周到的禮數。其中民間祭拜「七娘媽」與「婆祖媽」連繫上一代老一輩的宗教信仰：「拜姐母總是充滿娓娓傾訴、攢眉蹙頞的女性情態。其幽怨處，連烈日暴雪都要為之俯首噤聲。那緜密的祈語，聽來不像對天神禱告，倒像跟孩子的另一位母親商議。」簡媜回娘家坐月子，浸潤於民俗文化傳統的氛圍，慢慢理解以往認為瑣碎的「女人經」、「育兒秘訣」，是珍貴而動人的母者經驗，當小女孩轉變成為女人，身為母親身分時，才能傳承母系智慧，並透過與母親系譜的連結，帶來更深層而安定的母性力量。

《紅嬰仔》育嬰實錄與心事密語互相交織的特殊風貌，即是女性自我生命史與新生兒成長史所構築的兩條敘事線，雙重交織於母親的生命敘事及人生風景。從史的向度觀之，一方面她從母者的位置得到一個貼近的敘事視角，可以幫一個新生命記錄身世，撰寫成書。另一方面，她認為「我能給自己的最特殊

慎重的儀式是為了讓新生命能夠得到祝福。

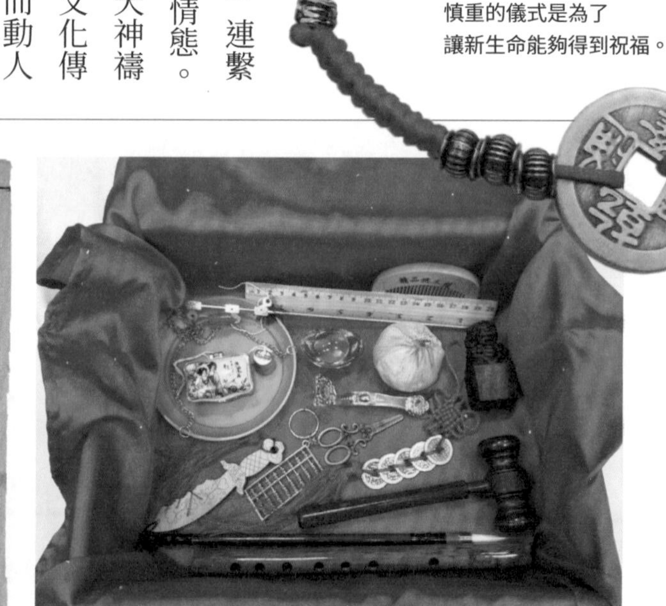

禮物，恐怕就是藉由全職媽媽角色返回自己的嬰兒期。這是奇詭的，若我未親自照顧孩子就不可能清晰地看見嬰兒時的自己。如此說來，我全職投入育嬰工作，竟同時呵護了兩個生命的成長；一是兒子，一是早已遺失，如今藉由血緣羽翼飛回的嬰兒期自己。」孕育新生命的同時也重新回溯自身的成長，藉以回到嬰兒時期的自己，體驗生的喜悅與回到母體的安然自適。

「蝴蝶與坦克」的母者形象

簡媜婚前常用「竈」的意象來描繪母親對家庭的奉獻，用「蝴蝶與坦克」形容母者呵護子女的溫柔與堅毅；用「願意自斷羽翼、套上腳鐐」代表母親為子女的無悔犧牲，奉獻，溫柔，強韌的形象。作者筆下的「母者」具有剛柔並濟的雙重特質，母親單薄的肉身不僅可以擁子入懷，也可以用來抵擋加諸在兒女身上不幸的命運造化。簡媜的散文〈母者〉特寫幾位母親樣貌，她們苦兒女所苦，或者為惡疾纏身所不忍，或者為思念所牽掛，或者為走向死亡所哀慟，從成為母者那一刻起，宇宙的大秩序更開始驅動這份原始的母性本能，進入無怨無悔的生養旅程，過程中無論遭遇如何的變數考驗，為人母者，從不預設退路，只有堅持到生命最後一刻方罷干休，這是母者的承諾，也是母者的真諦。簡媜將母者想像成大自然的一部分，在能量醞釀許久的母者身上，彷彿已把自己開發成一片沃野，等待

著愛的降臨，為了成就另一個新生命，不顧一切犧牲自己。一旦決意成為一位母親，無論要歷經多少辛苦，也會勇往直前完成任務，這樣的性格如同蝴蝶與坦克集於一身。要成為一位母者，必須具備鋼鐵般的意志與天使般的溫柔，以及源源不絕的愛，才能將這份情感不斷地延續下去。

簡媜作品時常浮現她對於母性力量的讚歎，以及對於女人在生命各個階段所負的艱苦與心傷，有著深刻的觀察，她曾云：「身為一個女性，我最感興趣的是想要去了解，或想要去觀看女性她如何用自己孤立無援的資源……甚至說在一個困頓的情況之下，她如何劈下半邊天，如何為她的生命開出一條血路？……我對於女性內在能量，我對於這個能量非常感興趣，其實主要是表現在類似這種地方，所以我為什麼會講說女性一半是壯士，一半是地母……」簡媜追求的母性力量，不僅是對自身，血親晚輩上，她更企盼用母性建構關懷女性，社會，民族的大愛網路，追尋人世母者的壯麗力量。〈漁父〉文中談及「我也應該舉足，從天倫的窗格破出，落地去為人世的母者，將未燃的柴薪都化成炊煙，去供養如許蒼生。」簡媜將天生的母性向外拓殖至供養蒼生，身負「人世母者」的使命，希望藉由創作去溫暖曾經受傷、絕望的心。

她在《女兒紅》一書中，幻化成經歷不同苦難，悲情的女子，觀照世間女兒的旅程，用母性的力量給予悲憫，溫暖，企盼在新、舊時代間掙扎的女性，得到支持與慰藉，擷取浴火重生的勇氣。簡媜敘及《天涯海角》的寫作意識曾言：「土地最常讓人想到的就是耕植，這與女性的生命力並非不能聯想。從土

一旦決意成為一位母親，無論要歷經多少辛苦，也會勇往直前完成任務。

地的新生到土地的滅絕，土地的故事裏，可以看到人的社會罪惡的一面，珍貴的一面。而臺灣這一片土地的流變，讓我充滿沮喪與挫敗，我現在的思索，其實是想要再次修復我童年所認識的美麗的土地，而且我相信這修復的力量在女性。」簡媜以文字禮讚存活的世界，向無窮無盡的生命進貢，以引領生者亦安慰死者，從聆聽宿命聲音的「女兒」到為天倫痴心奉獻的「母者」，從死生對立的我執中重新修復自我與命運的關係，在親情斷滅處提煉意義新生的過程。柴薪、炊煙、供養所隱喻的「母者力量」蘊藉著一種從「人子」的眷戀執念走向「母者」的包容與奉獻，由困頓而超越，由死亡而新生的堅毅。

肆、再做點補充

簡媜的生命成長史正是臺灣從傳統農業社會走向工商業社會，女性從家中走入社會從事各行各業。婦女運動從解嚴前至解嚴後，女性的社會動員一直持續不斷，從婦女新知到女權會，此種女性社群的集結乃是針對父權體制中男尊女卑的意識形態、文化和制度，加以批判與挑戰，並且試圖以社會行動將性別平等的觀念履行（implement）並取代（replace）性別不平等的社會制度和習俗。婦女團體與街頭抗爭活動提供女性多重的越界流動經驗，以及性別化主體的演出和構成機會，女性為了女人議題而組織成社群或走上街頭牽涉多重的越界與轉化，在婦女團體的組織方面，促使女人的議題從被忽略的瑣碎或私密事務，成為公開訴求的公共與政治議題；女人自身從私領域進入到公領域。而走上街頭遊行的具體行動，除了使女人從私領域越界到公領域之外，也因身為行人而走上路，跨越了移動空間的日常用途和規範，並藉由街頭示威而將街道公共空間轉變為表達意見、展示社會衝突與矛盾，以及特殊社會群體透過集體現身而展現力量的公共領域。

從一九七〇年代呂秀蓮的「新女性主義」至八〇年代的「婦女新知」，繼呂秀蓮之後，李元貞、顧燕翎、鄭至慧等人持續婦女運動，喚醒女性解放意識，反省傳統的性別角色，反對父權法條，一九七〇年代的婦運為往後的女性主義思潮奠定基礎，同時也將性別議題嵌入臺灣社會運動的脈絡之中，使之成為八〇年代以來許多女性作家積極思辨的課題。至九〇年代女性社群的集結與動員，以及女性主義思潮的引介，在女性意識的提昇上獲致相當豐富的成果。女性主義區辨生理性別與社會性別，試圖將之前女性被本質論述所框限的身體解放出來，女性角色不只有女兒、妻子、母親，同時也可以有不同的選擇，以鬆綁女性只能走入婚姻的緊箍咒。拒絕婚姻、拒斥父權結構，往往隱含成為叛逆的女兒，選擇獨身自由，並貶抑家庭主婦的價值，迎合父權經濟體的競爭規則，揚棄體貼、包容與柔性流動的陰性特質。在簡媜的述說裏，她曾受過感情的傷，對於婚姻有種種的質問，於母者的奉獻犧牲是懷有悲憫之情，我們可以看到以往女性對於拒絕進入婚姻關係作為抗拒父權體制的手段，然而《紅嬰仔》我們看到簡媜的心境轉折，正視女性的身體經驗，哺育過程身體種種的變化，重新賦予母職正向的能量，並非傳統傳宗接代，而是釋放子宮孕育生命的意義，照見女性自我生命的豐沛，對孕育喜悅的見證，轉化白色「乳」汁為寫作的泉源，鬆脫父權凝視下「賢妻良母」的沈重負荷，解開家的枷鎖，悠遊母系銀河，展開寫作欲望的翅膀，探索母性奧義與秘密花園。

女性散文家擅長透過母性的特質，母者的角度進行空間感的細節描述，隨著時代的推衍，從五〇年代依附於父權和傳統社會界定的母性與母親角色，到六、七〇年代開始透過女性意識覺醒後展開的自我建構，到八〇年代以後運用母性的眼光去詮釋，建構女性的歷史，這些皆是女性散文家在母者書寫上極重要的轉變和突破。這批深具女性自主意識的作家在成為母親之後，她們是如何實踐母職？早期在親子書寫的主題上，一九七五年即出版小民《多兒的世界》，一九七七年張曉風出版《詩詩、晴晴與我》，融合散文與新詩以記錄女兒成長歷程。張曉風於〈母親的羽衣〉描述：「每一位母親都猶如仙女，一位穿著美麗羽衣的仙女，當她換上人間的粗布時，代表她已決定成為一位母親，那件羽衣並非為他人所藏匿，而是她自己鎖住那身美麗的羽衣，只因她已不忍飛去。」母親如同織女，勇於追求自己的愛情，甘願放棄一切，婚後又為了兒女，犧牲自己快樂的少女歲月，無怨無悔的為家庭奉獻所有的心力。劉靜娟《歲月就像一個球》，廖玉蕙《沒大沒小》，皆描繪親子關係或兒女成長趣事。大多作品借兒童的視角審視成人世界的驚異，強化童言童語的逸趣橫生。直到朱天心《學飛的盟盟》，逐漸淡化母性思考，將焦點轉化為女性主體意識的抒發，將育嬰視作人類學的觀察，並擴展親子之情到社會觀察及女性的社會化歷程。

張曉風曾經描述：
「每一位母親都猶如仙女，
一位穿著美麗羽衣的仙女，
當她換上人間的粗布時，
代表她已決定成為一位
母親……她已不忍飛去。」

簡媜《紅嬰仔——一個女人和她的育嬰史》，思索昔日對於「賢妻良母」的拒斥，到人生意外之喜，邁入婚姻，並成為一位母親，這本育嬰史連結作者的心靈密碼，每則文章後作者與自我內在小女孩對話，在母職與自我實踐之間的矛盾如何安置，透過書寫，安撫內在不安的自我。〈密語之五〉：「即使到了名為多元開放、兩性平權的現代，一個期許在事業上頭角崢嶸的女性是四面楚歌的；她必須跟自己戰，跟女性戰，跟男性戰，還得跟不時飄入腦海、想要耕耘一段真愛的念頭戰。」待到繁衍時鐘滴滴答答響起時，她還要跟生理時間搏鬥！簡媜的筆下對母職與自我的拉鋸有深層的剖析，另一方面則透過親友的關愛串接臺灣民俗育嬰史，諸如：收涎、抓周等等，實證記錄下女性身體經驗與小孩的成長史。之後她陪伴先生到美國擔任訪問學者，兒子進入美國國小校園就讀，她比較臺美兩地的教育，寫出這段在美國的「遊學」——《老師的十二樣見面禮》。以抒情兼評議的筆調寫出美國學校教育值得借鏡之處，以及她在美國所見到一切的所思所感。簡媜的母職書寫尚有一本較特別的《頑童小番茄》，她以旁觀者身分記錄家族中一位小女孩的成長過程，由於年輕的父母婚變，小番茄的姑姑替代生母完成母職繁重的工作，以自然樸實的筆調書寫兩人之間的互動過程，除了姑姑是主要照顧者之外，其他親族也扮演共同照護的角色，勾勒出一部幼童生活史，在家人親族共同的關照撫育之下，打破傳統認定母親必定是小孩最佳照顧者的迷思。昔日在《野火集》文筆犀利的龍應台，在成為母親之後，「她從一個單純的女人變成社會結構裏的一個母親」。原本高唱女性走出家庭廚房，走入公領域的龍應台，在《孩子你慢慢來》，將雄心豪情轉化為溫柔目光呵護兩個稚子，陪伴孩子成長，散發母性的光輝。但在看似美好幸福的家庭生活，實則女人內心交織著女性主義與母職實踐之間的拉鋸與糾葛，在母職奉獻與個人自我實踐之間如何取得平衡？重新思索社會對母親角色的期待，並非返回傳統性別刻板觀點，而是調適自我，檢視社會價值觀，以自我的定義賦予母親這個角色新的活力與意涵，並達到自主性的母職實踐之道。熱愛旅行的小說家郝譽翔在嘗試了旅遊書寫、情欲書寫，家族書寫之後，新作《和妳直到天涯海角》乃是記錄六年間帶著女兒勇闖天涯的故事，從孩子童真的目光重新張望世界，理解知識，並親身實踐走出一張屬於母女的環球地圖，每一趟旅行都標誌著時空的刻痕，滿溢親情的溫度。

自新文學以降，知識分子致力追求人性的解放，探索人的獨立價值，批判舊社會封建體制，張揚自我個性，再加上胡適、梁啟超等人的鼓吹，自傳書寫及傳記書寫得到發展，在這個新舊並陳的時代，女性也開始覺醒，意識到自我主體，不再由男性代言，而展露女性自我的心聲，透過小說／自傳／回憶錄等方式重新尋找自我、建構自我，並揭露內心在新舊時代之間的矛盾與掙扎。女性自傳乃回顧自我生命歷程，書寫女性特有的經驗，此與男性代筆有所不同，且對於女性內在的思想、情感、行為，自我主體性的建構都能有所呈現。透過個人傳記的書寫，實則通向社會集體的時代記憶，雖是私我經驗的建構，往往呈現大時代的家國歷史。羅久蓉認為傳統自傳書寫大多是以男性敘事聲音發聲，同時男性撰述女性時，將女性視為客體，並將女性置於邊緣的位置，所以文字記載成為男性視域下的女性形象，呈現男性眼中婦女的婚姻與愛情。但解嚴以來，女性寫作呈現自我聲音，透過敘說自我的生命故事，重新詮釋自我及他者之間的關係，同時檢視自己的生命情境，旁觀其他女性的處境。簡媜的《紅嬰仔》可視為親身生孕經驗，具有自傳性質，同時又是一個女性的育嬰史，帶有史傳筆法來自我剖析並側記。其自傳書寫以自我為核心，擴及時代變遷，並進一步描述自我如何回溯過往及掌握現在，「過去的我」與「現代的我」不斷交織對話，揉碎過往又重新形塑自我主體。戰後來臺外省女作家以自傳處理兩岸流離的身世，建構近代歷史的軌跡，如蘇雪林的自傳《浮生九四》、齊邦媛《巨流河》、聶華苓《三輩子》、《三生三世》，皆可見到女性試圖以史傳之筆梳理身世，也書寫女人生命史的離散與重構。

自九〇年代以來臺灣經歷解構官方史觀，重新建構新史觀的階段，女性作家亦紛紛展開身世系譜的追索，除了上述帶有自傳式色彩的書寫方式，女作家更以小說筆法展開國族歷史與家族書寫特性的大敘事，以破解昔日閨秀文學的局限性。簡媜的《天涯海角——福爾摩沙抒情誌》是「為了尋找一種高度，足以放眼八荒九垓又能審視自己這卑微的存在。」是對於親族眷戀的溫柔抒發，也是對蘭陽平原深情款款的專注凝望，從童年記憶到少女心事，自我追尋到為女性鑄史，企圖為島嶼女性空白的一頁開始述說立傳，她尋訪真實的父系族跡，虛構母族系譜，最後回歸到蘭陽平原的歷史，樹立歷史散文的高度。時間軸上，

簡媜的《天涯海角——福爾摩沙抒情誌》，「為了尋找一種高度，足以放眼八荒九垓又能審視自己這卑微的存在。」

龍應台在《孩子你慢慢來》中，將雄心豪情轉化為溫柔目光呵護稚子，陪伴孩子的成長，散發母性的光輝。

以自我成長史與家族歷史，輔以臺灣島嶼的國族史彼此縱橫交錯，織就一個女性生命如何被記憶與建構；空間軸上，以原鄉宜蘭與臺灣島的鄉土認同，述說女性與原鄉、國族的關係。以兩性雙重視角時時的回望、召喚與眷顧那生命的原初場景，繼而闡發為福爾摩沙抒情誌。郝譽翔的《逆旅》和陳玉慧的《海神家族》追索父系母族的身世系譜，融鑄性別意識及感官想像，擴及家族內部成員，身分認同的糾葛，以及女作家從離家到返家的種種生命歷程。周芬伶甚且開展一條屬於女性母族的《母系銀河》，從家族書寫再延展到島國歷史，施叔青的臺灣三部曲（《行過洛津》、《風前塵埃》、《三世人》），展現女作家以性別視角處理臺灣歷史的企圖心。鍾文音為近年來創作量豐沛的女作家，其《百年物語》三部曲（《艷歌行》、《短歌行》、《傷歌行》）展露大河小說的企圖，橫越日治時期至當代，並通過鍾姓家族史與臺灣歷史連結——日本殖民史、白色恐怖、二二八事件及解嚴，總統民選、政黨二次輪替等等幾次重大歷史轉折，三部小說虛實交錯，透過鍾小娜貫穿其間，以臺灣土地為舞臺，講述百年滄桑史。

（黃儀冠）◆

鍾文音以《百年物語》三部曲的《艷歌行》、《短歌行》、《傷歌行》，展露大河小說的企圖。

施叔青以臺灣三部曲的《行過洛津》、《風前塵埃》、《三世人》，展現女作家以性別視角處理臺灣歷史的企圖心。

【序體散文】

12 蘭亭集序

〈蘭亭集序〉是一項輝煌而多面向的存在，
它既是魏晉風流遺緒與傷時知命的時代精神優異的文學表達，
更是傲視群倫的書法精品、文化瑰寶。
圍繞著其真跡與摹本的各式傳奇故事，以及生活中
無所不在龍飛鳳舞的字跡，更讓〈蘭亭集序〉
儼然精緻中華文化極致的象徵，
「永和九年」也永遠停格在我們民族驕傲的記憶裡。

壹・作者與出處

王羲之（三〇三～三六一），是東晉著名的文學家與書法家，字逸少，原籍瑯琊郡臨沂人（山東），西晉永嘉五年匈奴攻陷洛陽，北方士族紛紛南渡，王羲之十歲隨著家族遷居建康，從此定居南方。南渡士族當中以王、謝二姓最為顯貴，王氏家族前有父親王曠勸司馬睿南渡建立東晉偏安的帝國，後有伯父王導輔佐帝王成就皇權與士族之間互相輔翼的政治局勢。

從小寡於言詞的王羲之，起初眾人並未對他加以注視，十三歲時首次謁見周顗（ㄧˇ），周顗覺察他氣度不凡；宴席中有一道珍饈

牛心炙，賓客皆不敢先嚐，周顗卻先為他取食，大家才開始關注起這位寡言少年，從此聲名大噪。王羲之漸長後，辯才無礙，以正直敢言，剛毅不屈著稱。在家族當中深受伯父王導、王敦器重。王敦曾當面稱讚他是王氏家族優秀子弟，不遜當時有名的主簿阮裕，阮裕也將王羲之與王承、王悅視為王氏三少。

王羲之是郗（ㄔ）鑒的東床快婿，曾任職祕書郎、參軍等職，由於自少年即有美譽，朝廷公卿愛他的才器，頻召為侍中、吏部尚書，王羲之皆推辭不就。朝廷以為官小，再授護軍將軍，仍然推辭不受。後來歷任江州刺史、右軍將軍等職，世稱「王右軍」。

王羲之生涯大抵可分作二個階段，第一階段是早年積極用世，力陳治世之法、賑災救民，建議朝廷減輕賦稅，且能觀察時局，洞悉內憂已深，外事不寧，忖度時局不宜匆促北伐，力主守住長江，根基穩固，才能謀畫新策。第二階段是自誓求退。東晉人因好服食、樂養生、談玄理，王羲之亦不能免之，曾優游無事寫信給謝萬，自云頤養閑暇，衣食之餘，和親友知交共歡讌，是為得意之舉，不可勝言。五十三歲時因與王述不合，在父母墓前自誓求退不再出仕，而且對於生命死亡有深刻的契會，常恐死亡無日，寤寐永嘆，若墜深谷，遂求退去官，盡情於山水游徜，以絲竹陶寫性情。朝廷也因其自誓甚堅，不再徵召，於是他與東土人士樂遊山水，又因魏晉風氣好服食而與道士許邁從事於此，名山滄海、千里採集藥石。最後因愛好丹藥，中毒而亡，年五十九。

王羲之是我國的重要書法家，有「書聖」之稱，《晉書》稱他善長隸書，為古今之冠；時人稱其筆勢「飄若浮雲，矯若驚龍」，推譽可知。其書法作品據唐代張彥遠《法書要錄》所云，流傳迄唐代約有四百六十五種之多，今日王羲之傳世書法以摹本或刻本為多，除《蘭亭集序》之外，尚有膾炙人口的〈快雪時晴帖〉、〈喪亂帖〉、〈姨母帖〉、〈孔侍中帖〉、〈十七帖〉等名作。其中，〈快雪時晴帖〉被十全老人乾隆皇帝視為「三希」（乾隆帝書房名「三希堂」，「三希」除王羲之作品外，另「二希」為王獻之《中秋帖》、王珣《伯遠帖》）之首。唐代李嗣真《書後品》稱為「書之聖」、「草之聖」；《唐人書評》也稱許「如龍躍天門」，可見其書法成就傲視古今。王羲之〈蘭亭集序〉作於五十一歲，不僅情深、理深，書法更成為絕品，書帖中二十一「之」字，其點畫波磔（ㄓㄜˊ，捺筆）竟無一相同，號為「天下第一行書」。傳說唐太宗獲得真跡後愛賞不已，命臣子虞世南、褚遂良等臨摹翻刻，真跡卻成為唐太宗的陪葬品，不復傳世，今傳摹本以「神龍本」（唐．馮承素摹）為最佳。

貳・選文與注釋

永和九年[1]，歲在癸丑，暮春之初，會於會稽山陰[2]之蘭亭[3]，脩禊[4]事也。羣賢畢至[5]，少長咸集[6]。此地有崇山峻嶺，茂林脩竹[7]，又有清流激湍[8]，映帶[9]左右，引以為流觴曲水[10]，列坐其次。雖無絲竹管弦[11]之盛，一觴一詠，亦足以暢敘幽情。

1 永和九年：東晉穆帝年號，時當王羲之五十一歲，西元三五三年。

2 會稽山陰：今浙江紹興越城區。

3 蘭亭：位於今之浙江省紹興縣西南，有蘭渚，渚上有亭，稱為「蘭亭」。

4 脩禊：古代濯除不潔的節日，定於陰曆三月上巳日（或三月三日），臨水洗濯，借以祓除不祥。禊，音ㄒㄧˋ，古代一種驅除不祥的祭祀。

5 群賢畢至：指眾多賢人全都來了。畢：全部、都。

6 咸集：聚集在一起。咸：都、全。

7 脩竹：長竹。脩：長。

8 激湍：水流迅急。

9 映帶：指周邊的景物相互襯托照映。

10 流觴曲水：修禊時，坐在曲折環繞的水流旁邊，在水的上方放置酒杯，任它順水流下，停在某人面前，某人則可取杯而飲。觴：音ㄕㄤ，酒杯。

11 絲竹管弦：泛指音樂。

12 惠風：指和暖的風。

13 俯察：俯看觀察。

14 品類之盛：指自然界萬物繁多。

是日也，天朗氣清，惠風和暢[12]。仰觀宇宙之大，俯察[13]品類之盛[14]。所以遊目騁懷[15]，足以極視聽之娛[16]，信可樂也。

夫人之相與[17]，俯仰一世[18]，或取諸懷抱，悟言[19]一室之內；或因寄所託，放浪形骸[20]之外。雖趣舍萬殊[21]，靜躁不同[22]，當其欣於所遇[23]，暫得於己[24]，快然自足[25]，不知老之將至。及其所之既倦[26]，情隨事遷[27]，

15 遊目騁懷：任意遊望，舒展胸懷。騁：音ㄔㄥˇ，直馳、奔跑。

16 極視聽之娛：指極盡生活享受。

17 夫人之相與：人與人之間的交往。夫：發語詞，無義。

18 俯仰一世：指人生一世非常的短暫

19 悟言：指人與人之間的交談。悟：同晤，見面。

20 放浪形骸：無拘束的縱情放任。骸：音ㄏㄞˊ，身體。

21 趣舍萬殊：指每個人的愛好不同。趣舍：即取捨與愛好。趣：同趨，趨向、取向。舍：同捨。萬殊：指很大的差別。

22 靜躁不同：指人的性情有安靜與急躁之不同。

23 欣於所遇：遇到快樂欣喜之事物。

24 暫得於己：一時感到快樂自得。

25 快然自足：指非常的欣喜滿足。

26 所之既倦：對於所樂愛的事物感到厭倦。

27 情隨事遷：指情感隨著事物變遷而有所改變。

28 感慨繫之：隨著產生感慨的心。繫：聯綴、連接。

29 向之所欣：過去所喜歡的事物。向：過去，從前。

30 以之興懷：引發心中的感觸。以：因為。之：指從前喜歡的成為陳跡一事。興：興發，引起。

感慨繫之矣[28]。向之所欣[29]，俯仰之間，已為陳跡，猶不能不以之興懷[30]。況脩短隨化[31]，終期於盡[32]。古人云：「死生亦大矣[33]。」豈不痛哉！

每覽昔人興感之由[34]，若合一契[35]，未嘗不臨文嗟悼[36]，不能喻之於懷[37]。固知[38]一死生為虛誕[39]，齊彭殤為妄作[40]。後之視今，亦猶今之視昔[41]，悲夫！故列敘時人[42]，錄其所述，雖世殊事異[43]，所以興懷，其致一也[44]。後之覽者，亦將有感於斯文[45]。

31 脩短隨化：壽命長短隨著大自然變化。

32 終期於盡：指死亡。

33 死生亦大矣：死生是人生大事啊！

34 興感之由：引發感慨的原因。由：原因。

35 若合一契：指非常的契合、相合。契：原為契券，引申為契合。

36 臨文嗟悼：閱讀文章時興發感傷與哀悼之情。嗟悼：音ㄐㄧㄝ ㄉㄠˋ。

37 喻之於懷：明白在心中。喻：明白，曉暢。

38 固知：本來知道。固：當然，本來。

39 一死生為虛誕：把生死看作一樣的說法是不真實的。一：一同、一樣。虛誕：虛偽荒唐。

40 齊彭殤為妄作：把長壽的彭祖與夭亡的短命看成一樣，是虛妄的說法。齊，等同。彭：指長壽的彭祖。殤：指夭亡，未成年而亡。妄作：荒誕、胡亂作為。

41 後之視今，亦猶今之視昔：後人看待今人，就好像今人看待前人一樣。

42 列敘時人：記錄當時參加盛會的人。

43 世殊事異：指時代不同，事情變化。

44 所以興懷，其致一也：引發情懷的原因，是一樣的。

45 感於斯文：感念這次盛會所寫下的詩文。

永和九年歲在癸丑暮春之初會
于會稽山陰之蘭亭脩稧事
也群賢畢至少長咸集此地
有崇山峻領茂林脩竹又有清流激
湍暎帶左右引以為流觴曲水
列坐其次雖無絲竹管弦之
盛一觴一詠亦足以暢敘幽情
是日也天朗氣清惠風和暢仰
觀宇宙之大俯察品類之盛
所以遊目騁懷足以極視聽之
娛信可樂也夫人之相與俯仰

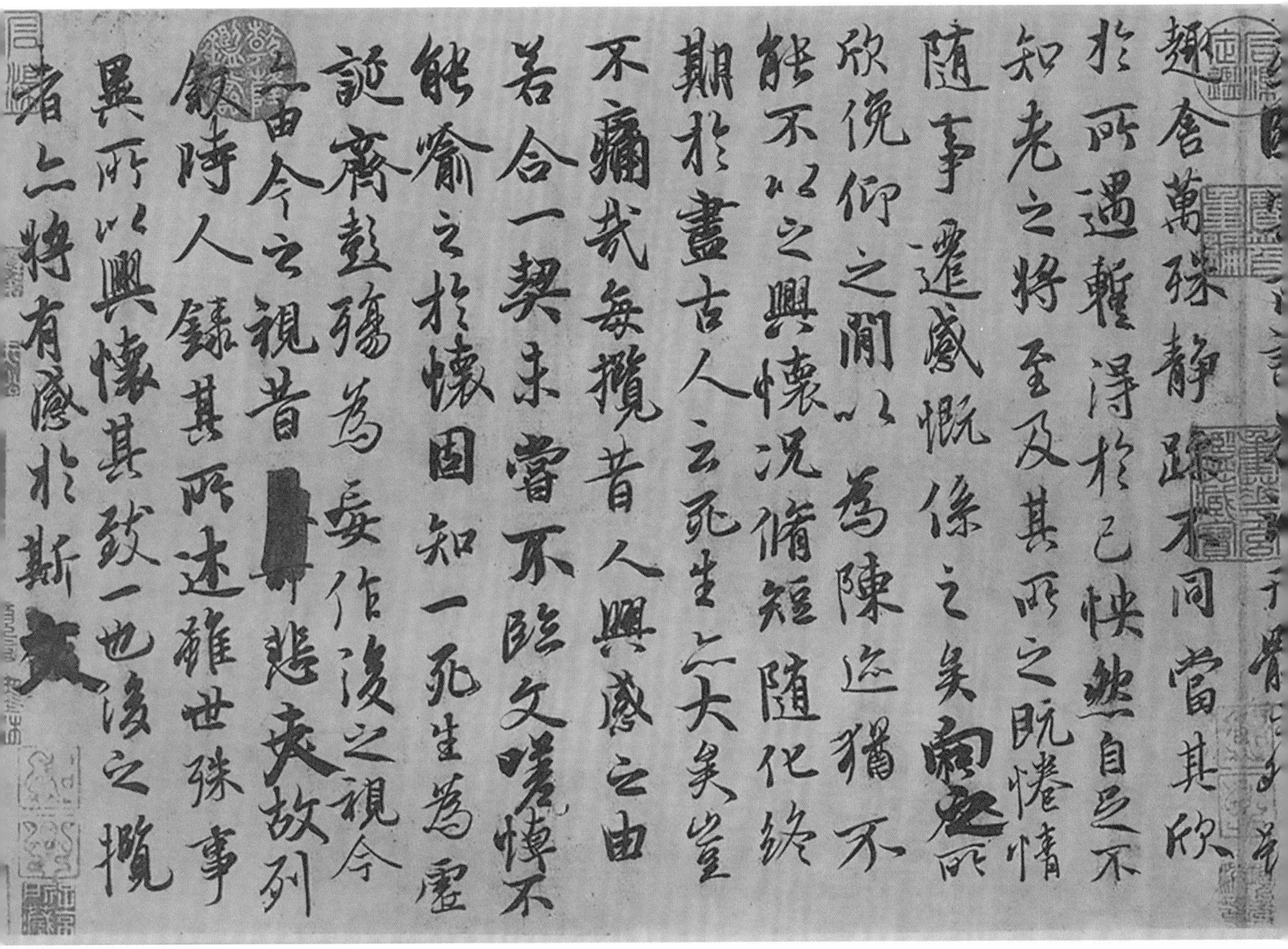

蘭亭集序（神龍本，普遍認為是最接近正本的摹本），現藏於北京故宮博物院。

參．可以這樣讀

愈是黑暗的時代，愈能折射出燦爛的時代風采

最壞的時代，可能也是最好的時代。

魏晉六朝是紛亂的時代，在內有政治傾軋、鬥爭不斷；在外有異族侵擾、戰爭頻仍，造成人心惶恐不安，人民流離失所。雖然大環境的黑暗與擾攘不安，似乎是最壞的時代，卻折射出六朝人對生命意識的覺醒與開展最輝煌的藝術品賞。最黑暗與最煌燦竟是一體兩面，人心的焦灼與憂生憂世的困頓成就了六朝特殊的時代風采，無論是政治、思想、學術、藝術乃至於對生命的體會、存在價值的質疑，都展現出衝決羅網的氣勢。

從政治而言，東漢經黨錮之禍，繼以曹魏、司馬晉皆以篡位奪得王位，亂世之中，士人如何安身立命？魏晉政權既非以正統取得，如何贏得世人認同？故司馬氏假借仁孝治國綱紀，更以道德為名、「假名教」為實，誅殺異己。士人面對權力傾軋，為求避禍遂遠離政治風暴，並對名實不符的道德名教生出厭棄之心，反身追求道家，效法「自然」，造成我國歷史上「名教」與「自然」對立的特殊時代風尚。

在這樣的時代氛圍之下，深化了六朝人的自覺意識，包括對個體生命的自覺，反思存在的意義，或追求服食養生，或耽於享樂，或任性放誕；另一方面是對藝術審美的反思，延伸至藝術門類中的書法、繪畫、雕塑等創作與賞鑑，

開拓了藝術美學的追求。其中，在文學上，追求形式之美的駢偶對儷，務求妍工巧對，爭價一字之奇，是將形式之美推到極致；這些相反相成的各種質素融匯在一起，流衍出無可無不可的生命型態，形成既荒誕又真實的對蹠性。王羲之處在這樣的時代氛圍之下，加上個人的仕宦遭逢、家族傳承等境遇，形塑了他「素無廊廟志」的獨特生命風姿。從個人而言，性情直率，言其所當言，行其所當行，故能被世人推重。從王氏世族風範觀之，大約有二項重要的影響與繼承。其一是承繼王氏家族輔佐王室重責。先有父親王曠力倡司馬睿渡江南遷建立東晉偏安局面，再有伯父王導是東晉重臣，故而王羲之亦有經世濟民之才，關心民生，具有觀察時局的慧眼，知人識人，舉荐人才，亦能暢論時事，洞燭機先，深有遠見。其二是承繼書法家學。王羲之書風學自父親，並因為與衛氏家族有姻親關係，向衛夫人習學書法，其後又尚學鍾繇、蔡邕《熹平石經》、張昶《華岳碑》等，多方臨摹學習，成就令名。

明 陳洪綬所繪〈羲之籠鵝圖〉現藏於浙江博物館

從時代風尚觀之，東晉偏安，帝王君臣似無北返之志，過著玄理清談、養生服食、追求神仙不死之生活，故而王羲之也雅好服食養性，初渡到浙江時，便有隱居之意，會稽有名山勝水，名士多居其間，謝安未出仕前亦隱居在會稽東山，當時文人雅士大多「築室東土」，和王羲之有同好。王羲之曾經寫信給謝萬，說明古代隱士要避世，必須被髮佯狂或污身穢跡才能遂其心願，而當下自己能坐而獲逸，完成宿願，是天賜的良機，應好好珍惜，頤養閑暇，否則「違天不祥」，一生志願盡在於此。

在個人、世族、時代風會之下，塑造王羲之這種既涉入人世的經世濟民思想，又超脫人間浮遊成養身服食的神仙思維，是東晉人獨特的生命風標。

兩晉是我國書法史的輝煌盛世

書法，是我國藝術的成就與驕傲，將表述形音義的文字視為一種藝術展演，是項獨特的創發與審美品味的躍升。

我國文字的發展，殷商有甲骨文，周朝有金文，秦代統一文字以小篆為主，到了漢代，石刻隸書成為時代的標幟，然而此時的草書、楷書（又稱真書）、行書也逐漸出現，成為書體初備的時代，重要的書家有崔瑗、張芝、蔡邕等人。

魏晉南北朝，是書法藝術走向成熟完美的時代。自魏晉以降，各種書體漸趨完備，加上帝王重視書法藝術，晉武帝設立書寫博士教導習寫書法，使得社會濡染這種習寫風氣，繼以理論之創發、世家的承襲與倡導，對書法藝術更有

王羲之從表親衛鑠學楷書。《百美新詠圖傳》

推波助瀾之效。當時重要的書法理論如索靖《草書狀》、衛恆《四體書勢》、衛鑠（人稱衛夫人）《筆陣圖》，王羲之《書論》等，這些名家理論與實踐相得益彰，而書法世家的傳承，也有推助之效，使得兩晉書法藝術被推至高峰期。不僅名家備出，耽美於文字線條的流轉以及筆畫波磔之鉤勒，且各種行書、楷書、草書各有名家，故兩晉成為中國書法史上的黃金時期。

士族南渡，東晉有衛氏、郗氏及王氏等重要書法世家，此三氏互有姻親關係，更強化書法因承關係。衛氏家族在漢末有衛覬，和鍾繇齊名。衛覬之後再傳衛瓘、衛恆、衛玠等人，而衛恆姪女是衛鑠，專攻楷書，唐代張懷瓘稱其書風「宛然芳樹，穆若清風」，早年王羲之即從表親衛鑠學楷書。

王羲之是山東瑯琊王氏家族，南渡之後，家族當中名書家有伯父王導及父親王曠兄弟二人；王導行書、草書兼妙；王導之子王洽、孫子王珣（有乾隆愛賞三希堂名帖之一的〈伯遠帖〉）亦皆善書法。王曠善長隸書，親自課子，王羲之得父親授，兼學各家之長，成為一代書聖，而其妻子郗璿是書法家郗鑒之女，也是女書家，二人之子王獻之繼承家學，與王羲之號稱「二王」。

王羲之能成為書聖，主要能博覽名家書法，吸收各家精華，擇長去短，賅備各種書體，獨闢蹊徑，其中，草書濃纖有致、行書勁健自然、楷書秀麗蒼勁。王獻之書風承繼父親，其後又兼學張芝，行書、草書、楷書各體兼備，尤其在草書的成就與貢獻是突破今草不相連筆法，創造一筆連寫數字上下相貫的草書，表現出氣勢雄奇奔放之姿，此即是所謂「一筆書」，也因此以行草名世。今存

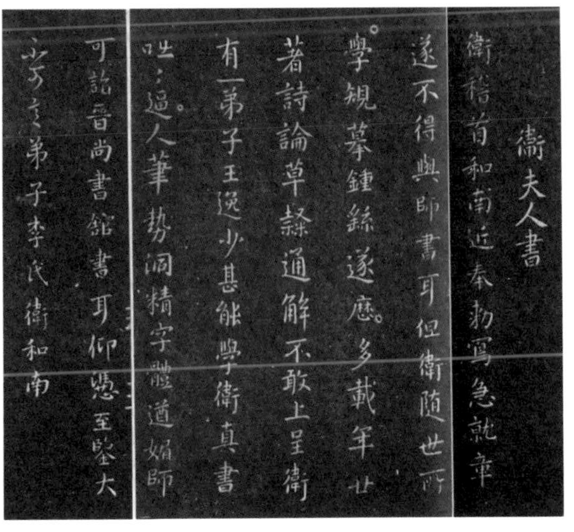

衛鑠，別稱衛夫人，
是晉代著名書法家，世稱衛夫人。
右為衛夫人〈近奉帖〉。

王獻之墨跡之中，行書有〈中秋帖〉、〈鴨頭丸帖〉；楷書有〈洛神賦〉等作傳世。二王書法影響甚遠，不僅書風直貫南朝四朝，且唐宋以來的書家亦大多學習「二王」。

職是，中國書法史以兩晉為黃金期，以王羲之為「書聖」，其中最有名是行書〈蘭亭集序〉，凡三百二十四字，寫於蘭亭雅集詩會之中，當眾從容下筆為文，端秀妍美，是書法史上不世出的重要名品，被推為「天下第一行書」，其光芒輝耀萬世，是後人無法追企的藝術成就。

王羲之〈蘭亭集序〉就是在這個最紛亂時代裏產生的美典。它存在的意義，不僅是一篇曠世絕倫的書法名品，也是一篇優美的文學作品，更是一扇美麗的視窗，讓我們得以看見山東瑯琊王氏家族代表著僑寓士族南來佳地的品賞眼光，看到了東晉士人歡暢於山水的心境，彰顯貴遊盛會之美好歡聚，進而轉化了客觀外在的名勝之遊，內化成為生命深刻的思考；也讓我們看見六朝從清談玄學之中轉化對藝術品鑑的審美意識，讓書法之美得以永世流傳。是以，〈蘭亭集序〉之成就，不僅因為其書法特色錯落有致，下筆同字無一相肖，全文渾然天成，甚有韻致，且整篇文章情真、理深是篇曠世散文。再者，透過王羲之對生命深沉的思考，讓魏晉名士既能遊賞風光又悲生命之無常；既能示現個人享受視聽的歡快，又能透顯時代對生命不永、追求服食養生的存在感受，這種既曠達又悲美的況味，造就了六朝名士的特殊質性與生命情懷。

鍾繇是三國曹魏時期的傑出書法家，在書法史上與東晉王羲之並稱「鍾王」。

紀錄文士雅集的「序記」名篇

序，是一種文體，從功能與目的分類，可分為「書序」、「贈序」二種。「書序」是為文章或書籍所寫的引導前言，甚至可以對該作品加以評騭；通常「書序」置於文章之前或書籍之前，而「跋」則置於文後或書後；有時「序」也放在文後或書後，例如〈太史公自序〉即是置於《史記》全書之末。「贈序」則是贈人以言，為遠行者寫出關照或期勉之文字，例如韓愈有〈送李愿歸盤谷序〉即是贈序。

還有一種變體，原是因應盛會宴飲之樂，唧觴賦詩所寫的書序或詩序，然而內容並非紹介文字詩賦內容，反而是敘寫歡宴過程，成為另一種「序記類」文章，例如石崇〈金谷園序〉、王羲之〈蘭亭集序〉等皆屬之。再從書寫者分類，可分為「自序」與「他序」二種。「自序」是作者自己敘寫的序言，「他序」是請他人代為敘寫的序言。

清代畫家華嵒繪〈金谷園圖〉，上海博物館藏。

晉代有石崇〈金谷園詩序〉、王羲之〈蘭亭集序〉二名篇，前後相差五十餘年，二篇文章皆為一時文人雅士聚會之作。《世說新語．企羨》曾記載王右軍嘗問人，〈蘭亭集序〉和〈金谷園詩序〉相比，何者為勝？時人告以蘭亭為勝，王羲之「以己敵石崇，甚有欣色。」可見得對該文能勝過石崇，相當得意。

那麼〈金谷園詩序〉為何而寫？寫了什麼呢？王羲之〈蘭亭集序〉又為何以勝過金谷詩序為榮呢？

西晉惠帝元康六年（西元二九六年）石崇因征西將軍王詡欲回長安，特別宴請文士名流抵達洛陽西北的金谷園餞別，在園中晝夜宴遊，或登高臨下，或坐列水濱，鼓吹琴弦，遞相演奏，各自賦詩以敘中懷，不能賦詩者罰酒三斗，最後由石崇寫成〈金谷園詩序〉以記錄這場三十位文人雅士聚集的盛會，其中尤以蘇紹為首。序中先寫金谷園的地理形勝，再寫園中娛目歡心之物齊備，續寫眾賢與王詡在園中共樂情景，最後寫出了性命不永的感傷。

〈金谷園詩序〉記載西晉雅集盛會賦詩景況，隔世隔代之後的東晉，王羲之也在永和九年（西元三五三年）上巳日邀名士到蘭亭進行祓除儀式，在盛會中曲水流觴，賦詩為歡，銘刻當日的盛會，寫下〈蘭亭集序〉千古名文。

二篇文章相較，石崇極盡奢華展演絲竹，日夜歡遊，而王羲之卻能在景美情深之餘，寫人生悲感。雖然二文皆感慨倏短隨化，然而〈蘭亭集序〉哲理深邃，對世情的契悟尤甚於〈金谷園詩序〉。

因有蘭亭文人褉宴佳會，成為後世仿效的風標。南朝宋元嘉十一年也曾由

紹興城西南的蘭渚山下蘭亭景區入口處有著王羲之等人曲水流觴的塑像。

宋文帝召群臣在上林苑進行褉飲宴遊之樂，並命顏延年作序；其後又有南朝齊永明九年，皇上褉宴朝臣於芳林園，命王融作〈曲水詩序〉。這些盛會皆以「蘭亭」為典範，也開啟後世「序記」盛會之美典。

「人」與「風物」兼美的蘭亭盛會

〈蘭亭集序〉是王羲之寫於東晉穆帝永和九年，參與盛會者，除了王氏子弟之外，尚包括孫綽、許詢、謝安、李充、支遁等名流或雅士，一共有四十一人（或說四十二人，包括王羲之）。因有王羲之這篇詩序記錄當時盛會，我們才得以一窺文人雅集，了解東晉南渡士族對山水美景的品賞以及生命不永的深沉思維。

何以六朝人重視品賞美學呢？起初，這種評賞來自於對人物的鑒賞，魏初劉劭《人物志》已經將先秦從道德善惡來討論人性的主流思想，轉向循名責實、設官分職的才性觀察。後來，劉義慶編纂的《世說新語》即著重名士風流雅韻及人物品鑑。此時品賞美學已擴及對藝術的銓評，無論是品評人物、閒賞山水或是書法、繪畫等藝術門類都同樣兼具了這份「閒雅」、「品賞」的美感，是從道德與心性之中釐析而出。閒賞山水之美，享受修褉盛會。會稽山陰的蘭亭景致幽美，有崇山峻嶺、清流激湍的山水之美，有曲水流觴可以暢敘幽情。盛會之盛，並非因為極盡奢華的聲色享受才能歡娛悅心，而是一群趣味相近的文人展演了一場雅集的情境，讓我們有歷歷在目的美感體驗。有時，盛會不在物盛人多，而在於那一份雅致的心境。

紹興蘭亭原在蘭溪江石壁下，現在的蘭亭為後來遷建。

「雖無絲竹管弦之盛」正用來與〈金谷園詩序〉作隔代呼應，沒有外在音樂之擾耳，有「一觴一詠」，才能盡情「暢敘幽情」。此關乎「美」存在何處？是存在主體心靈抑是客觀物性的表現呢？若沒有一顆清淡閒雅的美感心靈，如何去體會、品賞這些經目寓耳的美呢？如何興發審美意識呢？

推開外在物質的干擾，回歸本然自我的清賞，更能通透生命本有的潛質。生命的歡樂，不是外爍的，而是內化成主動的欣賞。蘭亭聚會雖無絲竹管弦之盛，卻是文人雅士發自內心的感會，開啟大家對山水的品賞，以及對大自然審美意識的回應而發出贊歎之聲。人生能有多少知己可以暢敘幽情？能與知心相契的名士暢談更是一樂，這是自發性的、主動性的歡然交談，不必絲竹管弦之悅耳，快樂談心，自足自滿自欣自悅於其中。

美景當前如何開展遊目騁懷之美？當日天朗氣清，惠風和暢，應合著良辰美景，將自己的心靈打開了，才能看見美麗，看見宇宙之宏大，進而觀察品類之豐盛美好，不必借助絲竹之聲而能聆聽真正大自然的聲音，有潺潺流水，有風動修竹之聲，方能感受春天的召喚，看見大自然以蓬勃朝氣向雅士招呼，這才是真正的「極視聽之娛」。美，不必然是外爍被動之美，而可以是主體心靈追求存在的主動性遊觀，必須打開心靈耳目，才能盈盈然欣賞大自然所賦予的活潑潑龍飛魚躍的生機，也才能感受快樂是來自心靈深處的召喚。

從「極視聽之娛」感官之樂再回歸反觀生命本質，是魏晉六朝人對生命深沉的思考。王羲之對此頗有感會，第一層先寫出生命耽美的追求，常會興發有

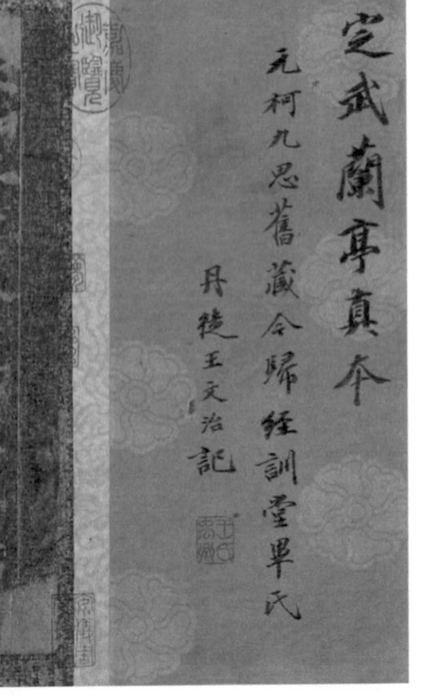

時而盡的悲感。人生在世必有耽美之事，讓你流連忘返，讓你廢寢忘食，甚至讓你刻骨銘心。這些事件，或者是人與人之間的交往，短暫迅捷如電，當緣份來的時候在室內相互暢敘理想抱負；或者是耽溺自己喜歡的事物，自由自在、無拘無束的追求；或是能托寄情懷的事物，讓自己欣然自足於生命中的美好。雖然每個人的喜好興趣有所不同，但是，那種「快然自足」的歡樂是無以倫比的，因為耽美，更能有「不知老之將至」的歡愉。

第二層寫的是情隨事遷的感慨。被流光催逝的情懷，有往而不復的傷逝感。隨著年歲的增長，對於生命中曾經喜歡過的事物也會隨著時間而有變化，因而引發「情隨事遷，感慨繫之矣」的深沉味永，無人可諭之感。生命有耽美，雖然能快意欣然，卻會隨著時光而消蝕，情隨事遷的感慨人皆有之，而過去曾經留戀喜歡的事物，轉瞬之間也成為過往，「物是人非」是感慨，更悲的是「物非人亦非」的悵然更深沉。隨著歲華流逝，曾經眷戀耽愛的事情，也會隨著時光流逝而有所變異，沒有永恆的事，也不會有永遠不變之事，遂興發深沉的感慨。

第三層再寫生命有限性的喟嘆，指出人生不永的況味。無法遁逃的死亡，是每一個人必須真實面對的生命情境。《莊子．德充符》說：「死生亦大矣，而不得與之變」，前句雖然揭開了人世不永的悲感，但是，後句卻豁達地翻轉悲感而能不隨物體遷變而變，因為自其變者觀之，天下之事莫不有變化，若從不變者而觀之，則天地與我皆無窮盡。若能不隨物象遷化，必在一心之掌握。而這種年歲有時而盡是人類永恆的悲感，也是無人可跨越的，如何面對呢？是

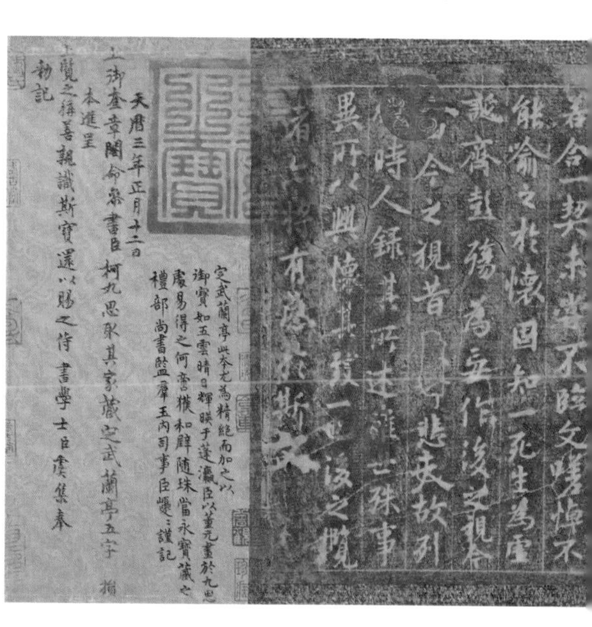

蘭亭序刻本以定武本最為著名，
但是為何人所刻？無從考究。
國立故宮博物院藏。

文學作品中屢屢出現的深沉課題。

面對「死生大矣」的生命思考

王羲之寫出了魏晉人對生命不永的自覺，也寫出人生不能不面對的真實情事：死亡。向死而生是必然，所以當時人極度追求感官之耽美，以求現世的享樂，繼而追求服食以求長生不死，是想延長現世之樂，成為六朝人深刻的想望。甚至六朝志怪所書寫的上天入地尋找不死之藥，鍊丹服食，卻沒有人可以完成不死之身。人永遠是人，無人可以超越形體的有限性，死亡，就是無可拒斥的，遂有「豈不痛哉」的感嘆。

「死生大矣」，銘刻人類不永的悲劇意識，不僅六朝人有自覺生命短暫而追求生命的歡愉，其實，早在東漢末年〈古詩十九首〉之中已揭開了人世短暫的悲感：「人生忽如寄，壽無金石固」、「人生天地間，忽如遠行客」皆指出了「奄忽隨物化」的有限性。儘管東漢人已知「服食求神仙，多爲藥所誤」之事實，但是，到了東晉仍然很多人服食求長仙不死，王羲之亦濡染了這樣的時代風氣。

死亡是最深刻的人生課題，展讀前人文章亦能興發臨文感慨之情，雖然王羲之也想跳出這層悲情感，像莊周可以曠達地將死生視為如一，將長壽短命等同看待是妄作，但是，人之所以為人，「情之所鍾，正在我輩」，人世執念，無法釋放，是人的限制。因為對死亡的感受深刻，王羲之晚年追隨許邁服食丹藥以求延壽，卻不意以有涯逐無涯，未能成功，於五十九歲亡故。

何人能脫離這個命定的桎梏呢？憂生懼死，是人類同情共感，如何活得更自在自得？如何更能消解死生的拘束？陶淵明給我們一個很好的典範：「縱浪大化中，不喜亦不懼，應盡便須盡，夫復獨多慮」認真的面對人生，不須憂生懼死，不須抗拒排斥，「應盡便須盡」的態度，比起「去日苦多」、「人生如寄」地追求長壽，更爽然自在地面對現世人生的存有問題。

〈蘭亭集序〉敘寫修禊聚會，由歡愉盛會轉入情隨事遷的悲感，再由個人對生命不永轉向歷史深沉的幽思。透過這篇文章讓我們看見六朝人特殊的存在感受，也透顯當時流行的玄言清談之風加上存在的悲美感受，這種既陷入人世有限之悲，又欲超然而出的服食養生以追求長生不死，是來自心靈深處的召喚，也與人命危淺的時代作呼應。

歷史的無窮迴路，就是「後之視今，亦猶今之視昔」。每個人在仰望前人時，也形成後人張望著我人的時刻。現在成為過去，被歷史浪潮掩沒的是時間的無窮無盡，而人在這些層層疊疊的過往中，也逐漸成為歷史的一環。每個人在歷史的長流中，既駐立觀看而興發感慨，也被觀看而有後人對吾人興發「感慨繫之」之情。

王羲之〈蘭亭集序〉既寫眼前美景、歡會暢快，兼寫人生有限之喟嘆，以及歷史深沉思維，在唐代有孟浩然指出了「人事有代謝，往來成古今」臨風灑然流涕的感慨；在宋代有蘇東坡以「異時對，黃樓夜景，為余浩嘆」作為前顧燕子樓歷史古蹟的感會，以及後人再張望燕子樓時，也會興發對東坡的感慨而

明代李宗謨〈蘭亭修禊圖〉(前段)，國立故宮博物院藏。

感慨。到了明代有楊慎「古今多少事，都付笑談中。」昭揭無盡傷逝及歷史興替，皆成為前塵往事，都成為笑談中的典故了。同樣的感慨尚有王國維，曾經感慨哲學可信不可愛，文學可愛不可信，然而，自己縱是「偶開天眼覷紅塵，可憐身是眼中人」寫的是紅塵迷夢中的我人，不論能否洞悉人世迷夢，仍然在夢中作夢，仍是未醒之人。而已醒之人又如何呢？僅能張眼睥睨人世作隔塵之觀，自身仍未能了脫這種「向死而生」的悲感，仍無法超離人世塵緣浮夢之困。王羲之對生命不永及歷史興亡更迭，發出了：「後之覽者，亦將有感於斯文」，站在歷史的後設點上的我人，是否也會興發王羲之的感慨呢？他預示後世之人，也會興發臨文之感嘆，而這種感嘆投入歷史洪流之中，成為鏗然一聲的回響！

肆．再做點補充：「蘭亭詩集」對山水的品賞與生命的啟悟

「蘭亭」雅集共有四十一人參與，二十六人賦詩，得詩三十七首，其中有四言及五言詩歌各四句、八句二種體式，包括四言詩十四首，五言詩二十三首，顯見當時以五言詩創作為大宗，也符應鍾嶸《詩品》所云，四言文約意廣，較難習焉，而五言詩較能窮情寫物，比起四言詩較為詳切，所以創作詩歌較多。

在這次盛會當中，文人雅士面對崇山峻嶺、茂林脩竹的美景，大家唧觴賦詩，盡其所歡，所書寫的內容是什麼呢？在三十七首詩歌中，各有欣會、契悟地書寫當下感受與覺察，且因為人的氣性不同，面對良辰美景各有殊異的抒發與體悟。

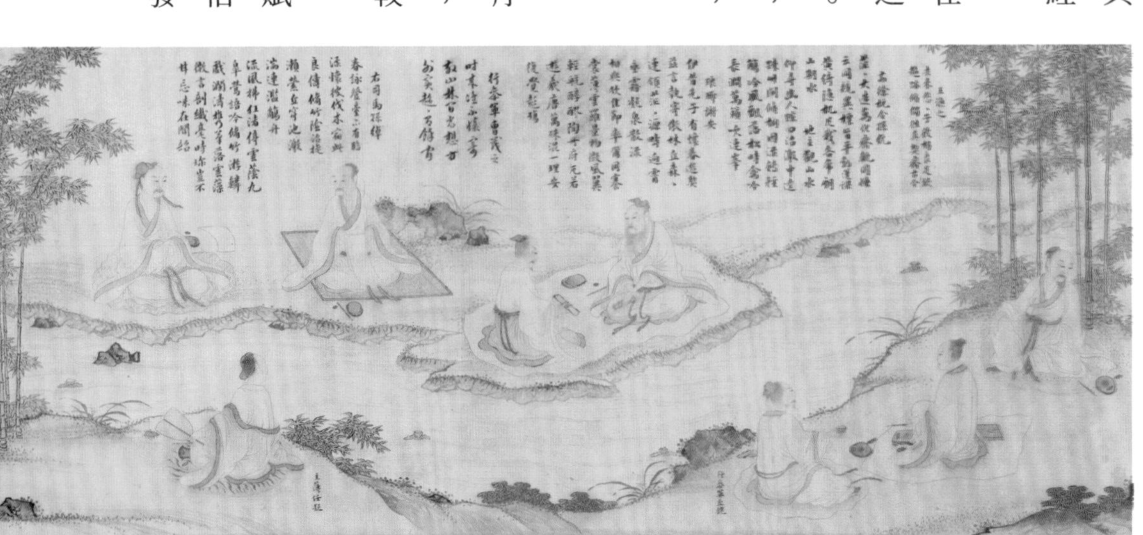

面對流風麗景，以客觀視角欣賞與摹寫會稽山陰之美者，有王彬的「丹崖竦立，葩藻映林，淥水揚波，載浮載沈」，敘寫駐立遍地花開的山崖，看著清波蕩漾的景致，將自己敞開胸懷，以詩歌演繹春詠登台之美；謝萬「青蘿翳岫，修竹冠岑」，寫的是青蘿幽深，遮覆山洞，脩竹掩映，籠罩山岡的美景。這些詩歌標幟幽人雅士面對當下美景欣賞，也開發南朝山水詩先風。

雅集之中以詩歌融情入景者，有謝安的「契茲言執，寄傲林丘」將自身託寄在山野林丘之中，感受春遊之美；王徽之的「散懷山水，蕭然忘羈」將自身融入美景之中，忘記人身有限的羈絆，與之相翕相合，化客觀之欣賞為主觀情志之契入。

書寫盛會同遊之歡者，有袁嶠的「嘉賓既臻，相與遊盤」寫的是與嘉賓們同遊賞的歡樂；桓偉也有「今我欣斯遊，慍情亦暫暢」盛寫同歡同樂，將人世憂愁暫時消解忘憂。另外，有冥會妙境者，例如王凝之「冥心真寄，千載同歸」的玄妙契會；有謝安「萬殊混一理，安復覺彭殤」，揭示大自然萬事萬物都是同一理，有生有死，不必感傷壽命短長，只要欣樂於生命即可，不必在乎修短隨化。其中能超越死生之有限，還有王徽之「超跡修獨往，真契齊古今」精神生命可以冥契古今，獨自往來。

這些詩歌標幟東晉之初，文人雅士對山林盛會的書寫，也反應當時人的生命觀，追求玄理，契會自然，從生命的有限性解消對短促生命的恐懼感，進而能超然悠遊於天地之間，為後世開啟玄言與山水詩。

（林淑貞）◆

明代李宗謨〈蘭亭修禊圖〉（中段），國立故宮博物院藏。

13 杜十娘怒沉百寶箱 節錄

話本是說書人據以說故事的文字依據。說書或說話是宋代城市階級與文化興起後開始流行的藝文活動。因此話本保有著質樸、生動的平民百姓的話語、價值觀與生活想像。明代馮夢龍搜集整理的《三言》，相當程度保存了從宋到明的話本形式與內容。從中我們可以看見不同於傳統主流文學的豐富表達，以及扣人心弦、歷久不衰的民間故事。

壹．作者與出處

《三言》編撰者馮夢龍，生於明萬曆二年（西元一五七四年），卒於清順治三年（西元一六四六年），吳縣常州（現今的江蘇蘇州）人，字猶龍，一字子猶，又字耳猶，別號猶子龍，又自稱馮仲子，其室名之為「墨憨齋」，因此也經常自題為「墨憨齋主人」。

除了字號多之外，馮夢龍的筆名、署名更多達十餘種，在為《三言》作序的署名者裏，如茂苑野史、綠天館主人、無礙居士與相可一居士，也被認為是馮夢龍的化名。他少秉捷才，與哥哥夢桂、弟弟夢熊皆負有詩名，被譽稱為「吳中三馮」。

馮夢龍曾經為了科舉考試，苦讀經書二十餘年，這大概也是自有科考之後士人必經之路。在此時期，他與其門人弟子纂輯《麟經指月》、《四書指月》等書，大抵都是作為用於科考之用，猶如今日的參考書、自修。然而馮夢龍自身的考運卻不太好，直到明崇禎三年，才終於選為歲貢（即貢生，由各省學政從各府、州、縣學中選送優秀考生升入國子監就讀）；崇禎五年，任丹徒縣訓導；到了崇禎七年，他升為福建壽寧縣令，但沒多久，明王朝動盪覆滅。

在明清交戰、朝代鼎革之際，馮夢龍將興趣轉而投向俗文學，開始編纂民歌、小說，陸續編輯並刊刻了民歌集《掛枝兒》，吳地民歌《山歌》、《北宋三遂平妖傳》、《古今小說》、《警世通言》、《醒世恒言》、《新列國志》等白話小說，以及《古今譚概》、《智囊》、《智囊補》、《情史》等筆記小說，和散曲《太霞新奏》等，對於宋元以來的俗文學作品之保存、整理與流傳，可說是居功厥偉。尤其是《三言》的編纂，保存了許多零散的宋元和明初的話本，也呈顯出白話小說的創作由話本到擬話本的轉變。而以上諸多成就，也因此奠定了馮夢龍作為晚明通俗文學大師之地位。

〈杜十娘怒沉百寶箱〉出自明代馮夢龍所著的《警世通言》卷三十二，故事描述京城名妓杜十娘多舛命運，最後與其百寶箱一齊自沉於江的悲慘故事。杜十娘雖為青樓妓戶，卻有心從良嫁為人婦，不料所託非人。最後憤而自我了斷，足見其堅貞與剛烈。

而「杜十娘」此一題材，據說為明萬曆二十年（西元一五九二年）京城發生的真實事件，明末士人宋楙澄從友人處聽聞此事，將之敷衍寫成〈負情儂傳〉，馮夢龍再據此故事改寫而成。後代關於杜十娘的故事，亦有相關的戲劇與彈詞，足見此故事流傳之廣，動人之深，感人之至。

《警世通言》一書與《喻世明言》、《醒世恆言》合稱《三言》，皆為馮夢龍所編撰，且此三書一開始即為系列的刊行。根據明「天許齋刻本」的扉頁語說：「本齋購得『古今名人演義一百二十種』，先以三分之一為初刻本」，初刻本即為《喻世明言》。而此刻本一開始未題作者，僅署「綠天館主人編次」，時人多謂「綠天館主人」即為馮夢龍。而這也是明話本特殊的現象，有時文人僅是收集或刊刻，有時更不願以本名署名，譬如《金瓶梅》之作者「蘭陵笑笑生」究竟是誰，學界也莫衷一是。在過去著作權利未如今日受重視的情況下，偽託古人而作或收集整理舊作出版刊行的狀況也時常出現。《三言》與淩濛初之《二拍》齊名，作為明代通俗文學之代表，其後有抱甕老人者，將《三言》、《二拍》取出四十篇，編成《今古奇觀》，明末之後此書盛行不輟，足見這類世情故事之引人入勝。

貳·選文與注釋

李甲聽得鄰舟吟詩，伸頭出艙，看是何人。只因這一看，正中了孫富之計。孫富吟詩，正要引李公子出頭，他好乘機攀話。當下慌忙舉手，就問：「老兄尊姓何諱？」李公子叙了姓名鄉貫，少不得也問那孫富。孫富也敘過了。又叙了些太學中的閒話，漸漸親熱。孫富便道：「風雪阻舟，乃天遣與尊兄相會，實小弟之幸也。舟次無聊，欲同尊兄上岸，就酒肆中一酌，少領清誨[1]，萬望不拒。」公子道：「萍水相逢，何當厚擾？」孫富道：「說那裏話，『四海之內，皆兄弟也』。」喝教艄公打跳[2]，童兒張傘，迎接公子過船，就於船頭作揖。然後讓公子先行，自己隨後，各各登跳上涯。行不數步，就有個酒樓，二人上樓，揀一副潔淨座頭[3]，靠窗而坐。酒保列上酒肴。孫富舉杯相勸，二人賞雪飲酒。先說些斯文中套話[4]。漸漸引入花柳之事。二人都是過來之人，志同道合，說得入港[5]，一發[6]成相知了。

孫富屏去左右，低低問道：「昨夜尊舟清歌者，何人也？」李甲正要賣弄在行，遂實說道：「此乃北京名姬杜十娘也。」孫富道：「既係曲中姊妹，何以歸兄？」公子遂將初遇杜十娘，如何相好，後來如何要嫁，如何借銀討他，始末根由，備細述了一遍。孫富道：「兄攜麗人而歸，固是快事，但不知尊府中能相容否？」公子道：「賤室不足慮，所慮者，老父性嚴，尚費躊躇耳。」孫富將機就機，便問道：

1 少領清誨：向人請教的客氣話。

2 打跳：即「搭跳板」，置放跳板。

3 座頭：古代茶樓酒館等處桌椅配套的座位。

4 斯文中套話：指讀書人的客套話。

5 入港：此處為言語投機之意。

6 一發：越發。

「既是尊大人未必相容，兄所攜麗人，何處安頓？亦曾通知麗人，共作計較[7]否？」公子攢眉而答道：「此事曾與小妾議之。」孫富欣然問道：「尊寵必有妙策。」公子道：「他意欲僑居蘇杭，流連山水。使小弟先回，求親友宛轉於家君之前，俟家君回嗔作喜，然後圖歸。高明以為何如？」孫富沉吟半晌，故作愀然之色，道：「小弟乍會之間，交淺言深，誠恐見怪。」公子道：「正賴高明指教，何必謙遜？」孫富道：「尊大人位居方面[8]，必嚴帷薄之嫌[9]。平時既怪兄游非禮之地，今日豈容兄娶不節之人？況且賢親貴友，誰不迎合尊大人之意者？兄枉去求他，必然相拒。就有個不識時務的進言於尊大人之前，見尊大人意思不允，他就轉口了。兄進不能和睦家庭，退無詞以回覆尊寵，即使留連山水，亦非長久之計。萬一資斧[10]困竭，豈不進退兩難！」公子自知手中只有五十金，此時費去大半，說到資斧困竭，進退兩難，不覺點頭道是。

孫富又道：「小弟還有句心腹之談，兄肯俯聽否？」公子道：「承兄過愛，更求盡言。」孫富道：「疏不間親[11]，還是莫說罷。」公子道：「但說何妨。」孫富道：「自古道：『婦人水性無常。』況煙花之輩，少真多假。他既係六院名姝，相識定滿天下；或者南邊原有舊約，借兄之力，挈帶而來，以為他適之地。」公子道：「這個恐未必然。」孫富道：「即不然，江南子弟，最工輕薄，兄留麗人獨居，難保無踰牆鑽穴[12]之事。若挈之同歸，愈增尊大人之怒。為兄之計，未有善策。況父子天倫，

7 計較：計畫、商議。

8 方面：指一個地方的軍政要職。

9 帷：帷幔。薄：薄簾。皆為隔絕男女之別的東西。

10 資斧：旅費。

11 疏不間親：關係疏遠的人不離間關係親密的人。

12 踰牆鑽穴：此指男子勾引女子的行為。

必不可絕。若為妾而觸父。因妓而棄家，海內必以兄為浮浪不經之人。異日妻不以為夫，弟不以為兄，同袍不以為友，兄何以立於天地之間?兄今日不可不熟思也。」

公子聞言，茫然自失，移席問計：「據高明之見，何以教我？」孫富道：「僕有一計，於兄甚便。只恐兄溺枕席之愛，未必能行，使僕空費詞說耳！」公子道：「兄誠有良策，使弟再覩家園之樂，乃弟之恩人也。又何憚而不言耶？」孫富道：「兄飄零歲餘，嚴親懷怒，閨閣[13]離心，設身以處兄之地，誠寢食不安之時也。然尊大人所以怒兄者，不過為迷花戀柳，揮金如土，異日必為棄家蕩產之人，不堪繼承家業耳！兄今日空手而歸，正觸其怒。兄倘能割衽席之愛[14]，見機而作，僕願以千金相贈。兄得千金，以報尊大人，只說在京授館[15]，並不曾浪費分毫，尊大人必然相信。從此家庭和睦，當無間言。須臾之間，轉禍為福。兄請三思。僕非貪麗人之色，實為兄效忠於萬一也。」

李甲原是沒主意的人，本心懼怕老子，被孫富一席話，說透胸中之疑，起身作揖道：「聞兄大教，頓開茅塞。但小妾千里相從，義難頓絕，容歸與商之。得其心肯，當奉復耳。」孫富道：「說話之間，宜放婉曲。彼既忠心為兄，必不忍使兄父子分離，定然玉成兄還鄉之事矣。」二人飲了一回酒，風停雪止。天色已晚。孫富教家僮算還了酒錢，與公子攜手下船。

正是：逢人且說三分話，未可全拋一片心。

13 閨閣：此為妻室之意。

14 衽席之愛：指男女之間的歡愛。

15 授館：任私塾老師。

卻說杜十娘在舟中，擺設酒果，欲與公子小酌，竟日未回，挑燈以待。公子下船。十娘起迎，見公子顏色匆匆，似有不樂之意，乃滿斟熱酒勸之。公子搖首不飲。一言不發，竟自床上睡了。十娘心中不悅，乃收拾杯盤，為公子解衣就枕，問道：「今日有何見聞，而懷抱鬱鬱如此？」公子歎息而已，終不啓口。問了三四次，公子已睡去了。十娘委決不下，坐於牀頭而不能寐。到半夜，公子醒來，又歎一口氣，十娘道：「郎君有何難言之事，頻頻歎息？」公子擁被而起，欲言不語者幾次，撲簌簌掉下淚來。十娘抱持公子於懷間，軟言撫慰道：「妾與郎君情好，已及二載，千辛萬苦，歷盡艱難，得有今日。然相從數千里，未曾哀戚；今將渡江，方圖百年歡笑，如何反起悲傷？必有其故。夫婦之間，死生相共，有事儘可商量，萬勿諱也。」

公子再四被逼不過，只得含淚而言道：「僕天涯窮困，蒙恩卿不棄，委曲相從，誠乃莫大之德也。但反覆思之，老父位居方面，拘於禮法，況素性方嚴，恐添嗔怒，必加黜逐，你我流蕩，將何底止？夫婦之歡難保，父子之倫又絕。日間蒙新安孫友邀飲，為我籌及此事，寸心如割！」十娘大驚道：「郎君意將如何？」公子道：「僕事內之人，當局而迷。孫友為我畫一計頗善，但恐恩卿不從耳。」十娘道：「孫友者何人？計如果善，何不可從？」公子道：「孫友名富，新安鹽商，少年風流之士也。夜間聞子清歌，因而問及。僕告以來歷，拜談及難歸之故。渠意欲以千金聘汝。我得千金，可藉口以見吾父母；而恩卿亦得所天[16]。但情不能舍，是以悲泣。」說罷，

16 所天：女子嫁人後以夫為天，此指丈夫。

淚如雨下。

十娘放開兩手，冷笑一聲道：「為郎君畫此計者，此人乃大英雄也。郎君千金之資，既得恢復，而妾歸他姓，又不致為行李之累，發乎情，止乎禮，誠兩便之策也。那千金在那裏？」公子收淚道：「未得恩卿之諾，金尚留彼處，未曾過手。」十娘道：「明早快快應承了他，不可挫過機會。但千金重事，須得兌足交付郎君之手，妾始過舟，勿為賈豎子[17]所欺。」時已四鼓，十娘即起身挑燈梳洗道：「今日之妝，乃迎新送舊，非比尋常。」於是脂粉香澤，用意修飾，花鈿繡襖，極其華豔，香風拂拂，光采照人。裝束方完，天色已曉。孫富差家童到船頭候信。十娘微窺公子，欣欣似有喜色，乃催公子快去回話，及早兌足銀子。公子親到孫富船中，回覆依允。孫富道：「兌銀易事，須得麗人妝臺[18]為信。」公子又回復了十娘。十娘即指描金文具道：「可便擡去。」孫富喜甚。即將白銀一千兩，送到公子船中。十娘親自檢看，足色足數，分毫無爽，乃手把船舷，以手招孫富。孫富一見，魂不附體。十娘啟朱唇，開皓齒道：「方纔箱子可暫發來，內有李郎路引[19]一紙，可檢還之也。」孫富視十娘已為甕中之鱉，即命家童送那描金文具，安放船頭之上。

十娘取鑰開鎖，內皆抽替小箱。十娘叫公子抽第一層來看，只見翠羽明璫，瑤簪寶珥，充牣[20]於中，約值數百金。十娘遽投之江中。李甲與孫富及兩船之人，無不驚詫。又命公子再抽一箱，乃玉簫金管；又抽一箱，盡古玉紫金玩器[21]，約值數

17 賈豎子：過去對商人的賤稱。

18 妝臺：本為梳妝臺，此為妝奩之意，即梳妝用的鏡匣。

19 路引：古代通行的憑證。

20 充牣：充實。牣：音ㄖㄣˋ。

21 完器：供賞玩得器物。

千金。十娘盡投之於大江中。岸上之人，觀者如堵。齊聲道：「可惜可惜！」正不知什麼緣故。最後又抽一箱，箱中復有一匣。開匣視之，夜明之珠，約有盈把。其他祖母綠，貓兒眼，諸般異寶，目所未睹，莫能定其價之多少。眾人齊聲喝彩，喧聲如雷。十娘又欲投之於江。李甲不覺大悔，抱持十娘慟哭，那孫富也來勸解。

十娘推開公子在一邊，向孫富罵道：「我與李郎備嘗艱苦，不是容易到此，汝以奸淫之意，巧為讒說，一旦破人姻緣，斷人恩愛，乃我之仇人。我死而有知，必當訴之神明，尚妄想枕席之歡乎！」又對李甲道：「妾風塵數年，私有所積，本為終身之計。自遇郎君，山盟海誓，白首不渝。前出都之際，假托眾姊妹相贈，箱中韞藏百寶，不下萬金，將潤色郎君之裝，歸見父母，或憐妾有心，收佐中饋[22]，得終委托，生死無憾。誰知郎君相信不深，惑於浮議，中道見棄，負妾一片真心。今日當眾目之前，開箱出視，使郎君知區區千金，未為難事。妾櫝中有玉，恨郎眼內無珠。命之不辰[23]，風塵困瘁，甫得脫離，又遭棄捐。今眾人各有耳目，共作證明，妾不負郎君，郎君自負妾耳！」於是眾人聚觀者，無不流涕，都唾罵李公子負心薄倖。公子又羞又苦，且悔且泣，方欲向十娘謝罪。十娘抱持寶匣，向江心一跳。眾人急呼撈救。但見雲暗江心，波濤滾滾，杳無蹤影。可惜一個如花似玉的名姬，一旦葬於江魚之腹。

三魂渺渺歸水府，七魄悠悠入冥途。

22 中饋：指妻室。

23 不辰：生不逢時。

當時旁觀之人，皆咬牙切齒，爭欲拳毆李甲和那孫富。慌得李、孫二人，手足無措，急叫開船，分途遁去。李甲在舟中，看了千金，轉憶十娘，終日愧悔，鬱成狂疾，終身不痊。孫富自那日受驚，得病臥牀月餘，終日見杜十娘在傍詬罵，奄奄而逝。人以為江中之報也。

卻說柳遇春在京坐監完滿，束裝回鄉，停舟瓜步[24]。偶臨江淨臉，失墜銅盆於水，覓漁人打撈。及至撈起，乃是個小匣兒。遇春啓匣觀看，內皆明珠異寶，無價之珍。遇春厚賞漁人，留於床頭把玩。是夜夢中見江中一女子，凌波而來，視之，乃杜十娘也。近前萬福[25]，訴以李郎薄倖之事。又道：「向承君家慷慨，以一百五十金相助，本意息肩[26]之後，徐圖報答，不意事無終始；然每懷盛情，悒悒未忘。早間曾以小匣托漁人奉致，聊表寸心，從此不復相見矣。」言訖，猛然驚醒，方知十娘已死，歎息累日。後人評論此事，以為孫富謀奪美色，輕擲千金，固非良士；李甲不識杜十娘一片苦心，碌碌蠢才，無足道者；獨謂十娘千古女俠，豈不能覓一佳侶，共跨秦樓之鳳[27]，乃錯認李公子，明珠美玉，投於盲人，以致恩變為仇，萬種恩情，化為流水，深可惜也！

有詩歎云：不會風流莫妄談，單單情字費人參；
若將情字能參透，喚作風流也不慚。

24 瓜步：鎮名，在江蘇省六合縣東南的瓜步山下。

25 萬福：古代婦女所行之致敬禮。

26 息肩：指成家安定下來。

27 秦樓之鳳：秦穆公女弄玉好樂，蕭史善吹簫作鳳鳴，秦穆公遂以弄玉妻之，並為之蓋鳳樓，二人吹簫，鳳凰來集，後乘風飛升而去。

參．可以這樣讀

《杜十娘怒沉百寶箱》在《三言》諸多故事裏，可謂是壓卷之作。它寫的是典型才子佳人、書生倡女的故事，但又充滿了各種「非典型」的細節。它反映出明末既富庶又瀕臨末世，既解放卻又受禮教束縛的時代——所特有的愛情故事。

氣勢磅礴的「定場詩」

這個故事開頭的「定場詩」（指話本開頭所引之詩歌）就相當壯闊：

> 掃蕩殘胡立帝畿，龍翔鳳舞勢崔嵬。左環滄海天一帶，右擁太行山萬圍。戈戟九邊雄絕塞，衣冠萬國仰垂衣。太平人樂華胥世，永永金甌共日輝。

「殘胡」指的是明代的前一個朝代元朝，而「華胥世」出自《列子．黃帝篇》，據說黃帝晝寢夢遊至一國，國無帥長，民無嗜欲，後來以之喻安樂和平的理想國度，藉此夸飾明代之盛，也是說書人開場的通例。

定場詩後，故事從明朝的開國皇帝洪武爺說起，談到故事發生的萬曆年間，自永樂帝之後，九傳到了萬曆皇帝，萬曆帝十歲即登基，聰明神武，德福兼全，在位四十八年，平定了三處寇亂，是哪三處呢？分別是：「日本關白平秀吉，西夏哱承恩，播州楊應龍。」

「關白」指的是日本平安時代的官名，為天皇成年後之攝政大臣，國家政事皆經由關白，再上奏天皇，故有極大的權力。至於「平秀吉」即日本戰國時代的「大名」（勢力強大的封建領主）豐臣秀吉，明萬曆二十年，豐臣秀吉遣將入侵朝鮮，朝鮮告急求援，兵部都督李如松於次年平復。明萬曆二十三年，明朝派遣指揮楊方亨封平秀吉為日本國王。次年，楊方亨至日本，平秀吉不受封，反入侵朝鮮，朝鮮遣使求援，明朝派兵救援，擊敗日軍，此事可見《明史・神宗本紀》及《明史・外國傳》。

至於哱乘恩，乃萬曆二十年寧夏退休總兵哱拜之子。哱拜為報父兄之仇與其子哱承恩背叛明朝，殺死巡撫督御史黨馨、副史石繼芳，佔據寧夏城，後被甘肅巡撫都御史葉夢熊、魏學曾等人擊敗。事見《明史・神宗本紀》及《明史・魏學曾傳》。

楊應龍乃播州宣慰使，播州乃元播州宣撫司，明升為宣慰司，治所在今貴州省遵義市。楊氏世代定居播州，因其子被羈死，萬曆二十五年（西元一五九七年）起兵背叛，三年後被平定。見《明史・神宗本紀》及《明史・四川土司》。

令人玩味的是，這開場一大段大歷史、大敘事，與小說有何關聯呢？其實前面這一段時代背景，看似作為小說的「入話」（指話本之前的開場故事），但其實為這個萬曆年間，監院貢生與青樓俠女的故事背景，作了一個縱橫捭闔的全景描述。因為在這樣既歌舞昇平、卻又隱含著騷動與不安的大時代。在這樣的時代發生這樣的一個真實故事，激發起共時性的同情共感，方足以引人入勝。

明神宗朱翊鈞，或稱萬曆帝。
國立故宮博物院藏。

另外從體制上來說，這種「入話」的體制，也表現出《三言》的「擬話本」特徵。由於北宋時城市興起，汴京城裏的各種勾欄瓦舍一時盛行，於是有了說書的職業，而說書人的底本則稱為話本。如我們熟悉的《三國演義》、《西遊記》等故事，都是在說書人話本的增添與續衍中，逐漸呈現故事雛型。

如今距離宋代已遠，能見話本相當有限，但根據葉慶炳《中國文學史》的說法：宋人話本無論長短篇，都有幾個結構，首先前有定場詩，即上文「掃蕩殘胡立帝畿」一首；其次正文之前有入話，即上文「永樂爺九傳至萬曆爺」的背景敘述；其三說書人隨時會打斷故事，參與議論，或另引詩為證，照現代的說法，即是「打破第四面牆（指故事與現實的界線）」，即便〈杜十娘怒沉百寶箱〉並非真正的話本，但作者為了模擬話本，也運用了這些敘事結構。

在這樣大背景大歷史作為開場之後，故事才聚焦寫到了萬曆年間的京城名妓杜十娘。她在青樓成長，十三歲即破瓜，但在風月場竟假戲真作，與國子監生李甲相戀，兩人「一雙兩好，情投意合」。此時杜十娘還以為李甲「忠厚志誠」，於是有了希望李甲替之贖身，就此從良。無奈老鴇要求以千金替杜十娘贖身，後殺價到了三百金，但李甲四處奔走借錢，還是籌不出此數目。最後杜十娘自籌一百五十兩，而李甲有賴同鄉監生柳遇春借了剩下的一百五十兩，終於離開妓院，有詩為證曰：「鯉魚脫卻金鉤去，擺尾搖頭再不來」。

李甲優柔寡斷早有端倪

我們可以注意到，故事在講述李甲四處借錢碰壁，開始游移其志的段落，就顯現出李甲與杜十娘兩人性格之差別。兩人約好，李甲須在十日之內籌措三百兩，作為杜十娘贖身之用。但李甲借金無門，竟索性避不見面，躲在其友、同為監生的柳遇春寓所，一連住了好幾日，於是眼看六日就過去了，十娘日不見公子進院，著急萬人，派小廝去街上尋找，終被杜十娘尋得，十娘問李甲道：「所謀之事如何？」李甲這時眼中流下淚來。十娘問是不是「人情淡薄，不能足三百之數麼？」公子這時才含淚而言，道出二句：「不信上山擒虎易，果然開口告人難。」

於是十娘拿出自己臥絮褥藏的碎銀一百五十兩，交給李甲，希望剩下的一百五十兩，李甲能盡力而為。

之後李甲喚童僕持褥而去，回到柳遇春寓中，將此事與遇春說明，而柳遇春也受到十娘真情感動，四處籌借了另外一百五十兩，這才湊足三百兩之數。其實故事鋪衍到此，已經可以看出李甲的動搖，以及杜十娘願意以自身積蓄為李甲解圍的意願。也就是說，十娘並非無法自行贖身，只是她願意等待李甲，並見證他對自己的付出。杜十娘一方面真心相信這段愛情，但另一方面也希望李甲能為他倆的愛情一同努力。雖說貧賤夫妻百事哀，但兩人若能齊心協力，則愛情與麵包也不會是最大的難關，當然，李甲也並非一開始就存心要始亂終

《警世通言》中〈杜十娘怒沉百寶箱〉的插畫。

棄，只是受到現實的磨難，不願意努力而選擇逃避。只可惜此時的杜十娘尚且真心相信李甲就是那個命中注定要帶他離開這青樓的良人，尚未察覺李甲性格上的缺點。

贖身後的杜十娘終於跟著李甲離開青樓，但卻未必是永遠幸福快樂的開始。李甲與杜十娘行船至瓜州，盤纏用盡，杜十娘再以箱內五十金相贈，李甲此時憂慮老父怒他娶妓而歸，於是將杜十娘安置客船之上，一夜兩人對飲，杜十娘輕啟珠喉，唱起施君美雜劇裏〈小桃紅〉，鄰船的富商之子孫富聽聞此歌，認為「此歌者必非良家」，於是吟詩引來李甲攀談，這時知歌者為京城名妓杜十娘，於是生了奪人所愛之心，向李甲獻策，以千金換杜十娘歸己。

無良商人孫富登場

這一段也是小說裏的關鍵段落，小說是這麼介紹孫富出場的：「卻說他舟一個少年，姓孫名富字善賚，徽州新安人氏，家資巨萬，積祖揚州種鹽，年方二十，也是南雍中朋友」。且不忘以駢體來形容孫富這種風流甚至下流的性格：「生性風流，慣向青樓買笑，紅粉追歡，若嘲風弄月，倒是個輕薄的頭兒。」一方面，孫富是個商人，原本在明代社會階級上就不如士人，另一方面是孫富雖然年輕，卻是慣見風月場所的人，才一登場就確立了他這個輕薄且反派的形象。

至於孫富如何注意到杜十娘的呢？他當晚也停船於瓜州渡口，獨酌無聊，忽

杜十娘泥塑人偶。

聽得歌聲嘹亮，於是站在船頭，佇聽半晌，這才知道聲出鄰舟。正欲相訪，音響已經寂然。於是孫富遣僕者潛窺蹤跡，訪於舟人，但曉得是李甲李相公僱的船，卻不知歌者來歷。孫富此時想道：「此歌者必非良家，怎生得他一見？」「此歌者必非良家」一句寫來甚平淡，卻寄寓了明代社會的良家與娼家之明確區別。杜十娘即便贖身從良，卻始終撕不掉這樣的社會階級標籤。

聽完此曲的孫富色心大起，希望能一窺杜十娘本尊，便刻意吟誦了高啟的〈梅花詩〉：「雪滿山中高士臥，月明林下美人來」，而「李甲聽得鄰舟吟詩，伸頭出艙，看是何人。只因這一看，正中了孫富之計」。孫富分明是施計引發李甲與之攀談，乃是經商之人刻意佯裝士人，這背後也可以看出孫富心思之深沉，以及明代對於士商階級的差距與想像。

兩人談到李甲娶妓為妻之苦惱，接著孫富看似為李甲著想，出謀劃策，實則希望杜十娘歸他所有。他先從李家家庭問題說起，說李甲父親既然位高權重，必然對於他「娶不節之人」難以接受，於是李甲「進不能和睦家庭，退無詞以回覆尊寵」，即便在此地流連山水，也非長久之計；其次孫富再挑撥李甲與杜十娘的感情，說杜十娘既然是煙花之女，乃六院名姝，相識必定滿天下之男子，或許在南方早有舊約，借李甲之力來到江南，且江南子弟，最工輕薄，李甲帶著這般如花似玉的前名妓，難保踰牆鑽穴之醜事。

此時的孫富已經不是出於愛情，而是將女性物化成私有物。即便李甲一開始對杜十娘有情，但終究聽信孫富讒言，將杜十娘當成了自己的私有物，任意買賣，於是他倆約定好，孫富給李甲千金，而讓杜十娘過船。

杜十娘得知此事的反應也很出乎人意外，可見他的性格之剛烈與決斷。她乍聞此時竟然不是悲切的直接反應，而是冷笑一聲說：「為郎君畫此計者，此人乃大英雄也！郎君千金之資即得恢復，而妾歸他姓，又不致為行李之累，『發乎情，止乎禮』，誠兩便之策也。那千金在那裏？」這當然是酸話，是反話，但也是她傷心欲絕再無生念的狠話。

對李甲而言，他一時衝動娶妓而歸，此乃「發乎情」；返鄉後才覺無顏對江南老父，此乃「止乎禮」，於是將十娘讓與孫富，自己當初替十娘贖身的三百兩，一半乃十娘自籌，另一半乃柳遇春相借，自己一分不花卻賺得千兩，簡直是無本生意。讀到此處，令人聯想到今日時興用語「渣男」。孫富奪人所愛，確實渣男，但李甲誤聽人言，忘恩負義，見錢思遷，說起來更是渣男中的渣男。

妾櫝中有玉，郎有眼無珠

全篇小說最高潮之處，在於杜十娘自沉百寶箱之前，對著孫富李甲各罵了一段，可謂義正詞嚴，人神共憤。她先罵孫富「以姦淫之意，巧為讒說，一旦破人姻緣，斷人恩愛」。再怨李甲：「誰知郎君相信不深，惑於浮議，中道見棄，負妾一片真心。……妾櫝中有玉，恨郎眼內無珠。」

即便從今日視角來看，李甲的渣男形象更進一層，較孫富更為薄倖，但杜十娘顯然對李甲還保有一些脈脈溫情。但「櫝中有玉／眼內無珠」的對照，實

京杭大運河與長江的交匯處，
也就是江蘇省揚州市瓜州古渡口，
有沉箱亭及杜十娘雕像。

令人無限感慨，最後京城一個如花似玉的名妓，葬身江底魚腹之中，旁觀者咬牙切齒。最後的結果是李甲染成狂疾，終身不癒，而孫富受驚得病，臥床月餘，又幻想杜十娘終日在旁咒罵，於是病逝。這個悲劇看似得到了因循果報，但杜十娘的悲劇終究無法挽回了。

但故事最後，寫到昔日幫助杜十娘的柳遇春，將之作為尾聲。卻說柳遇春在京國子監期滿，束裝回鄉，停舟瓜步。由於銅盆落入水中，他找漁人協助打撈，撈起的卻是個小匣兒。柳遇春開匣一看，發現裏面皆是明珠異寶、無價之珍。當天晚上，柳遇春夢中見江中一女子，凌波而來，視之，乃杜十娘也。十娘與柳遇春問安，並告訴他李郎薄倖之事。這其實是話本常見的果報設定，讓杜十娘的鬼魂夢遇柳遇春，並且報答其當時贈金一百五兩的恩情。夢裏兩人話說完了，柳遇春猛然驚醒，這才知道十娘已死，原來撈起的小匣中所藏之「明珠異寶」，即是杜十娘報答柳遇春之物。

故事最後用了馮夢龍模擬了宋人話本的技巧，加入了時人的議論與評價。認為「孫富謀奪美色，輕擲千金，固非良士」，但同樣地，「李甲不識杜十娘一片苦心，碌碌蠢才」，也無足道者。但大家都認為杜十娘是「千古女俠」，無奈錯認了李公子，「明珠美玉，投於盲人」，最後恩變為仇，以怨懟怨，萬種恩情，化為流水，實在天下一可惜之事。整篇故事以「真情」開始，以「負情」作結，也符合世情小說談果報、談應驗的收尾，當然也展現出擬話本的評議、教誨之意。

小說人物的命名由來？十娘的「俠」之由來？

從故事梗概來說，〈杜十娘怒沉百寶箱〉是一篇世情之下戀愛故事；但從結局來說，〈杜十娘〉卻又是一篇純真女子不幸遇到薄倖渣男的人間悲劇。就在悲喜羅織的詠嘆調裏，見證了這個明末俠女的情感曲折，她對愛情之真誠企盼，對世間男子倖薄寡情的痛斥，可謂入木三分，令人動容。我們看到杜十娘的「怒」，並不是一夕而成，也不是在她聽聞以千金被出賣時，忽然發生的舉措。小說層層鋪排，寫杜十娘為了李甲的盡心費力，自己拿出私房妝奩，不斷替李甲解圍，讓李甲更符合自己嚮往中的「良人」的模樣，但最終事與願望。身份無法超越，階級難以跨越，青樓女子，商人富少，士人監生終究是不同世界的人。不要說貧賤夫妻如何了，即便十娘分明有一寶箱的富貴，卻無法找到真心與之長相廝守。所以說無價寶易得，有情人難逢，真不虛也。

但除了小說本身情節之外，我們還可以就以下三個問題，進一步來思考：首先是「李甲」與「孫富」這樣的命名有何意義？故事提到李甲是監生，又稱太學生，即鄉試考取，但會試落榜之舉人，由翰林院選擇進入國子監讀書，此即為監生，小說裏又稱「坐監」亦為此意。對太學生、士人而言，金榜題名，登科甲榜乃是終生企盼，因此李甲的「甲」可能暗示其太學生的身份；相對於「士」，孫富出生鹽商之富二代，乃四民排行最末的「商」，而孫富的「富」可能對應他的商人階級，以及「窮得只剩下錢」的諷刺。因此從這個故事來說，

京劇、越劇、粵劇、豫劇、蘇州評彈等傳統戲曲都有改自〈杜十娘怒沉百寶箱〉的作品。

即便杜十娘實際上遭見異思遷、用心不專的李甲背叛，但她對孫富斷人姻緣的恨更為強烈，死後做鬼也不放過他，這也代表了明代對商人階級的輕視。

其次是李甲與杜十娘捨陸從舟的意義為何？李甲從北京回到江南，乘船速度較快，但更重要的是歌妓參與文人聚會，原本就以畫舫舟船一類空間為主，如眾所周知的白居易〈琵琶行〉「移船相近邀相見」，杜牧〈泊秦淮〉「夜泊秦淮近酒家」即是。根據王鴻泰〈青樓名妓與情藝生活〉一文所述，明代歌妓從參與士人文會，更進一步「文人化」，此點容後再做補充。總之杜十娘逗留於畫舫，孫富聽鄰船歌聲而知非良家婦女等情節，與舟船空間有密切連結。

其三，杜十娘「俠女」之名所指為何？小說最末稱「孫富謀奪美色，輕擲千金，固非良士；李甲不識杜十娘一片苦心，碌碌蠢才，無足道者」，而「謂十娘千古女俠」，杜十娘顯然不是唐傳奇如〈聶隱娘〉或〈紅線傳〉裏的擅輕功、能武藝的俠女。然而從司馬遷《史記・遊俠列傳》所說：「儒以文亂法，俠以武犯禁」來說，再對照杜十娘與李甲訣別前夕說的「止乎禮」，她的自沉寶箱與投江自殺，正是她對禮教束縛的「犯禁」。作為一個女子，她追求專一與堅貞的愛情；作為京城名妓，她所存之資饋足夠自己終生所用，但她還是對一往情深追求真愛。於是最後罵兩渣男的奸險與負心，聽來義正詞嚴，卻又無限感慨。

肆．再做點補充

從宋話本到擬話本

前面我們已經提到了，由於北宋汴京的城市興起，庶民文化，城市生活成了一種新的風景面貌。如故宮國寶〈清明上河圖〉裏所繪製的景象。而根據孟元老在《東京夢華錄》的形容，在靖康之難前的汴京，何等等歌舞昇平，欣欣向榮。尤其每到「燈宵月夕，雪際花時」，沿途盡是「乞巧登高，教池游苑。舉目則青樓畫閣，繡戶珠簾，雕車競駐於天街，寶馬爭馳於御路」的奢華景象。而孟元老也提到了當時汴京城內勾欄瓦舍，各種賣藝雜耍說書的現場實景：

> 劉百禽，弄蟻。孔三傳、耍秀才，諸宮調。……張山人，說諢話。劉喬、河北子、帛遂、胡牛兒、達眼五、重明喬、駱駝兒、李敦等，雜班。外入孫三神鬼；霍四究，說三分；尹常賣，五代史。文八娘，叫果子。其餘不可勝數。

文中「三分」即是三國故事，五代史則是後來《五代史平話》之類的說書底本。我們雖然如今看不到這些話本，但可以想像說書人如何增添這些故事，讓這些故事不斷地發展出枝蔓，三實七虛，「欲知詳情、請待下回分曉」等等，逐漸變成後來的《西遊記》、《三國演義》或《水滸傳》等長篇傑作。

當然，《三言》只是擬話本，並不是真正的話本，但譬如〈蔣興哥重會珍珠衫〉、〈賣油郎獨占花魁〉，以及本篇〈杜十娘怒沉百寶箱〉裏的這些鮮明人物形象，充滿轉折的故事情節，以及猶如八點檔般轟轟烈烈、激情動容的情愛糾葛，其實也正是當時庶民喜歡看、喜歡聽的故事情節。因此從宋到元明，從話本到擬話本，我們可以看到庶民文化與世情小說如何緊密結合並發展的脈絡與軌跡。

明代歌妓的「文人化」傾向

想要理解〈杜十娘怒沉百寶箱〉故事的核心與梗概，還必須對於明中葉之後的青樓文化與歌妓生活背景、空間場域有基礎的認識。根據王鴻泰教授〈青樓名妓與情藝生活——明清間的妓女與文人〉一文的說法，雖然偕妓同遊是古代士人的習慣，也隱含了兩性不平權的意識，時至明代，歌妓的才藝情思都更為豐富，也因此，青樓風月場其實也不僅是情慾空間，更是文藝空間。王鴻泰認為：明中期以來妓女重新涉入文人的社交圈中，這個文藝圈的營結過程，從社會活動的發展來說，妓女與文人的交往只是整體社互動中的一個環節，而妓女與文人所構成的文藝圈也只是文人整體社交網絡中的一部分，不過，這部分的存在卻發展出異於一般士人往來的意義。明代的青樓妓院，其實與明代士人喜歡賞玩的「文藝性園林」，具有類似的意涵，它們表徵著非世俗的人生情境相對於我們熟悉的，展現明代士人風雅的園林空間、亭臺樓榭，卻很少想到其實青樓也足以用表現某種「非世俗」的文藝性活動，或風雅性質的自我標榜。關於城市裏的空間如何呈現不同的面向，以我們今日熟悉的誠品書局、光點電

明代畫家仇英參照「張擇端本」的構圖結構，以明代蘇州城爲背景，重新創作一幅〈清明上河圖〉，風格與宋本迥異。局部放大還能看到青樓場景。遼寧省博物館收藏。

影院來作聯想最為適切。空間雖然有其原本之功能，但由於約定成俗或長期的習態累積，其可能賦予另外一種空間想像。

美國人文地理學者克洛斯威（Tim Cresswell）在其《地方：記憶、想像與認同》書中，提出了「地方」可能具備的「錯置」與「不得其所」的意義：「地方錯置（anachorism）——不得其所：地方在「正常」的建構中扮演什麼角色？特殊活動、人員和物件，如何與特殊地方關聯起來？誰決定活動、人員和物件『不得其所』」，換言之，某一空間或地方有其原本被規範的意義與功能、扮演的角色，但隨著城市發展或文明演變，就隨時有可能呈現出不同的地方特質、或曰「地方性」。

誠如前述，明代士大夫雅好園林，但王鴻泰主張園林與妓院成了類似的文藝性場域，象徵著士人們非世俗的面向。而除此空間的認同，歌妓們大量參與文人集會，也在明代成為常態。明嘉靖以來，南京的士大失們開始熟衷於各種藝文集會活動，且這些集會活動已無所禁忌地招引妓女參與其間……在這種文會中，妓女憑藉一己之文藝才華與文人相唱和酬答，已不僅止於歌舞表演或身體的交易。也就是說，這一類的狎妓活動，已經成為文藝場域，而非僅止於過去的歌舞表演或身體交易。嘉靖時期妓女與文人往來的實際內容並不清楚，很可能妓女這些文藝集會中主要還是以歌舞為文人助興。

根據顧起元《客座贅語》的記載，當時的文人「揮翰聯句，甫畢一調，即令工肄習，既成，合而奏之」，也就是說，妓女隨時侍宴，並提供歌藝服務，

明中葉時期，各地青樓已從純聲色到一定程度的「文人化」。明．唐寅，王蜀宮妓圖（左），北京故宮博物院藏
李端端圖（右），南京博物院藏。

而到了萬曆時期，文人的集會更至於極盛，而妓女也更活絡文藝社交活動中，她們扮演的角色更與過去不同，歌妓與文士會一同身處文藝聚會之中，彼此以文相會，原本只是佐酒、笑樂的歌妓，也進一步參與了詩文寫作，甚至得以刊刻在文社的合集中。也就是說，在明中葉時期，這些青樓妓女從純聲色服務到一定程度「文人化」了。

如果根據這些學術材料，我們可以推論：若杜十娘故事的原型確實發生在小說所敘述的萬曆年間，那麼能作為京城名妓的杜十娘，自有其詩藝文藝的才華。她的作品也可能被刊刻而留下姓名，與一般文士才子無異。因此，在明末特殊的氛圍裏，杜十娘這樣的角色，其實文藝位階已經不在士人之下，至少超越商人。也因此再回過頭，我們看杜十娘之所以可以先罵孫富進讒，後罵李甲負心，確實有超越男性的霸道與豪氣。

當然，在整個男尊女卑的文化傳統之下，我們不能說身為青樓妓女，杜十娘遭遇的男性與父權之壓迫不存在。但她卻也並非一般無受教育條件的劣勢女性，而至少在文藝、在聚會場域能與男性文人才名並列，也因此杜十娘對於自己最後終究被物化，成為兩個男人交易的物品，會如此憤怒，甚至作出了毀擲寶箱進而自沉於江的悲痛決定。

也正因為如此的社會背景與小說脈絡，我們得以一窺晚明時女性地位的差異，以及青樓與良家的區別。身為受過良好文藝教育，具備才藝素養的女性，卻又看遍男性父權慾望與情慾貪婪的醜陋，最後作出這樣激烈、極端、卻又充滿俠義壯志，不容反駁的激烈之舉。除此之外，我們也可以看到晚明社會獨特的階級與庶民社會的情境。京城名妓飽讀詩書、擅長文藝，與士人監生平起平坐，但相對來說商賈階級仍然較被輕視，且在小說裏以負面形象出現，斷人恩愛，以貨易愛，成為了最大的反派人物。

但更重要的是，在整個故事裏，我們可以看到杜十娘即便具備了經濟獨立的能力，但在當時社會背景上仍無法不仰賴男性帶其離開娼戶，進入良家，但無奈所託非人，最終一片真心，還是換來了男性之間的彼此交易，將之「物化」、「商品化」，於是最後十娘只好選擇了那麼決絕的舉動報復兩位男性。我們常說「錢不是萬能，沒錢萬萬不能」，但杜十娘最後怒沉百寶箱的選擇，可說是反向操作了這個論題，即便縱有千萬金兩，但換不得有情人的顧盼，要這些財貨又何用？從人物形象，故事細節，敘事動力結構非常縝密，最後的高潮也波瀾壯闊，展現出了成熟的敘事技巧，成為〈杜十娘怒沉百寶箱〉這個故事之所以膾炙人口、可歌可泣的關鍵所在。

女性覺醒與愛情試探

從女性自覺的角度來說，杜十娘確實有能力獨自維生，卻仍真心託付所愛之人，無奈李甲有眼無珠。另外一方面，她作為青樓名妓，畢竟不同於良家婦女，因此所受之壓迫更深。誠如前述，在父權建構文化裏，她的商品化、物化更為明確，孫富勸動對李甲

從有價到無價，杜十娘更是一塊美玉。
她是百寶箱中最後一層的無價美玉。

的說詞，也是「她既係六院名妓，相識定滿天下。或者南邊原有舊約，借兄之力，挈帶而來」，所謂妓女無情，此話自然也讓李甲有了異心。

而這樣的「物化」傾向，更表現在杜十娘沉百寶箱的動態描寫上，在百寶箱好幾層，越抽一層價值越高：第一層是「翠羽明璫，瑤簪寶珥」，約值數百金；第二層是「玉簫金管」，「古玉紫金玩器」，約值數千金；最後一箱「夜明之珠，約有盈把。其他祖母綠，貓兒眼，諸般異寶，目所未睹」，而莫能定其價之多少

但相對這些從有價到無價之寶物，小說未能言明的是，杜十娘的價值多少呢？杜十娘從一開始贖身時，老鴇要求的千金之多，被殺價降到三百金，再到孫富開給李甲的千金。顯然十娘比不上自己百寶箱裏寶物的價錢，但人又豈能用這些珠寶來衡量？所以這個故事題名為「杜十娘怒沉百寶箱」，但卻沒有在標題點明杜十娘自己投身江裏香消玉殞的結局。

如果我們更文學、或更詩意地來說：杜十娘將自己也成了百寶箱的一部分，成了百寶箱的最後一層，她櫝中有美玉，她自己更是一塊美玉，但可惜所託終生的良人，卻有眼無珠不識好歹。故事最後她也將自己物化成百寶箱裏的一部分，這是她的專情，是她的悲怨，但更是她的憤怒。相對這些千萬金的寶物，愛情何足珍貴？但又何其難得？所謂「易求有價寶，難得有情郎」。比起那些有價之寶被拋諸長江裏，這才是最讓人惋惜與痛心的一幕。

（祁立峰）◆

14 文化基本教材：充實之美

「有精彩的文化，才有精彩的人民；
有精彩的人民，才有精彩的文化」，彼此互為條件。
至於誰先誰後？其實都是要從每個個體內心的覺悟開始。
充實自我的本意就是希望每個個體都有一個
更高的生活目標、更理想的生命追求，
「天行健，君子以自強不息」。
自我的提升與改良，可以藉由修養、求知來進行，
更需要豐富的生命體驗和審美活動，
在生活的時時刻刻，供給我們充實自我所需要的精神養分。
古聖先賢對於充實自我各有不同的體悟與著墨，
呈現出他們不同的人生觀，也呈現出生命的多元價值。

壹・作者與出處

生命體驗與審美同在，而審美活動所涉及的層面很廣，審美意識、美感素養、美學觀、藝術賞鑑等，包括現今教育當局致力推動的美感教育，都涵蓋其中；其所關注的內容對象，如文化美學、生活美學、語言美學、生命美學、知識性的廣泛學習與知感經驗……皆屬於美學範疇。

本單元所欲探討的，不是俗話常說的：「這個世界並不缺少美，而是缺少發現美的眼睛。」美感教育致力於「引導學生觸發美感感知及累積美感知能」，美感課程則強調「發現、探索、應用」三個階段，這些對「美」的感覺、認識、營造，也頗與古代文人之焚香對月、鼓琴蓄鶴、採石試茗、園林營建等雅賞同趣；惟在產生美感經驗的過程中，儘管都需要審美主體和客體「主、客觀合一」，但這些審美活動在相當程度上多關注於外在客體，本單元想要探討：個人如何透過存養，豐盈飽滿地展現生命之美？關懷重心主要落在個人主體。或者換個角度說，儘管推動美感教育、培養美感素養等，也都是為了豐厚生命內涵、積澱成為生命底蘊，但本選文主要著眼於審美主體（即個人）「誠於中，形於外」的精神光輝與境界，側重「體驗—意義」的生命美學，其與凸顯審美客體所側重的「反映—認識」不同。魯迅《華蓋集》引述的叔本華的話，頗能道出本文旨趣——「要估定人的偉大，則精神上的大和體格上的大，那法則完全相反。後者距離愈遠即愈小，前者卻見得愈大。」而孔子平居時，「申申如也，夭夭如也」（溫和莊重、悠閒自在）、「七十而從心所欲，不逾矩」，如此沃啟靈明、令人神往的生命之美，即是對後人很好的示範。

生命的情態、樣貌容許多元化，不論積極承擔、奮發有為，或是澹泊自適、甘於平淡，只要內心充實圓滿，不汲汲營營、苟且貪慕，無一不能照見生命之美。是故本單元文化教材，選擇了若干能以高尚情操、或高韻雅致沃灌生命，具現光輝氣象的篇章，包括孔孟深蘊文化內涵的生命美學、莊子展現「天地有大美而不言」的精神境界與生命情調。在孔子弟子或再傳弟子記錄的《論語》一書中，〈子罕〉、〈述而〉篇有智仁勇兼備、被弟子譽為「夫子自道」的仁者形象；孟子用以「正人心，息邪說，距詖行，放淫辭」的《孟子》書中，〈告子〉、〈公孫丑〉篇有「浩然之氣」的生命磅礴氣象和精神的崇高壯美；而意欲衝破有限形體限制、物質形象束縛，曉諭人們放下現象執著，示以恬淡自在的《莊子》一書，〈逍遙遊〉、〈齊物論〉都大力突破了世人想像，以一種「登天遊霧，撓挑無極」（循環往復，遊於無極）之姿，把超越世俗功利的精神自由之美，盡現於我們眼前。

貳・選文與注釋、導讀

子曰：「智者不惑，仁者不憂，勇者不懼。」（《論語・子罕》）

在我國兩、三千年的歷史中，孔子有如暗夜明燈般照亮了漫漫長夜，人文之光從此綻放光明。如果我們要用一句話來形容孔子的生命氣象，那麼，說孔子散發著兼備智、仁、勇的生命光輝，應該是貼切的。

人往往會「寄」物，人生在世幾乎免不了都會有所寄託。然而真正的獨立是「自主」、真正的快樂是「自足」，是一無所「寄」，自己就可以成全自己的；不會因為富貴福澤、名利通達而喜樂，不需要建立在他人對我肯定、他人需要我，或是任何人事物帶給我的快樂上。因此智者對於自己的人生，不會茫然與困惑，胸中自能定靜、安慮；仁者胸懷天下，對於一己的窮通貴賤、吉凶禍福不繫於心，不會患得患失，「窮則獨善其身，達則兼善天下」，又有何憂？既然不憂己身，又何懼夫生命中的寵辱之數、得喪之理、死生之情？故為勇者。因此《中庸》以「智、仁、勇」為人生的「三達德」。

志士仁人如此不惑、不憂、不懼，孔子為什麼又說「德之不修，學之不講，聞義不能徙，不善不能改，是吾憂也」？聖人也有「憂」嗎？蓋聖人憂民不憂己，只務力於「及物潤物」，即范仲淹所說的「先天下之憂而憂，後天下之樂而樂。」若是涉及一己之身，則孔子只問：有沒有我個人主觀上能做到卻未盡全力的？至於客觀的富貴利達，全然不在己慮中。所以孔子說的「吾憂」，不是得失禍福；是對於《中庸》說的「君子『尊德性』而『道問學』」，自省在「進德」與「修業」上是否還有努力不夠的地方？

故所謂「吾憂」實是孔子「責（要求）己」之言，是要求自己在所有學習上都要「學而時習之」、「溫故而知新」。這也可以從孔子曾說「古之學者為（ㄨㄟˋ）己，今之學者為人」的角度來理解。所有的「學」都應該是出自內心至誠的求知，是「為己」之學；不是馳心於外，為要炫博、獲取聲名或作為進身之階的「為人」目的。此亦同於孟子說，乍見孺子將跌入井中，人人都會怵惕惻隱而救之，那不是為了「邀譽於鄉黨朋友」、「納交於孺子之父母」，純是自己的滿心而發。莊子也說梓慶雕刻能鬼斧神工的原因，係出「不敢懷慶賞爵祿」「不敢懷非譽巧拙」，甚至「忘吾有四肢形體」，連自我意識都放下了，是非常純粹的真心赤誠、無所賣弄，因此能以我的純真貼近物的自然——「以天合天」。反之，如果行為動機是建立於外在的邀譽、納交、慶賞爵祿、巧拙非譽等世俗目的上，就是做給別人看的「為人」之學，是用來丐求青睞垂愛罷了。

故知倘能放下外在的「虛」榮、「寄物」的攀附、「為人」的功利，「我」的價值便毋須他人評價，只要反求自己的盡心盡力。則我即使身在曠古敻絕的冥漠中，依然可以擁有源頭活水，能夠安詳寬舒地從容自在、圓滿自足。如此便可以如孔子讚美曾皙的「浴乎沂，風乎舞雩（ㄩˊ，壇臺），詠而歸」，呈現出恬淡自足的生命氣象，由此可以進求孔子不惑、不憂、不懼的生命光輝。

昔者曾子謂子襄曰：「子好勇乎？吾嘗聞大勇於夫子矣！自反而不縮[1]，雖褐寬博[2]，吾不惴[3]焉？自反而縮，雖千萬人，吾往矣！」……

（公孫丑）敢問：「夫子（孟子）惡乎長[4]？」

曰：「我知言[5]、我善養吾浩然之氣。」

敢問何為「浩然之氣」？

曰：「難言也。其為氣也，至大至剛，以直養而無害[6]，則塞於天地之間。其為氣也，配義與道[7]；無是，餒[8]也。是集義[9]所生者，非義襲[10]而取之也。行有不慊[11]於心，則餒矣！我故曰：『告子未嘗知義』，以其外之[12]也。必有事焉而勿正[13]，心勿忘，勿助長也。無

1 自反而不縮：自我反省而不合於正道。縮：音ㄙㄨˋ。

2 褐寬博：古代貧賤者所穿的寬大粗布衣服，亦借指貧賤者。褐：粗布衣服。寬博：衣服寬大。

3 惴：害怕。音ㄓㄨㄟˋ。

4 惡乎長：有什麼長處？惡：音ㄨ，何？長：音ㄔㄤˊ。

5 知言：從言論中可以得知對方的情志趨向。

6 以直養而無害：用直道涵養它，不去傷害它。直養、無害：於此皆省去了受詞「之」，意謂以直養之、無害之。

7 配義與道：必須合乎道義。配：兩相配合而有助益。

8 餒：衰亡、消散。音ㄋㄟˇ。

若宋人然，宋人有閔其苗之不長而揠之者[14]，芒芒然[15]歸，謂其人曰：『今日病[16]矣，予助苗長矣。』其子趨而往視之，苗則槁矣。天下之不助苗長者，寡矣！以為無益而舍之者，不耘苗[17]者也。助之長者，揠苗者也，非徒無益而又害之。」

何謂「知言」？

曰：「詖辭[18]知其所蔽，淫辭[19]知其所陷，邪辭[20]知其所離，遁辭[21]知其所窮。生於其心，害於其政；發於其政，害於其事。聖人復起，必從吾言矣！」

（《孟子．公孫丑上》）

孟子處在戰國之世，前有孔子周遊列國卻難以推行仁政，那麼後起者應當如何？孟子以孔子接班人自期，亂世中，他要如何以「一夫當關，萬夫莫敵」的勇冠三軍氣勢，領導道德主義思潮？則「浩然之氣」就是充塞其內心，使他散發出「沛然莫之能禦」之崇高精神氣象的根柢，呈現了「勇者不懼」的生命壯美。

但是一般說到「勇者不懼」，多會聯想到勇猛有力、爭強鬥狠、睚眥必報的

9 集義：猶言積善，所做的每件事都要合乎道義。

10 義襲：只有一件事偶而合乎道義。襲：掩取。

11 不慊於心：因為不合於義，不足於心而不安。慊：音ㄑㄧㄝˋ，快、足。

12 以其外之：由於告子說「義」是外在的，所以孟子批評他。告子持論：「食、色，性也；仁，內也，非外也；義，外也，非內也。」

13 必有事焉而勿正：要不斷積善但不要預期其效果。正：預期，據朱熹《四書集注》。

14 閔其苗之不長而揠之：擔憂幼苗不成長而把它拔高。閔：同憫，擔憂。閔：同憫，擔憂。揠：音ㄧㄚˋ，拔。

15 芒芒然：有疲憊不堪、或無知的樣子等不同解釋。芒：今作茫。

16 病：疲倦，精疲力盡。

17 不耘苗：不鋤草而使禾苗失養。

武勇形象，所以孟子在〈公孫丑〉中指出，只有出自內心的直道而行，才能精神昂揚、無所畏懼地，展現光明正大的勇者氣象。他先借曾子對弟子子襄說的，聞之於孔子的「自反而縮，雖千萬人吾往矣！」以說一個人無愧無怍時，他的內心就會充滿坦蕩浩然之氣，「至大至剛」地無畏於任何艱難險阻；反之，如果「自反而不縮」，問心有愧、不是直道而行，那麼即使面對地位比自己低下的人，又怎能不心虛害怕？因良知是無法蒙蔽的。

「一點浩然氣，千里快哉風！」心與氣、內在情志與外在精神氣象是密切相關聯的，心虛就會氣沮、氣定便能神閒，「相由心生」也是此義。儒家的「身體觀」強調心和氣、形與神的聯繫，認為內在存養可以滋潤、轉化或體現在我們的形體與精神氣象即「形氣」上。因此孟子說觀人莫過於「觀其眸子」，眼睛會洩露一個人的內心狀況，「胸中正，則眸子瞭（明亮）焉；胸中不正，則眸子眊（ㄇㄠˋ，昏瞶不明）焉。」眼神不能掩飾胸中之惡，人在心虛氣弱時，眼神就會飄忽不定、不敢直視對方；須是「志」端正了、「理」直了，其「氣」才能壯盛，「神」才會明朗。是以所謂「充實之謂美」，內心絕對不能歉仄，才能神采奕奕而精神煥發。後來《世說新語》對人的審美意趣，有很多便是從精神氣象上加以評騭或形容的，如：「朗朗如日月之入懷」、「如玉山上行，光映照人」、「巖巖若孤松之獨立」、「肅肅如松下風」等，也都著眼於生命氣象、精神之美。

那麼如何「誠於中，形於外」地體現光明正大氣象？則孟子指出了「養氣」一途，透過「持志養氣」來涵養浩然之氣。浩然之氣是充塞天地間的磅礡正氣，

18 詖辭：蔽於一曲、不見全體的言論。詖：音ㄅㄧˋ，偏頗。

19 淫辭：情肆而蕩的放縱言論。

20 邪辭：悖離正道的邪僻言論。

21 遁辭：理屈而逃避閃躲之辭。

如文天祥《正氣歌》言：「下則為河嶽，上則為日星」，不過它不是一蹴可就的，不能偶一為之、不能急功近利地預期效果，更不能揠苗助長；須是始終堅持「配義與道」，在經過了長時間的陶養與培壅固本，通過了無數的困頓與艱難磨練後，要做到孔子說「君子無終食之間違仁，造次必於是，顛沛必於是」，哪怕是處在顛沛造次的困頓中，都不能有任何的傷仁害義，才能涵養出吾人胸中的浩然正氣——氣是「體之充」，正氣飽滿，才能從容自信，流露出自然的精神光輝。

因此「養氣」首重「養心」。「志」是「氣」之帥，心在哪裏、氣就跟到哪裏，所以要「以志帥氣」。例如荊軻刺秦，他為義蹈死，故胸中無畏；被安排獻圖的秦舞陽則平素雖然鬥狠、其實心虛氣沮，是以秦庭上心駭股顫，不能成事。又如文天祥被脅迫招降張世傑，卻大無畏寫下「人生自古誰無死？留取丹心照汗青」的英雄謳歌，如此「若決江河」的浩然正氣，在義理上是絕無任何欠缺衰餒的，是故孔子說「自反而縮」、孟子說「集義所生」，這是浩然正氣必要的內在條件，是人心最重要的滋養。

再者，人內在的情志不但會反映在外向的精神氣象上，也會反映在其言談舉止上。所以善於「觀色」的孟子，又由此說到「知言」的重要性。社會各界都會有「用人」的需求；「知人」是「用人」的根本，「知人」才能「善任」，而「知言」又是「知人」的基礎，必須清楚地知道對方是否恃其才智而巧言令色？能否言行一致、表裏如一？才能避免名器浮濫、饕餮（ㄊㄠ ㄊㄧㄝ，貪食之獸，喻貪者）得志。是以後來劉劭的《人物志》，便從心、氣、形、神密切相關的角度，說：「著乎形容，見乎聲色，發乎情味。」並據此論列人物百行殊類，以供設官分職。至於孟子如何「知言」？則他說要聞聲知情，洞穿「心」與「言」的關係——「詖辭知其所蔽，淫辭知其所陷，邪辭知其所離，遁辭知其所窮。」一個不是直道的人，他的話中必然會出現破綻，像是言語偏頗必有欺蔽、言語放蕩必有陷溺、狹邪之辭是為悖道、閃躲之辭是其理屈。莊子〈人間世〉也曾說：「若一志，無聽之以耳而聽之以心，無聽之以心而聽之以氣。」同樣說明了情志與形氣的密切關聯。

所以為什麼要談生命美學？因為今日文化一旦成為傳統，後人便會加以仿效而予以延續；我們憂心現在一些顛倒黑白、是非不分、造假不實、淺薄無知、混淆視聽、缺乏公義……的流行文化，將會成為未來的文化傳統。

孟子曰：「欲貴者，人之同心也。人人有貴於己者[1]，弗思耳。人之所貴者，非良貴[2]也。趙孟[3]之所貴，趙孟能賤之。《詩》云：『既醉以酒，既飽以德。』言飽乎仁義也，所以不願[4]人之膏粱[5]之味也；令聞[6]廣譽施於身，所以不願人之文繡[7]也。」

（《孟子．告子上》）

1 人人有貴於己者：每個人都有自己可貴的一面。

2 良貴：真正的可貴。

3 趙孟：借指有權勢的人。春秋時晉國正卿趙盾，字孟，其子孫趙文子、趙武、趙簡子、趙鞅、趙襄子等也都有聲名，他們由於襲爵趙盾，也都稱為趙孟，並不確指哪一人。

內心充實圓滿，不必隨人步趨、倉皇張望，才能展現生命的從容之美、具現充滿自信的生命光輝。生命中若是自己可以完全主宰的，稱為「主觀」；若是涉及他人或需要其他客觀條件配合、非一己主觀所能完全掌握的，則是「有待」，便會充滿不確定性。至於人情普遍希望得到現實生活中的富貴，是主觀、抑或客觀？雖然個人想要成功，絕對需要努力；但是一旦涉及他人並落到紛雜繁亂的現實社會時，就不是個人純任主觀能夠主宰或決定的了。

能否得到現實中的富貴利達？必須依賴客觀條件配合；而且榮華富貴若是他人所給與的，則與奪之權在人而不在己。凡是他人所能給與的，便亦能夠奪取之；而人情善變、形勢容易改換，正如孟子言：「趙孟之所貴，趙孟能賤之。」所以那不是真正的尊貴。孔子也曾經從反面立說：「富而可求也，雖執鞭之士吾亦為之。」他說就算願意屈居卑位，富貴仍然是求不來的；既然無法強求，那就「從吾所好」，遵循我內心的聲音和理想吧！——「不忮不求，何用不臧（善）」！

現實生活中的富貴無法強求，不能自主又俯仰隨人，因此孟子轉從個人可以自作主宰的主觀精神面立教。人生中真正重要的是什麼？《小王子》中的狐狸曾對小王子說：「真正重要的東西，用眼睛是看不見的。」孟子認為每個人與生俱來、「我固有之，非由外鑠（光輝美盛）」的仁義禮智等善性，就是每個人擁有的最重要東西。仁義禮智是「人禽之別」的關鍵，而且聖凡平等，是人人具備、不須外求的，這才是「人人有貴於己者。」所以孟子又借言《詩經》，說如果已經飽於仁義了，就毋須他人再給我佳餚美味；如果已經令聞廣譽了，

4 願：欲得、羨慕。

5 膏粱：借指精饌美食。膏：肥肉。粱：古指精細的色白小米，非今日所說高粱。

6 令聞：好的聲聞。令：美好。聞：音ㄨㄣˋ，名聲。

7 文繡：借指地位高貴的人。古人要有爵位才能穿著刺繡的衣服。

怎麼還會去羡慕別人的文繡彩飾呢？而天生具足的善性，就是每個人生命中圓滿俱足，毋須他人成全，殆如孔子說「我欲仁，斯仁至矣！」只要個人加以存養，便人人可以實現的生命之美。

齧缺問乎王倪[1]，曰：「子知物之所同是[2]乎？」

曰：「吾惡[3]乎知之？」

「子知子之所不知邪？」

曰：「吾惡乎知之？」

「然則物無知邪？」

曰：「吾惡乎知之？雖然，嘗試言之。庸詎知吾所謂『知』之非『不知』邪？庸詎知[4]吾所謂『不知』之非『知』邪？且吾嘗試問乎女（汝）：『民溼寢則腰疾偏死[5]，鰌然乎哉[6]？木處則惴慄恂懼[7]，猨猴[8]然乎哉？三者孰知正處？民食芻豢[9]，麋鹿食薦[10]，蝍且甘帶[11]，鴟鴉耆鼠[12]，四者孰知正味？猨，猵狙以為雌[13]，麋與鹿

1 齧缺問乎王倪：莊子杜撰了齧缺向王倪問道一事。齧缺、王倪：兩人為杜撰人物；但也有說王倪是堯時賢人，齧缺學道於王倪的。

2 物之所同是：萬物的絕對之理、或萬物的相同之理。是：此，指此理。

3 惡：何，音ㄨ。

4 庸詎知：豈知、何知。庸、詎：同豈。

5 民溼寢則腰疾偏死：人住在濕氣重的地方，就會有腰疾麻痺之苦。偏死：偏枯、半枯，猶言半身不遂。死：此指不遂。

6 鰌然乎哉：泥鰍也會這樣嗎？鰌：音ㄑㄧㄡ，泥鰍。然：如此。

7 木處則惴慄恂懼：人爬到樹梢末端會恐懼顫慄。恂：音ㄒㄩㄣ，害怕而昏眩、寒顫。

交[14]，鰌與魚游。毛嬙、麗姬（或作西施）[15]，人之所美也，魚見之深入，鳥見之高飛，麋鹿見之決驟[16]。四者孰知天下之正色哉？』自我觀之，仁義之端，是非之塗，樊然殽亂[17]，吾惡能知其辯？」

齧缺曰：「子不知利害，則至人[18]固不知利害乎？」

王倪曰：「至人神[19]矣！大澤焚而不能熱[20]，河漢沍而不能寒[21]，疾雷破山、風振海而不能驚。若然者，乘雲氣，騎日月，而遊乎四海之外。死生無變於己[22]，而況利害之端乎？」

（《莊子・齊物論》）

生命樣貌容許多元，快意承擔或婉轉旖旎、大聲鏜鞳或呢喃低語，無一不可；想要勇往向前、追求理想，或是自在自適、安於平凡，抑或如道家睿智洞識宇宙奧秘，順其自然而守柔不爭，也都由人自取。而生命情態儘管不一，只要是真、善、美的呈現，便無一不是美。

道家的生命美學迴不同於儒家。他們有別於儒家對人文禮教的承擔與道德出發，其所強調的，是心靈自由。面對其時人們所無力改變的環境如諸侯爭霸、戰爭頻仍，要怎樣消解當時世人最大的痛苦？道家遂從事於精神超越的心靈建

8 猨猴：即猿猴。猨：音ㄩㄢˊ。

9 芻豢：畜類的肉。芻：食草的家畜，如牛羊。豢：音ㄏㄨㄢˋ，雜食穀類的家畜，如豬狗。

10 薦：美草。

11 蝍且甘帶：蜈蚣覺得小蛇好吃。蝍且：蜈蚣別名。蝍：音ㄐㄧˊ。且：音ㄐㄩ，當作蛆。甘：吃起來覺得美味。帶：小蛇。蛇形如帶。

12 鴟鴉耆鼠：貓頭鷹和烏鴉喜歡吃老鼠。耆：這裏讀ㄕˋ，嗜的本字。

13 猵狙以為雌：猵狙和雌猨交配。猵狙：音ㄅㄧㄢ ㄐㄩ，形狀似猨而類別不同。

14 交：配偶。

15 毛嬙、麗姬：皆古代美人。毛嬙：春秋時越國美女，約與西施同時，相傳為越王勾踐的寵姬。嬙：音ㄑㄧㄤˊ。麗姬：即驪姬，春秋時晉獻公寵姬。他本於此或作西施。

16 決驟：快速奔走。決：逃跑。

設。要如何破執呢？他們釜底抽薪地把功利與世俗價值放在天道視野中，則萬物芻狗、一視同仁，從而消解了人們面對生命中因諸多失去所造成的痛苦，進而遊心於廣漠無窮的天地大美中。道家呈現的，是生命的灑脫與曠放情調。

「大盈若沖」而「其用不窮」的天地大美

想要理解莊子的「逍遙」境界迥不同於時下說的逸樂、閒散、甚至遊手好閒，就要先理解什麼是天地「大美」？這是道家很難說清楚的部分，因為「道」不可言詮。《老子》說：「道可道，非常道。名可名，非常名。」自然之道無形無象——「大象無形」而「視之不見」、「聽之不聞」、「搏之不得」，是看不見、聽不到、摸不到，不能以經驗界任何現象去把握的；可是它雖然「道隱無名」、無法捉摸，卻無盡包容，「萬物恃之而生」。它無所不包地富有萬物、無盡流轉地運化萬變，一切雷動風行、宇宙萬有，都在其運化中。總言之，無心無為的道是「大盈若沖（虛、空）」的，看似「虛空」卻「無為而無不為」；是功成而不有的，「衣養萬物而不為主」。因此沖虛無為而「其用不窮」的道，就是天地的「大美」。

但是這樣的天地「大美」和吾人生命有什麼關係？選文中王倪「一問三不知」的理論背景，正是天地「大美」；知乎此，始可以進言道家的生命美學。

由於道家深刻體會到自然的無欲無為精神，則在「人道」屬於「天道」的

17 樊然殽亂：紛雜淆亂。樊然：紛亂的樣子。殽亂：雜亂無章。

18 至人：道家稱至高修為的人。指能破除個人成見並超越一切對待，不知說（悅）生、不知惡死的人。又稱為真人。

19 神：神奇、神妙。這裏作形容詞。

20 大澤焚而不能熱：山林焚燒不能使他感到燠熱，用以譬喻其精神超越。

21 河漢沍而不能寒：江河結凍不能使他感到寒冷，與上句同樣譬喻精神自由超越現實。沍：音ㄏㄨˋ，凍結。

22 死生無變於己：即連死生都不能影響精神面的逍遙自由。

一個環結下，他們認為人也應該效此自然之道，同步地放下名心、利心與爭心。老子認為現實層面的追逐會妨害心靈，一個在現象界處處求全的人，其精神界必定痛苦不堪；只有「見素抱樸、少私寡欲」，放下成心（價值成見）與欲望，精神才能獲得保全。莊子在戰亂時代中，眼見百姓身不由己、哀哀無告，甚至有因戰爭而生命殘缺破碎者，他的慈悲，就是用精神超越、遊心於無窮，消解人們的痛苦。他深知天地廣大、萬物流轉，個人無能與自然辯，所以不言不議不辯地順其自然吧！安時處順地遊心於無窮吧！他以「莊周夢蝶」闡明不論形體為何，「真我」都是不變的；在「東郭子問道」的「螻蟻、稊稗、瓦甓、屎溺」中，他也闡明了道的「無所不在」與「萬物一化」（化形為物），希望以此「道通為一」的「物化」灑脫，轉化人們對死生壽夭、價值成見的執著與痛苦，盡顯曠達的生命情調與精神自由的生命美感。

惟如此廣大、抽象、難以言詮的自然之道，要如何以文字呈現？怎樣才能讓人們體悟在「天地大美」的無窮無盡中、人是「一無所知」的？莊子哲學即美學即文學，他遂採用一種「象喻」的方式，用「具象」來寫「抽象」——譬如〈齊物論〉和〈逍遙遊〉中騎乘日月雲龍遊乎四海、吸風飲露不食五穀的「神人」，或是其大「不知幾千里」、其翼「若垂天之雲」的鯤化為鵬……，他要讓讀者如臨其境般感受到天地的廣大，然後再以「得魚忘筌（捕魚籠）」：得「意」後便要忘「言」、忘「象」的方式，諭示讀者不要拘滯於文字、不要為「象」所束縛，只要去體會「逍遙」的境界與心靈的大自由即可。而選文中王倪的「三不知」，也是使用一種智者自述「無知」的方式，「遮撥」（撥去遮蔽、撥亂反正）世人「自以為是」的「無所不知」，以豁顯人們長期被成見障蔽的精神自由和無限的天地大美；如果能夠認識到天地的大美，我們便能放下很多不必要的人生負擔，便能勘透生死與富貴貧賤、形貌美醜……的桎梏，盡顯生命情調之自在與安適。

「損之又損」的「一問三不知」

莊子在〈知北遊〉說：「天地有大美而不言，四時有明法而不議，萬物有成理而不說。」道家不僅生命美學不同於儒家，其修為工夫也迥異於儒家。一般說工夫論，多會強調積累之功；但由於道家的修為是要學習「道」的無為精神，所以《老子》說：「為道日損」，其所使用的是一種「損之又損，以至於無為」的工夫，要以日益減損——損去成心、損去成見、不言不辯……來復歸本真，使之趨近於自然。莊子的「齧缺問道」與王倪的「一問三不知」，則可以視為對此「為道日損」工夫的生動示範。

〈齊物論〉中，當齧缺向王倪提出三個有關宇宙人生的「大哉問」時，王倪都以「我怎麼知道？」回答他。王倪口中說的「我無知」、「物無知」，反面對比了世人往往依據成見、不自知「無知」地高談闊論；只有如王倪之自知「無知」者，才是真正的「知」者。宇宙太大，我們知道的太少，還是不要爭辯、不要妄作，保持靜默吧！

齧缺第一問：萬物之理有相同的嗎？自然有「絕對之理」嗎？王倪「不知道」的言外之意就是否定。因為天道不但「不可道」，更重要的，當我言議時，「庸詎知吾所謂『知』之非『不知』邪？庸詎知吾所謂『不知』之非『知』邪？」怎麼知道我自以為的「知」不是「無知」、我說的「不知」不是真「知」？天道哪有什麼絕對的理、絕對的美？譬如人怕濕氣，泥鰍呢？人怕爬高，猿猴呢？肉食、草食，甚至腐鼠，物類各有所好；而毛嬙、麗姬等美人，魚見之深潛、鳥見之高飛、麋鹿則快奔。所以世俗言辯的道德仁義、是非對錯，如何知道不是各執己見的各說各話？實則「是非無定見」，人所謂的「知」，往往只是蔽於「一己」、「一曲」之見，故莊子借王倪之口說：「吾惡能知其辯？」我怎麼知道他們在辯些什麼呢？況且又都不免於「是其所是，非其所非」、「可乎可，不可乎不可」，有時甚至「方可方不可，方不可方可。」是以王倪毋寧選擇靜默。

齧缺又問：你知道所不知道的事物嗎？這裏，文中的「子」（你）可以視為一般人的代稱，所以是問：人們知道所不知道的事情嗎？人們自知「無知」嗎？就是在人往往無知、卻不自知的情形下，莊子有意藉齧缺第三問，道出對「物無知」的看法。其實這三問，都是莊子藉由「齧缺問道」的「夫子自道」。他想說的，就是世人對宇宙的無限性一無所知，因此至人不會妄言妄作，「至人無為，大聖不作」——這就是「損」的工夫。莊子書中多類此形象化的生動故事，「象喻」如何損去成心、損去成見、不言不辯地使心自由，進而使人的精神能夠超越現實桎梏，實現生命情調的「逍遙」之美。

參・再做點補充

另一個「一問三不知」的歷史典故

「一問三不知」，是國人耳熟能詳、琅琅上口的一句話。除了《莊子》書中藉齧缺問王倪，生動地讓我們體會了「道」之不可言說與無窮無盡外，這個典故起於何時或何處呢？則《左傳・哀公二十七年》正是這個典故的最早載籍。

據載西元前四六八年，晉國荀瑤率軍攻打鄭國，齊國憂心晉國強大會對自己造成威脅，於是派遣位高權重的左相陳成子暗中援鄭。這時候原為晉國六卿（智氏、范氏、中行氏、韓、趙、魏）之一的大夫荀寅（即中行文子），因爭亂、敗逃至齊。他聽到一位晉人說晉軍將要出動千乘兵車襲齊，便急切地向齊相陳成子報告。陳成子怒斥他狀況未明便輕易散播謠言、擾亂軍心，將罪責之。荀寅自知思量不週，退而自省：「君子之謀也，始、衷（中）、終皆舉之，而後入焉。今我三不知而入之，不亦難乎？」即當謀策一件事時，要對這件事情的開始、中間發展過程和最後的結果，都有過深思熟慮和謹慎分析與查證後，才能採取進一步的行動；而他卻在這三方面都不清楚的狀況下，就貿然參報，導致一問三不知，當然是不會有好結果的，其實他之自晉敗逃，亦同此理。

「美」是超越功利與世俗價值的

莊子為什麼突出「無知」才能融入天地大美，遊心於無窮？道家說的無知、無為、無用，表面看似乎違反了一般人的認知，也經常被誤解與誤用；但其實他們是說：虛心、放下，才能掙脫長期禁錮心靈的牢籠、看見世間種種的美。所以莊子曾以梓慶雕刻為例，說明真正的美是很純粹的真心，是超越慶賞爵祿、巧拙非譽等任何功利性目的的。另外他也曾以櫟社樹「美在無用」破除世人對「有用」的偏執，闡明損去成心成見，以一種虛、靜、淵、藏的「無知」狀態，才能回歸本真、得見真美。

在〈人間世〉，莊子形象化描繪了一棵可以讓數千頭牛遮蔭、需百人才能合抱的櫟社樹。但是作為眾人追隨的匠伯名師，他不像「觀者如市」的人群、不像「厭（同饜，滿足）觀之」的弟子；他對這棵大樹一點興趣也沒有，他知道這是「散木」，如果用來造船會沉沒、做棺槨會速朽、為門柱會被蟲蛀，不論什麼製器都不能久。然而夜裏櫟樹卻現夢匠伯，說：難道要我如「實熟則剝，剝則辱（傷）」的果樹？我之長壽，正在於「無所可用」；若是合乎「有用」的世俗價值，還「得有此大也邪？」並說萬物之未能終其天年的，都是「以其能苦其生者也」、「自掊擊於世俗者也。」莊子寓言的櫟社樹，以其「無用」擺脫了世俗的「有用」，「無用」才是它能全生的「大用」。是故只要心靈自由，「無用」可以為美、也自有其美，又何必要跟隨主流浮沉？

莊子在〈人間世〉中，形象化地描繪了一棵可以讓數千頭牛遮蔭、需百人才能合抱的櫟社樹，以說明「無用」之用。

「美」是沒有目的性的，就是一種純粹的感受。馮友蘭《貞元六書》（取義《易經》「元亨利貞」的「貞」下起「元」，而以「貞元之際」為黎明前的渾沌）曾說哲學的終極境界，乃是「非實用性目的」的「無所為而為」；唯有超越了「功利境界」和「道德境界」、獨立在經驗事物和歷史現實之外，才能具有天地境界的永久價值。美學亦然，必須擺脫掉一切功利性目的和世俗價值，才能使人真誠而純粹地感受到美。好比莊子說「鯤鵬之化」，當深海巨鯤蓄積了足夠的能量後，衝出海面飛向青天，當牠從窈冥的蒼穹俯視大地時，隨著大鵬鳥的眼界，整個無邊無際的遼闊宇宙，壯美地呈現在我們眼前、盡入世人眼底了；這時我們只要盡情感受這無限消遙與無限心靈的生命情調，而毋須探究其「切於實際」否？鯤、鵬真能互相轉化嗎？又如〈齊物論〉說「大澤焚而不能熱，河漢沍而不能寒」、「乘雲氣，騎日月，而遊乎四海之外」的至人，我們也無須斷斷爭辯於世上果有此神人否？實際上莊子是以生動的「象喻」，諭示我們如果真能做到如此「死生無變於己」、不以外在環境累其心，那麼還會在乎細微的「利害之端」嗎？於此，逍遙心靈便已得到豁顯，足矣！

（張麗珠）◆

編輯後記

編製一部教材或讀本的主要動力有三：

一、是教育者對於他所傳授的知識內容真心喜愛與認同。

二、是教育者對傳授與分享這些知識充滿熱誠，並相信透過這樣的交流，有助於某些理想的達成。

三、是對於受教育者的期待與需求有較精確的理解，對於學習的情境與心理有更深刻的體會。

但是在制式化的流程裡，這三種動力都不免被消磨，甚至扭曲了！以致於我們漸漸忘了教育者最初的願景與樂趣。

每個人對於國文教材都會有不一樣的期待與想像。我們對它的期待與想像，比較像是一個深受傳統、當代文學及各式文化思潮薰陶，並從中獲得思想內涵、自我表達能力、從中獲得提升生活品質之種種文化資源的過來人，渴望將這些資源回饋於社會、傳承給下一代；或者說，更像是一個受惠者急於分享。

根據我們自身的教育及受教過程與經驗，國文這門科目除了強化文化主體建構之外，帶給我們很多的益處與效用。這些功用與收穫，點滴在心頭；教學當中的缺失與限制，我們也心知肚明。對這些正面與負面經驗的反思與檢討，讓我們有了想編製一部理想國文讀本的動機。

為此，我們重新尋找、探索編製教材的動力，綜合以上三個面向，訂定出理想高中國文讀本應該具備的功能或滿足的指標：

1．能讓我們更周延、更深入地了解中文各種文體與各式語法，熟習進階的中文表達技巧。
2．透過對更多文史著作、文化經典的認識，提升我們的國學常識。
3．豐富我們的審美經驗，增進我們的審美能力，提升我們的美學素養。
4．傳承傳統價值，建構文化主體，建立文化自信。
5．培養思考方式，訓練邏輯分析，奠定論理基礎能力。
6．了解現代意識，培養現代心智或現代化的感受主體。
7．了解當代社會環境，熟悉現代的普世價值，掌握觀看世界的新觀點。
8．了解自己，透過個性化表現與作品風格的體悟，探索屬於自己的生活態度。
9．培養創意思維，豐富我們的想像力。
10．透過各種翻譯的經典作品，認識世界、培養和世界交流的能力。
11．熟悉在地生活經驗與特有文化，深植我們的共同記憶。
12．培養多元、包容的價值觀，認識、學習少數族群的心靈。

在漫長的文化發展過程裡，中華民族累積了各種文學形式、經典作品與重大的成就。不過各朝各代積累的文化資產並不平均，許多時候甚至是停滯與倒退的，或不符合現代人的感受。所以在國文教學素材的整合與選擇上，我們大致以時間為座標，但根據不同時期作品對當代學習者的意義與功用，衡量適切比重，對選文的出處做出：

先秦諸子、先秦文史（含詩經、楚辭等）、兩漢經史、漢詩文賦、魏晉南北朝、唐代詩歌、唐代文史（含傳奇）、宋詩宋詞、宋代文史（含宋明理學、不含話本）、元代文史、明代詩文、明清小說戲曲、清代詩文、最後的古代、民國新文學、當代華文創作、世界文學、現代思潮等十八項大致的分類，它基本上反映出我們所認知的國文教育重點，再根據認知的比重，把它們表現在內容安排上，如同訂出必選或優先學習的主題或文類，希望在高中等級的國文教育中，每個重點都可以讓學習者有機會接觸、領略。

對於文言文與白話文比例之爭，我們也有我們的看法：我們學習文言文，是為了讀懂祖先的智慧與經驗，進而建立我們與傳統的聯繫。文言文在現實生活裡已失去主要的應用價值，但是文言文最重要的意義，在於它記錄並承載了我們整個民族數千年來的文明資產，不只是簡單的表達工具而已。對自己過去的文化、傳統的價值、祖先的記憶感到熟悉、親切，我們就有了根、有了精神原鄉，未來，無論我們走到那裡、學習到什麼新的東西，才會有一個文化主體來進行對話、吸收、辯證、改良。

白話文是一個還在生長，並充滿發展、進化能量的語言，我們在生活的各個場域裡頭都有機會學習它、使用它。白話文的表達，我們是從幼稚園、小學時代就開始學習的。因此我們要問的是，在高中教材裡，我們要透過白話文的學習，獲得什麼更進一步的東西。

現代中文白話文學的發展，迄今不過一百餘年的光景，中間經歷了戰亂與鉅變，嚴格說來，成熟傳世的經典作品尚待積累，目前國文教材裡大部分的當代選文，在表達技巧、觀點及訊息量上，甚至往往不如一般媒體或書籍裡的篇章。我們要學習的，其實是了解白話文後面所傳達、承載的整個新世界的文明與心智。

簡單的說，我們用文言文認識我們文化之所由出；透過白話文認識、理解當下與未來可能的世界。所以我們強烈地認為，白話文的文本應包括更為深刻、廣泛的世界各地文學、重要著作的翻譯；不管做不做得到，有些白話文學應該以「書籍」、以「本」作為單位，每個高中生在畢業之前，應該被要求讀完幾本白話文創作或翻譯的書籍。

我們當然明白，目前的國文師資，並無法應付白話文這一面向的教學任務；目前教學理念的貪多與搖擺，更讓無所適從的學生瞎折騰，從而消耗了學習的熱誠。在這部國文讀本的編製中，我們試著努力把事情想清楚，回到教育者的初心，一步一步來，局部教材的修改與活化，也許會促成師資培訓內容的改變、教學方式與評鑑方式的改變，這何嘗不是強化國文教育、改革國文教學的契機？

由於資源、人力、時間、生產方式與經驗的限制，目前的讀本還達不到我們原先預期的基本要求，例如：我們努力探索的專業與觀點、表述的文字風格與腔調、體例的合理與周延……都還有很大的進步空間。我們在此野人獻曝、拋磚引玉，因為我們相信：國文教育就是一個民族靈魂基因的傳遞，是我們下一代的心靈教育，也是一個充滿理解、包容與創新的社會的基礎。

傳世經典 005

理想的讀本— 國文 5

撰述委員—— 江江明、何淑貞、李玲珠、李惠綿、林淑貞、祁立峰、張麗珠、
陳惠齡、曾昭旭、黃雅莉、黃儀冠、楊宗翰、解昆樺 (依姓氏筆畫排序)
編輯委員—— 林淑貞、張麗珠、羅智成
責任編輯—— 蔡孟軒
校　　對—— 許逢仁
美術設計—— 李林

發 行 人—— 王章力
出　　版—— 一爐香文化事業有限公司
財團法人漢光教育基金會
信　　箱—— alusan777@gmail.com
地　　址—— 臺北市信義區松仁路 90 號 2 樓

總 經 銷—— 時報文化出版企業有限公司
電　　話—— (02) 2306-6842
地　　址—— 桃園市龜山區萬壽路二段 351 號
書籍編號—— Z000136

印　　刷—— 永光彩色印刷股份有限公司
初版一刷—— 2022 年 1 月
二　　版—— 2024 年 6 月
定　　價—— 新臺幣 550 元
(缺頁或破損的書 , 請寄回更換)

理想的讀本 : 國文 / 江江明，何淑貞，李玲珠，李惠綿，林淑貞，祁立峰，張麗珠，
陳惠齡，曾昭旭，黃雅莉，黃儀冠，楊宗翰，解昆樺撰述
初版・— 臺北市：一爐香文化事業有限公司，2022.1
388 面　19×26 公分 —(傳世經典；005)
ISBN 978-986-98484-5-9 (第 5 冊：平裝)
1. CST：國文科 2. CST：閱讀指導 3. CST：中等教育
524.31　111000409

ISBN 978-986-98484-5-9
Printed in Taiwan